Mulheres Afro-atlânticas e Ensino de História

Iamara Viana e Valéria Costa (Orgs.)

Mulheres Afro-atlânticas e Ensino de História

malê

Direção: Francisco Jorge & Vagner Amaro

Mulheres afro-atlânticas e ensino de história
ISBN: 978-85-92736-84-2
Edição: Vagner Amaro
Capa: Dandarra Santana
Diagramação: Maristela Meneghetti
Revisão: Louise Branquinho

*as imagens da capa foram cedidas pelas organizadoras.

Texto revisado segundo o novo Acordo Ortográfico da Língua Portuguesa.

Dados internacionais de catalogação na publicação (CIP)
Vagner Amaro – Bibliotecário - CRB-7/5224

M956 Mulheres afro-atlânticas e ensino de história /
Iamara Viana e Valéria Costa (Orgs.). — 1. ed.
— Rio de Janeiro : Malê, 2023.
380 p.

ISBN 978-85-92736-84-2
1. História – Ensino 2. Professoras 3. Mulheres
Afro-atlânticas I. Título

CDD 370.9

Índices para catálogo sistemático: 1. Ensino: história 370.9

Editora Malê
Rua Acre, 83, sala 202, Centro. Rio de Janeiro (RJ)
www.editoramale.com.br
contato@editoramale.com.br

SUMÁRIO

Mulheres Afro-Atlânticas: temas, experiências e ensino de História

Iamara Viana
Valéria Costa

Apresentação

Nas últimas décadas, muito se tem escrito e publicado acerca da história das mulheres negras, entretanto há ainda muito a pesquisar, a produzir e a divulgar sobre elas, sobretudo, para profissionais da educação básica, discentes em diferentes níveis de formação e também para um público mais amplo. Por isso, o livro que ora chega às leitoras e aos leitores intitulado *Mulheres Afro-Atlânticas e Ensino de História* disponibiliza uma visão vinculada aos conteúdos históricos sucintos acerca das personagens mencionadas, assim como propostas de abordagens didático-pedagógicas para serem aplicadas no ensino de história. Deste modo, atendendo ao convite da Editora Malê, propomos esta obra com diferentes historiadoras a partir de suas pesquisas e reflexões científicas. Com base em dados empíricos, os capítulos versarão sobre saberes históricos do feminino negro e de um olhar sobre a construção da história do Brasil doravante a participação ativa das mulheres negras dos séculos XVIII ao XXI.

O Ensino de História no contexto atual está em processo de mudança com a intensificação do uso de metodologias digitais. Esse recurso, sem dúvida, associado a conteúdos sólidos e originais para a história ensinada, como apresentamos neste volume, poderá proporcionar às(aos) discentes da Educação Básica e universitários em formação inicial (licenciatura) aprendizado significativo e uma satisfatória formação intelectual para que construam melhor compreensão do mundo contemporâneo.

Outrossim, as experiências das mulheres negras aqui reveladas têm a finalidade de "trazer imagens do passado vivido, como opção de questionamento das relações e sensibilidades sociais, como a busca atenciosa relativa aos rumos a serem construídos sobretudo no presente", conforme as ponderações de Maria Carolina B. Galzerani (2009, p. 229), baseadas em Walter Benjamin. Essa autora compreende ainda o "rememorar" como um "ato político", com potencialidades de produzir um "despertar de sonhos para construção de utopias" e, acrescentamos, as narrativas das experiências vividas pelas mulheres afro-atlânticas neste volume, como esforço coletivo, visando estimular uma "educação como prática de liberdade" (bell hooks, 2019), por reconhecer a educação escolar como um campo de possibilidades de aprendizagens da diversidade de agentes históricos atuantes e da constituição de uma consciência histórica e social.

Atendemos, assim, ao convite da Editora Malê, nossa parceira na implementação da coleção Quilombismo, cujo primeiro volume é este que está nas mãos da leitora e do leitor, intitulado *Mulheres Afro-Atlânticas e Ensino de História*. Reconhecendo a dimensão da relevância de recentes leis educacionais que integram a Lei de

Diretrizes e Bases da Educação Nacional/LDB, como a de número 10.639/03, ao tornar obrigatório o Ensino de História da África e da Cultura dos Afro-brasileiros em instituições de ensino públicas e particulares, promovendo, deste modo, reflexão crítica acerca da pertinência da África, dos africanos e africanas e seus e suas descendentes na construção da sociedade brasileira.

Importa salientar ainda que o Projeto *Quilombismo* tem como principal objetivo produzir coletâneas que tenham como fio condutor o Ensino de História. Com eixos temáticos para oferecer variadas vertentes de conhecimento, sempre sugerindo proposições didáticas, enfatizando Áfricas, Escravidão, Pós-emancipação, Culturas de Matrizes Afro-brasileiras, Experiências individuais e coletivas da população negra e mais temas conexos. Enfim, essa coleção, além do diálogo entre a Universidade e profissionais da Escola Básica, visa a articulação de diferentes pesquisadores e pesquisadoras que atuaram ou atuam na escola básica e o compartilhamento de experiências desenvolvidas ao longo de anos no cotidiano escolar, principalmente, nos ensinos Fundamental II e Médio. Como resultado deste volume, dispomos de onze capítulos que abordam a diversidade histórica das mulheres afro-atlânticas e, como dito, de uma variedade de sugestões didático-pedagógicas para a educação básica. Iniciamos com o capítulo "*Escrava para todo o serviço*"*: experiências de ganhadeiras na Bahia colonial,* no qual a historiadora Daniele Santos de Sousa traz por meio das experiências das ganhadeiras no Brasil colonial, especificamente na província da Bahia, a trajetória de Rita escravizada e de seu senhor, Hilário Pereira de Sousa, um soldado que questiona a prisão de seu único bem, sua cativa, por seus ganhos como soldado serem escassos.

Rita foi presa juntamente com outras mulheres pretas alforriadas por meio de uma devassa em janeiro de 1746. Seu crime teria sido vender carne em local não autorizado. A autora examina "o trabalho de rua realizado por africanas e suas descendentes na Cidade da Bahia ao longo do século XVIII", afinal, "o trabalho de rua predominantemente africano havia se tornado fundamental para o funcionamento das cidades e vilas", e nele destacava-se a importância das mulheres nos diferentes comércios do cotidiano urbano do Brasil colonial.

No segundo capítulo, *Vestidas de (re)existências! Indumentárias de mulheres africanas e afrodiaspóricas no Brasil escravista,* as historiadoras Valéria Costa e Iamara Viana ressaltam – por meio do olhar de viajantes estrangeiros e outras fontes – a relação entre indumentárias, poder, religiosidades e o corpo negro feminino, bem como as diferenças e pluralidades no vestir ou não vestir de mulheres africanas e suas descendentes. Afinal, existia uma "precariedade material cativa, retratando a seminudez, os trapos e andrajos; o exótico e o inusitado, presentes na musselina branca, nos xales e panos da costa, turbantes, como sinais diacríticos da identidade étnica e cultural africanas". Tal identidade foi constituída, construída e ressignificada através de resistências, como a relativa à Pragmática do século XVIII, por meio da qual mulheres e homens negros não poderiam fazer uso de objetos de metais nobres, como ouro e prata, ou tecidos finos. Observar os modos pelos quais africanas e suas descendentes fizeram de suas vestes e ornamentos objetos de hierarquização e resistências pode dar outros sentidos acerca do corpo negro feminino e seu poder de resistir e (re)existir apesar das rígidas normas impostas pelo colonizador. Suas roupas, joias e turbantes indicavam seu lugar social e sua capacidade de negociar e agenciar pequenos ganhos ou pequenas liberdades no mundo da escravidão.

Em *Reza, Cachimbo e Rosário: mulheres afro-atlânticas e suas contribuições para o ensino de História do Brasil Imperial*, o terceiro capítulo da obra, as autoras Iraneide Soares da Silva e Joceneide Cunha dos Santos nos demonstram histórias e trajetórias de mulheres africanas de São Luís, capital do Maranhão, e de Ilhéus, vila colonial da Bahia setecentista, além de suas religiosidades, muitas das quais reinventadas a partir da diáspora forçada da África para as Américas. Como exemplo, as historiadoras nos expõem vivências de Catharina Mina e de Rosarida Maria; duas dentre algumas mulheres que fizeram "parte das irmandades do Rosário, cuja santa era de grande devoção da população africana e seus descendentes no Brasil Colônia e Império". Tais histórias são consideradas pelas autoras "como biografias de mulheres africanas libertas e seus rosários podem contribuir para uma educação antirracista e antissexista", num momento de extrema relevância social e política no Brasil contemporâneo, demarcado pela continuidade de desigualdades sociais: patriarcais e racistas.

Em seguida, dispomos de dois estudos que discorrem a respeito da maternidade de mulheres negras. No capítulo quarto, *Mulheres africanas e crioulas escravizadas, amamentação e cotidiano nas fazendas cafeeiras no Rio de Janeiro e São Paulo do período Imperial*, a historiadora Lorena Telles dedica-se às histórias de mulheres que viveram a escravização de seus corpos no Império do Brasil, bem como destaca em seu trabalho as conjunturas nas quais elas "viveram a maternidade, envolvendo gestações, partos, amamentação e as práticas sociais e culturais de criação de bebês e crianças afrodescendentes", as quais, "apesar de pouco visibilizadas pelos estudos da escravidão, foram centrais para as experiências femininas e para a formação das famílias e comunidades nas senzalas". Retomar o lugar da maternidade e da amamentação na vida daquelas mulheres pode corroborar com outro olhar para os corpos femininos negros, quais sejam, do passado e do presente, principalmente ao ser apresentado para discentes do ensino médio e das licenciaturas de história.

No capítulo cinco, Lenira Lima da Costa ressalta, por sua vez, a situação das mães cativas da década de 1871. Em *Maternidade, escravidão e os desafios da Lei do Ventre Livre*, a autora adentra no universo de Gertrudes Rosária Maria da Conceição, com 21 anos de idade, que foi presa no Recife em abril do ano de 1890. Acusada de rapto de criança, sua história nos revela a rede de sociabilidade construída por Gertrudes para recuperar sua filha que havia deixado aos cuidados de outra mulher. Por meio de sua pesquisa, a historiadora nos propõe outras perspectivas acerca da maternidade para mulheres negras no período da escravidão e no contexto da chamada Lei do Ventre Livre (1871). Mulheres que "viviam sob o risco diário de terem sua família separada pela venda ou terem seu leite alugado", afinal, suas "experiências de família eram diferentes das experiências masculinas", pois exigiram delas o enfrentamento da classe senhorial para a criação de seus filhos e, em alguns casos, de rupturas com o sistema. Contudo, de modo geral, tiveram que construir estratégias para a conquista de sua liberdade e a de seus descendentes.

A luta pela liberdade legal acionada por três gerações de

mulheres de uma mesma família está nas indagações de Karine Damasceno no capítulo seis: *Luta intergeracional por liberdade em Feira de Santana, Bahia, 1871-1888: mulheres negras e o acesso à justiça*. Damasceno, ao acompanhar a Ação de liberdade movida por Joana, com a ajuda de sua mãe Zeferina, para provar na justiça que suas filhas Roza e Firmina haviam sido alforriadas com ela pelo ex-senhor, traz à baila o modo pelo qual mulheres negras (e também homens) procuraram se desviar das imposições senhoriais buscando acesso aos tribunais. Contavam em sua argumentação, com a Lei de 28 de setembro de 1871, posto garantir a manutenção da família, a permanência de mães e filhos(as) menores de 8 anos juntos. A autora, ao discutir o empenho feminino negro contra o domínio senhorial, na freguesia de Santa Bárbara, município baiano de Feira de Santana, apresenta o conceito de cultura do cuidado, importante para refletirmos nos arranjos familiares mistos, compostos por pessoas de diferentes condições jurídicas, as quais engendravam meios de manterem-se juntas no rompimento com o sistema escravista e com o patriarcado.

Maria da Vitória Lima e Solange Rocha, no capítulo sete, intitulado *Astúcias de mulheres fugitivas no Brasil escravista*, perscrutam os jornais que circulavam na Paraíba oitocentista e investigam as estratégias de mulheres escravizadas, como Mariana, Vicência, Luiza, Margarida, Dionísia, Felipa, Josepha, Maria e Joaquina, que encontraram nas oportunidades de fugas uma forma de se evadirem da escravização. As historiadoras enfatizam não terem sido essas mulheres heroínas ou sub-humanas, uma vez que as fugas e outras lutas negras ocorreram em todos os territórios do Brasil Imperial. Afinal, ações de resistências eram complexas e permeadas de capital político, incidindo diretamente em escolhas e ações por meio de seus protagonismos. Decidir sobre os melhores momentos, as redes de solidariedades, cálculos de tempo, abrigos e os percursos que os corpos femininos tinham que ponderar, mais do que os homens, incidia diretamente na logística de terem consigo seus filhos e filhas. Desta forma, decidir e definir melhores estratégias poderia significar alcançar o êxito em seus objetivos, principalmente por serem mulheres que contestavam o sistema escravista.

A historiadora Lucimar Felisberto, no capítulo oito, *Expectativa de liberdade e o impacto do princípio da dignidade sexual no cotidiano das mulheres negras*, articulou o passado e o presente, trazendo ao debate reflexões acerca dos crimes de feminicídios e como estes interditaram no período da escravidão e continuaram ao logo do período republicando, dificultando as expectativas de total liberdades das mulheres negras. Na atualidade, são elas as maiores vítimas do referido crime. Felisberto, por meio da micro-história, apresenta o assassinato da parda costureira Maria Luiza do Nascimento e de outras personagens femininas, bom como suas reações contra a submissão masculina da sociedade patriarcal que normatizava seu comportamento, justificando atos de violência e crimes de mortes. Assim, a autora correlaciona experiências de violência doméstica de mulheres da época do cativeiro e do pós-abolição com a sua própria história de vida (tempo presente). Observando, de um lado, as permanências históricas presentes nas normas legais na década de 1890, que mantinha valores patriarcais e "compartilhavam de um código marcado por conservadorismos sociais", conforme assinala a autora; de outro, discute como possibilidade não só a inserção nas salas de aula de temas vinculados à "violência sobre o corpo feminino", como também os ordenamentos jurídicos dos séculos XIX e início do XX, assim como a Lei nº 13.104/2015 (Lei do Feminicídio), que pode ser tema da vida cotidiana ou em atendimento às diretrizes educacionais da Base Nacional Comum Curricular/BNCC.

No capítulo nove, *Histórias cruzadas de mulheres negras: por um ensino de História antirracista e antissexista no Brasil republicano*, a historiadora Juçara Mello recupera as vivências de duas mulheres negras que coexistiram e resistiram na sociedade brasileira nas primeiras décadas do século XX: uma professora e outra operária no município chamado Santo Aleixo, do Estado do Rio de Janeiro. Ruth Telles de Menezes e Lúcia de Souza tiveram seu encontro no ambiente formal de educação: a escola pública. Por meio da metodologia da História Oral, a autora apresenta através da narrativa de Lúcia, reflexões de uma mulher, negra, operária e pobre, a relevância do domínio da escrita e da leitura na manutenção de memórias subalternizadas, bem como sua inserção nos mundos do trabalho e da política. O capítulo nos brinda com uma excelente análise de diversas fontes, com conexão entre gênero, raça e classe fortemente presentes na vida dessas duas mulheres que fizeram de suas trajetórias marcos de resistência e existência.

Das trajetórias de mulheres afro-atlânticas do período Imperial vamos, nos dois últimos capítulos, mergulhar nas histórias das ações sociopolíticas femininas da contemporaneidade. Nesse sentido, Elizabeth Viana, no capítulo dez, intitulado *Pensando com Lélia Gonzalez: racismo e sexismo*, traz frações da biografia de Lélia Gonzalez, um dos maiores expoentes do movimento negro, sobretudo feminista, no Brasil e na América Latina. A autora, que foi contemporânea de Gonzalez e participou, inclusive, da fundação do *Nzinga – Coletivo de Mulheres Negras no Rio de Janeiro*, em 1983, sublinhou o protagonismo de tal ativista no debate precursor sobre o racismo, o sexismo e o elitismo no Brasil. Viana reconstitui, ainda, fragmentos da jornada de Lélia Gonzalez como pessoa, intelectual e militante para se contrapor ao "ideário da mestiçagem" e às desigualdades sociais do Brasil, não deixando de criticar as relações de desequilíbrio de poder nos diferentes movimentos, tanto os que agregavam militantes negros, cuja centralidade estava na temática racial, quanto os das feministas que salientavam as relações das mulheres como seres universais, não considerando a "opressão racial". Gonzalez, segundo Viana, propôs ainda novas abordagens para a educação brasileira, denunciando o apagamento da presença de pessoas negras na história do país.

Por fim, Cláudia Pons, no capítulo onze, *Movimento contemporâneo de mulheres negras brasileiras: história de (re)existências e insurgências em ação*, último deste trabalho, nos apresenta outras mulheres do movimento feminista negro das décadas de 1980 e 1990, criadoras de estratégias políticas para assegurar a resistência e insurgência coletiva de pessoas negras que lutaram e lutam pela preservação da vida. Ademais, opõem-se contra todas as violências e violações desumanizantes impostas pelo racismo. A autora exercita a perspectiva dos processos de lutas, refazendo caminhos da Marcha das Mulheres Negras Brasileia/MMNB (2015), com vistas a sublinhar as ações sociopolíticas mais recentes. Pons discute o seu significado político tanto "na mobilização de mulheres negras em todo o Brasil, do campo e da cidade, neste período [antes da Marcha], muitos grupos, redes e articulações" [...], quanto ao seu legado visível no decorrer do pós-Marcha, com "calendário anual de ativismo de mulheres negras no Brasil", em defesa das demandas específicas desse grupo social. Enfim, a escritora ressalta que a MMNB/2015 fortaleceu as organizações existentes e também propiciou o surgimento de novas formas de lutas sociais, como as "ciberativistas", que desempenham o ativismo digital e também a formação de coletivos de estudos e pesquisas nas universidades brasileiras, garantindo o compromisso de potencializar uma agenda feminista e antirracista.

Da já mencionada e conhecida Lei nº 10.639/2003, houve um movimento de setores da sociedade organizada que garantiu a publicação das Diretrizes Curriculares Nacionais para a Educação das Relações Étnico-raciais, o Ensino de História e da Cultura Afro-brasileira e Africana (2004) e o Plano Nacional para efetivação das referidas diretrizes em 2009. Anos depois dos períodos de efervescência e de mudanças políticas no Brasil, assistiu-se à efetivação da Base Nacional Comum Curricular, homologada em 2017, ameaçando pautas como o ensino de história da África e a educação das relações étnico-raciais, cuja concretização ainda não foi plena na educação básica. Importa mencionar que mudanças e alterações nos currículos escolares por meio da lei 10.639/03 não minimizaram tensões e disputas no universo formal de escolarização na sociedade brasileira. Prevalecem ainda paradigmas europeus refletidos nos conteúdos didáticos. Resistências à aplicabilidade dos conteúdos sobre Áfricas e cultura afrodescendentes também são perceptíveis entre os profissionais da educação. A complexidade de tais questões nos levou a refletir acerca das possibilidades de contribuirmos no processo necessário de modificar e reinventar cotidianamente o ensino de história escolar. Nesse sentido, novas pesquisas – com rigor científico, teórico e metodológico – contribuem para novas abordagens pedagógicas, visando aprendizado significativo para os(as) discentes.

Com este volume, apresentamos ao público artigos que conectam pesquisa, teoria, metodologia e ensino de história pela perspectiva da história social e cultural em interface com diferentes áreas de conhecimento, numa visada interseccional (classe, raça, gênero e outros marcadores sociais). As direções aqui mencionadas nos mostram diferentes interpretações das experiências históricas de mulheres afro-atlânticas e afrodiaspóricas a partir de suas trajetórias e memórias (individuais e coletivas), das múltiplas relações sociais; de trabalho, mas também de suas subjetividades, conectadas pelas relações de amizade e afetividades familiares e/ou malungas e malungos. Deste modo, essas mulheres apresentam-se como protagonistas de suas histórias ao mobilizarem inúmeras estratégias para subverter à ordem colonial vigente. Mulheres que se colocaram contra a ordem hegemônica, sendo, pois, antirracista e antissexista, enfrentando a colonialidade e o patriarcado. Do mesmo modo, os comentários de obras e as sugestões pedagógicas ao fim de cada capítulo propõem-se a colaborar no processo da descolonização do saber a partir das histórias de mulheres negras, africanas e descendentes, as quais enfrentaram os desafios de suas épocas e nos deixaram memórias de resistências possíveis não somente no passado, mas também, e principalmente, na história presente. Mulheres que são, portanto, uma possibilidade para inspirar docentes na elaboração de estratégias educativas, críticas e pedagógicas no cotidiano escolar.

As organizadoras desta coletânea, por fim, manifestam seus sentimentos de gratidão a Editora Malê, na pessoa do editor e escritor, Vagner Amaro. Sua proposta foi um desafio, no desenvolvimento de livros que unissem pesquisas acadêmicas à prática cotidiana das salas de aula da Educação Básica. Sua aposta neste projeto editorial, bem como a confiança nos(as) coordenadores(as) do Projeto Quilombismo, apresenta-se neste que é o primeiro livro a ser lançado. Agradecemos imensamente a confiança no nosso trabalho. Somos também gratas a parceria do historiador Flávio Gomes, por ter compartilhado das nossas expectativas, aceitando coordenar o Projeto Quilombismo. Afinal, sua longa experiência como pesquisador, autor e professor, foram cruciais na reelaboração da proposta editorial do projeto. À Solange Rocha, que participou desde os primeiros momentos de construção desse trabalho, pensando nas autoras convidadas e temas a serem abordados, lendo e relendo textos, dialogando, doando-se para que esse, o primeiro livro do projeto Quilombismo - se concretizasse. Enfim, desejamos boas leituras e principalmente ações, às leitorass e aos leitores que investirem seu tempo neste desafio, pois, assim como nós, insistem nas lutas cotidianas por um ensino de História antirracista, antissexista e inclusivo.

"Escrava para todo o serviço": experiências de ganhadeiras na Bahia colonial

Daniele Santos de Souza

No final de janeiro de 1746, em meio às barracas e tendas que vendiam farinha, hortaliças, frutas, peixes, carnes verdes e moqueadas ao som das vozes de diversas mulheres, em sua maioria africanas, soldados e oficiais cercaram o espaço para realizar a prisão de Rita, escrava de Hilário Pereira de Souza, e das pretas forras Leonor Campos, Antônia dos Santos e Tereza Fernandes, e enviá-las à cadeia da Câmara de Salvador. Essas mulheres foram acusadas em devassa janeirinha, realizada pelo juiz da Ouvidoria Geral do Crime, de vender carne fora dos açougues públicos e "atravessar mantimentos de mar em fora chegados a esta parte".

Diante da prisão, o senhor de Rita demonstrou grave preocupação, pois a cativa seria o seu único bem e dependia de seus ganhos para complementar seus parcos rendimentos como soldado, já que ela lhe servia "de porta adentro e fora"[1]. A investigação

1 Alvará de perdão concedido à Rita escrava; Alvará de perdão concedido à preta forra Leonor Campos; Alvará de perdão concedido à preta forra Antônia dos Santos; Alvará de perdão concedido à preta forra Thereza Fernandes. APEB, Seção Colonial e Provincial, Livro de Provisões e Alvarás do Tribunal da Relação da Bahia (1745-1746), maço 521, fls. 219v-220; 224-224v; 253-254.

que acarretou a prisão dessas mulheres era resultado de uma devassa geral, normalmente realizada no início do ano – por isso denominada de janeirinha –, e durava cerca de trinta dias. Inquiria testemunhas e muitas vezes terminava com o indiciamento de inocentes, vítimas de calúnias.

No período colonial, as mulheres africanas e suas descendentes envolvidas no pequeno comércio eram denominadas como ganhadeiras, vendeiras, quitandeiras ou simplesmente "negras de tabuleiro" e seu trabalho era fundamental para o abastecimento das vilas e cidades. A escravidão africana estruturou a produção da grande lavoura no Brasil colonial e imperial, sendo utilizada em fazendas, engenhos e lavras auríferas, espalhando-se por todo o tecido social. Com o avançar do tráfico negreiro, a mão de obra escrava assumiu praticamente todos os trabalhos manuais, subalternos, vexatórios e de menor prestígio tanto no campo quanto nas vilas e cidades.

Ao longo de mais de trezentos anos de tráfico transatlântico de escravizados, aproximadamente 5,5 milhões de africanos embarcaram para o Brasil, e cerca de um terço desse contingente era composto por mulheres.[2] A predominância masculina relacionava-se com a divisão sexual do trabalho nos moldes da sociedade patriarcal portuguesa, em que os homens comporiam a maior parte da mão de obra nas plantações, engenhos e na mineração. A importação de mulheres escravizadas ligava-se à intensa demanda

2 The Trans-Atlantic Slave Trade Database (doravante TSTD) é um banco de dados lançado em plataforma online, em 2008, que reúne informações sobre milhares de viagens negreiras, fruto do trabalho de vários estudiosos em diversos arquivos e bibliotecas do mundo. Disponível em: http://www.slavevoyages.org/tast/index.faces.

por braços e sua inserção na escravidão também respondia a um trabalho sexualmente definido.

IMAGEM 1

Rugendas e Debret, 1831. In: Rugendas, Johann Moritz. *Viagem pitoresca através do Brasil.* São Paulo, Martins Fontes, 1954.

O crescimento e a estruturação do tráfico entre o Brasil e a África nas primeiras décadas seiscentistas, tendo principalmente Luanda, em Angola, mas também alguns portos ao longo do Golfo da Guiné como regiões privilegiadas de comércio, ampliaram o número de africanos escravizados na Capitania da Bahia. Esse adensamento populacional transformou a paisagem social da Cidade da Bahia, como Salvador era conhecida à época, na medida em que possibilitou o uso extensivo de escravos nos serviços urbanos. A faina diária nas casas e sobrados ficou a cargo de escravas africanas e suas descendentes. Ao trabalho de portas adentro somou-se outro, de portas afora, relacionado inicialmente com o abastecimento das residências com água e gêneros de subsistência. Nesse processo, as cativas passaram pouco a pouco a assumir o pequeno comércio de alimentos.

Este capítulo se debruça sobre o trabalho de rua realizado por africanas e suas descendentes na Cidade da Bahia ao longo do século XVIII. A pesquisa se baseia na análise de inventários *post-mortem*, registros paroquiais, alvarás e provisões relacionadas a processos no Tribunal da Relação da Bahia, bem como posturas, cartas, relatórios e ofícios da Câmara de Salvador. Através dessa documentação, trajetórias e experiências de africanas emergem, contribuindo para a compreensão sobre as diversas facetas da escravidão urbana colonial.

A escolha pelo Setecentos leva em consideração não apenas a disponibilidade documental. Nesse período, o recrudescimento do tráfico negreiro, impulsionado pela descoberta de ouro no interior do Brasil, ampliou significativamente a população africana nas vilas e cidades coloniais e escancarou a dependência do trabalho escravo. As ruas, praças e terreiros dos espaços urbanos estavam apinhados e dominados pelo labor africano a ponto de viajantes europeus afirmarem que a Cidade da Bahia "mais parece uma Nova Guiné"[3]. Durante o século XVIII, portanto, o trabalho de rua predominantemente africano havia se tornado fundamental para o funcionamento das cidades e vilas.[4]

---

3 FRÉZIER, Amédée François. *Relation d'un Voyage de la Mer du Sud des Côtes du Chili, du Pérou et do Brésil, faite pendant les années 1712, 1713 et 1714*. Amsterdam, 1717. p. 532. Frézier era engenheiro ordinário do rei d. João V e permaneceu na Bahia entre 26 de abril e 07 de maio de 1714.

4 FIGUEIREDO, Luciano. *O avesso da memória*: cotidiano e trabalho da mulher em Minas Gerais no século XVIII. Rio de Janeiro: José Olympio, 1999. SOARES, Cecília Moreira. As ganhadeiras: mulher e resistência negra em Salvador no século XIX. *Afro-Ásia*, n. 17, p. 57-71, 1996. SOARES, Cecília Moreira.

Ganhadeiras, vendeiras e quituteiras: o pequeno comércio de rua

Na Cidade da Bahia, a maioria das escravizadas, cerca de 57,1% de acordo com os inventários setecentistas, estava empregada no trabalho doméstico, como pode ser visto mais abaixo, na tabela 1. O que não surpreende, tendo em vista que a concentração populacional urbana exigia uma série de serviços essenciais para a sobrevivência. Desde o início da colonização, a limpeza dos domicílios, o preparo de alimentos, o abastecimento de água, a retirada de dejetos e de lixo foram tarefas executadas por mão de obra escrava, inicialmente indígena e, na virada do século XVI para o XVII, paulatinamente africana. Os ofícios especializados femininos envolviam os trabalhos de costura, incluindo os mais sofisticados, como as atividades de rendeira e bordadeira, enquanto as ocupações rurais eram desenvolvidas nas pequenas roças e hortas espalhadas pelos subúrbios da cidade.

As atividades relativas ao comércio representavam 6% da amostra contida nos inventários. Contudo, é provável que esse percentual fosse maior, pois muitas escravizadas desempenhavam uma dupla jornada, combinando os afazeres domésticos com venda de alimentos, em sua maioria como vendedoras ambulantes, de porta em porta. Essas mulheres saíam às ruas, algumas nas primeiras horas do dia, outras após cumprirem as obrigações da casa, para vender em caixinhas de vidro e/ou madeira ou em cestos de palha

---

Mulher Negra na Bahia no Século XIX. Salvador: EDUNEB, 2006. CARVALHO, Marcus. De portas adentro e de portas afora: trabalho doméstico e escravidão no Recife, 1822-1850. *Afro-Ásia*, n. 29-30, p. 41-78, 2003. GRAHAM, Sandra Lauderdale. *Proteção e Obediência*: criadas e seus patrões no Rio de Janeiro, 1860- 1910. São Paulo: Companhia das Letras, 1992. GRAHAM, Richard. *Alimentar a cidade*. Das vendedoras de rua à reforma liberal (Salvador, 1780-1860). São Paulo: Companhia das Letras, 2013.

alimentos como frutas, pães, doces e outros quitutes. Deste modo, os senhores potencializavam a exploração sobre suas cativas, exigindo delas a realização do trabalho reprodutivo necessário à vida doméstica ao mesmo tempo em que auferiam lucros com o pequeno comércio. Essa realidade, às vezes, despontava na documentação, como no inventário de João Baptista da Silva, em 1797, em que sua escravizada Ana do gentio da Costa foi arrolada como "vendendeira [sic.] e do serviço da casa"[5].

TABELA 1

OCUPAÇÃO E ORIGEM DAS ESCRAVIZADAS – SALVADOR, SEC. XVIII

Atividade %	**Africana Nº e %**	**Nacional Nº e %**	**Totais Nº e %**
Ofício especializado 25%	28,5%	71,5%	100%
Costureira	24	61	85
Bordadeira	4	9	13
Rendeira	9	23	32
Trabalho doméstico 57,1%	77,7%	22,3%	100%
Serviço da casa	208	56	264
Cozinheira	8	5	13
Lavadeira	13	4	17
Engomadeira	1	1	2
Pequeno Comércio 6%	97%	3%	100%
Ganhadeira	28	1	28
Quitandeira	1		1
Vendedeira	3	0	3

5 Inventário post-mortem de João Batista da Silva, 1797, APEB, Seção Judiciária, classificação: 04/1578/2047/04

Ocupações rurais e outros 11,5%	*71,6%*	*28,4%*	*100%*
Serviço da fazenda	24	6	30
Serviço da roça	18	9	27
Pescadora	1	0	1
Sem habilidade	0	2	2
Totais	342 (65,8%)	177 (34,2%)	519 (100%)

Fonte: *Inventários post-mortem* (1700-1800), APEB, Seção Judiciária.

Há notícias sobre o mercadejar de mulheres africanas desde fins do século XVI, quando teriam sido mencionadas nas denúncias feitas à visitação do Santo Ofício na Bahia, em 1591[6]. O trabalho dessas africanas geralmente se organizava por meio do sistema de ganho. Típico da escravidão urbana, o ganho consistia na prática dos senhores enviarem seus cativos para as ruas a fim destes prestarem serviços a terceiros, que incluíam desde o pequeno comércio, passando pelo transporte de pessoas e mercadorias até ofícios especializados, como barbeiro, sapateiro etc.

Com o objetivo de expandir o lucro senhorial, o escravizado, muitas vezes, contava com certa autonomia na realização de seu trabalho, o que poderia incluir morar fora da residência do seu senhor. No entanto, havia o compromisso de prestar contas, o que geralmente ocorria ao final da semana, quando o cativo entregava um valor previamente estipulado ao seu proprietário, ato chamado de "pagar a semana". Aquilo que o escravo conseguisse "ganhar" a mais poderia guardar para si, algo que costumeiramente era feito

6 Luiz R. B. Mott, "Subsídios a história do pequeno comércio no Brasil", Revista de História, vol. 53, nº 105, pp. 81-106, 1976.

em prol da sua alimentação, vestuário, moradia e, quiçá, para uma poupança, visando futuramente comprar a liberdade. Os donos de escravos, sabidamente, previam no valor acordado a ser pago o autossustento do cativo, ampliando sua margem de lucro ao se isentarem dessa obrigação.[7]

A autonomia do(a) escravo(a) de ganho, no entanto, era relativa, pois a ausência do olhar senhorial ou de seu feitor era substituída por todo um aparato de controle urbano.[8] A vigilância partia dos corpos militares, da sociedade branca como um todo, mas principalmente de uma intensa fiscalização da Câmara, cuja ação se acentuou na medida em que se ampliava a população cativa trabalhando nas ruas de Salvador. Em 1631, as autoridades camarárias lançaram duas posturas nesse sentido. Primeiro, definiram que "nenhuma mulher preta poderia vender qualquer coisa sem licença da Câmara, sob pena de seis mil réis". Numa segunda postura, acrescentaram que "nenhuma pessoa poderá mandar seus escravos vender peixes em pratos", sob pena de valor idêntico.

Os vereadores estabeleceram ainda que a licença deveria ser renovada anualmente e, no caso dos escravos, cabia aos senhores adquirirem a autorização e arcar com as penas decorrentes de infrações cometidas por aqueles. A multa não era desprezível, passado mais de meio século, em 1696, dava para comprar com seis mil réis vinte oitavas de feijão seco juntamente com igual

---

7 REIS, João José. *Ganhadores*: a greve negra de 1857 na Bahia. São Paulo: Companhia das Letras, 2019, pp. 39-60. REIS, João José. *Rebelião Escrava no Brasil*: a História do Levante dos Malês em 1835. Ed. Rev. e Amp. São Paulo: Companhia das Letras, 2003. p. 352-360.

8 ALGRANTI, Leila Mezan. *O feitor ausente*: estudo sobre a escravidão urbana no Rio de Janeiro (1808-1821). Petrópolis: Ed. Vozes, 1998.

quantidade de andu e arroz de casca, de acordo com a tabela de preços estipulada pelo próprio conselho municipal.[9]

À época das posturas de 1631, a Cidade da Bahia tinha se transformado em ponto de resistência às investidas dos holandeses, que haviam tomado Pernambuco e avançavam sobre as demais capitanias do norte. Nos anos seguintes, o Recôncavo baiano assumiu o lugar de maior produtor de açúcar e principal mercado do tráfico negreiro da América portuguesa. As medidas de controle camarário, portanto, coincidem com o momento em que Salvador africanizava-se cada vez mais. Em 1672, a postura de 1631 foi reeditada, mas desta vez proibia que "escravos ou outra pessoa vendessem alimentos nas ruas, praças e terreiros, sem licença da Câmara", mantendo a multa em caso de infração em seis mil réis.[10]

A mudança ocorrida na postura, que antes exigia licença das pretas e, na segunda metade dos Seiscentos, passou a exigir de qualquer "outra pessoa", sugere que o mercado de venda de alimentos não era exclusivo das escravas africanas. Mas é revelador como, a princípio, a fiscalização recaiu somente sobre elas. E, quiçá, a extensão da exigência de licença a "outras pessoas" tenha mais relação com a presença de negras libertas no mercado de alimentos que de mulheres brancas.

---

9 Arquivo Municipal de Salvador (doravante AMS), *Livro de Posturas Municipais - 1696*, classificação: 119.2, fl. 8. A postura utiliza a medida selamim, que, de acordo com o dicionário de Bluteau, equivale a uma oitava, a qual, por sua vez, corresponde a 72 grãos. Em média, um quilo de feijão possui pouco mais de três mil grãos, enquanto um quilo de arroz descascado, cinquenta mil. BLUTEAU, Padre d. Raphael. *Vocabulário portuguez e latino*. Coimbra: Colégio das Artes da Companhia de Jesus, 1712. Avanete Sousa, por sua vez, informa que selamin ou salamin correspondia a 2,27 litros. Sobre medidas no período colonial cf. SOUZA, Avanete Pereira de. *A Bahia no século XVIII*: poder político, local e atividades econômicas. São Paulo: Alameda, 2012. p. 97-98. BOXER, Charles. *A idade de ouro do Brasil*: dores de crescimento de uma sociedade colonial. 3ª ed. Rio de Janeiro: Nova Fronteira, 1990.

10 *Repertório de fontes sobre a escravidão existentes no Arquivo Municipal de Salvador*. As Posturas (1631/1889). Fundação Gregório de Matos: Prefeitura Municipal de Salvador, 1988, p. 19.

Segundo Avanete Souza, até o começo do século XVIII havia algumas brancas pobres exercendo o comércio de gêneros de subsistência, porém, ao longo dessa centúria, teria diminuído paulatinamente. Além disso, a autora destaca como, entre 1696-1746, 41% das posturas da Câmara foram dirigidas ao comércio ambulante, tanto aquele feito em tabuleiros quanto de porta em porta, enquanto os ofícios mecânicos, segundo tema com maior normatização camarária, corresponderam a apenas 26%[11]. Com efeito, em meados dos Setecentos, as posturas dos edis de Salvador e a exigência de licenciamento anual recaía principalmente sobre as "ganhadeiras", "quitandeiras", "regateiras" ou "vendedoras de tabuleiro", que, àquela altura, eram atividades exercidas predominantemente por africanas escravizadas ou libertas.

A referência mais pregressa sobre escravas postas no serviço de ganho localizada nos inventários *post-mortem* setecentistas de residentes em Salvador, disponíveis no Arquivo Público do Estado da Bahia, foi identificada no rol de bens pertencentes a Manuel Araújo Costa, falecido em 1719. Tratava-se de Francisca de nação mina ganhadeira, cujo senhor possuía ao todo cinco cativos: Maria de nação guiné, Ignes mina e João crioulinho, único escravizado do sexo masculino, filho de Francisca, que na época da avaliação de bens tinha um mês e meio. Além desses escravos, Costa era proprietário de Catharina guiné, moradora do Sertão do Piauí, distrito da Capitania do Maranhão, na fazenda onde o defunto possuía cabeças de gado.[12]

11 SOUZA, Avanete Pereira de. *Poder local e cotidiano*: a Câmara de Salvador no século XVIII. 1996. 213f. Dissertação (Mestrado em História) – Faculdade de Filosofia e Ciências Humanas da Universidade Federal da Bahia. Salvador, 1996. p. 97-99.

12 Ao total foram analisados 261 inventários *post-mortem*. *Inventário post-mortem de Manoel de Araújo.*

Manoel Costa seguia o padrão de posse comum a senhores de escravos urbanos, ou seja, pequenas propriedades com até cinco cativos. Cerca de 48,5% dos inventariados possuíam esse perfil. Chama a atenção a escolha por mulheres, o que demonstra como Costa, assim como outros moradores da Cidade da Bahia, requeria escravas para o trabalho doméstico, vendo-as também como bom investimento para o serviço de ganho.[13]

De acordo com os inventários setecentistas, o percentual de escravas em meio à população cativa na Cidade da Bahia girava em torno de 43,3%, índice maior que aquele encontrado no Recôncavo, sobretudo nas regiões da lavoura açucareira, onde as estimativas de mulheres cativas giravam, no máximo, em torno de 30%.[14] Esses números refletem no papel fundamental desempenhado pelas escravizadas no ambiente urbano. Elas assumiam a lida diária das casas e sobrados, atuando tanto de "portas adentro" (limpando, cozinhando e servindo aos senhores) como de "portas afora" (fazendo compras, abastecendo a casa com água, lavando roupas, vendendo mercadorias). De modo que sem o labor dessas mulheres seria impraticável a vida senhorial em cidades como Salvador, Rio de Janeiro e Recife, bem como nas vilas mineiras.

Em Minas Gerais, de acordo com Luciano Figueiredo, as "negras de tabuleiro" africanas, mulatas e crioulas, tanto forras quanto escravas, já nas primeiras décadas setecentistas, passaram

---

13 SOUZA, Daniele Santos de. *Tráfico, escravidão e liberdade na Bahia nos "anos de ouro" do comércio negreiro (c. 1680-c.1790,).* 2018. 325f. Tese (Doutorado em História) – Faculdade de Filosofia e Ciências Humanas da Universidade Federal da Bahia. Salvador, 2018. pp. 238-254.

14 SCHWARTZ, Stuart B. *Segredos Internos*: engenhos e escravos na sociedade colonial, 1550-1835. São Paulo: Companhia das Letras, 1988. pp. 286-299; BARICKMAN, B. J. *Um contraponto baiano*: açúcar, fumo, mandioca e escravidão no Recôncavo, 1780-1860. Rio de Janeiro: Civilização Brasileira, 2003. pp.216-217.

a sofrer dura fiscalização e repressão por parte das autoridades coloniais. Através de variados atos normativos, buscava-se limitar a atuação dessas mulheres no pequeno comércio de alimentos nas vilas mineiras e proibir sua circulação em arraiais e outros locais de extração de ouro e diamante.

As "negras de tabuleiro" eram acusadas de contrabandearem metais preciosos, praticarem a prostituição – causando danos morais e sociais –, açoitarem escravos fugidos, além de negociarem e tratarem com negros quilombolas. Desse modo, a dispersão característica do comércio ambulante facilitava a burla de diversas medidas editadas pelas Câmaras ou pelo governo da Capitania de Minas Gerais no sentido de fiscalizar, regulamentar e determinar a venda de alimentos em espaços delimitados.

Assim como na Cidade da Bahia, a ação dos edis das vilas mineiras também visava ampliar a arrecadação camarária por meio da tributação do pequeno comércio, além de regulamentar e aferir pesos, medidas e fixar preços, buscando evitar a ação de atravessadores. Na visão dos vereadores, as oscilações dos preços nos alimentos seriam causadas pela ação de especuladores, cabendo à Câmara agir para evitar tensões sociais ocasionadas pela carestia em meio à população.[15] Nessa tarefa, os edis contavam com a colaboração do juiz de fora, responsável por realizar devassas gerais para averiguar denúncias e arrolar os acusados.

Foi justamente em uma dessas devassas que a escravizada Rita e as pretas forras Leonor Campos, Antônia dos Santos e Tereza Fernandes foram presas. No entanto, ao que tudo indica, o ouvidor

---

15 FIGUEIREDO, Luciano. *O avesso da memória*. São Paulo: José Olympio, 1999. pp. 41-71.

geral do crime Manuel Luiz Pires, o chanceler do Tribunal da Relação Francisco de Campo Limpo e o governador-geral Conde das Galveas concluíram que a acusação de atravessamento de mantimentos não passava de calúnia. Talvez por isso, endossaram o pedido de perdão enviado à Sua Majestade pelas ganhadeiras, que terminaram por alcançar essa graça e serem liberadas da prisão.[16]

Segundo o professor de grego Luís dos Santos Vilhena, em suas compilações sobre a Cidade da Bahia, no final do século XVIII não havia na cidade uma praça de mercado, e sim espaços públicos de venda de alimentos denominados quitandas. Nestes lugares, "se juntam muitas negras a venderem tudo o que trazem, como seja peixe, carne meia assada, a que chamam moqueada, toucinho, baleia no tempo da pesca, hortaliças". Ainda conforme o autor, haveria três quitandas em Salvador, uma na freguesia da Conceição da Praia, na Rua dos Cobertos da Praia; outra na Sé, que durante bom tempo funcionou no Terreiro de Jesus, sendo depois transferida para a Rua Nova; e, por último, na freguesia de São Pedro Velho, no largo às portas de São Bento.[17]

Na Conceição, centro comercial da cidade, as ganhadeiras se reuniam nos chamados Cobertos Grandes, do Meio e Cobertos Pequenos, formados por uma carreira de sobrados, construída nas proximidades da Rua da Praia, com grandes arcadas em frente aos pavimentos térreos. Os Cobertos foram edificados pelos jesuítas, que obtiveram concessão régia daquele espaço de marinha

16 Sobre os requerimentos de perdão e apelação feitos por africanos e seus descendentes ao monarca português, ver: *WOOD*, A. J. R. R. Vassalo e soberano: apelos extrajudiciais de africanos e de indivíduos de origem africana na América portuguesa. In: SILVA, Maria Beatriz Nizza da (Org.). *Cultura portuguesa na Terra de Santa Cruz*. Lisboa: Estampa, 1995. pp. 215-233.

17 VILHENA, Luís dos Santos. *A Bahia no século XVIII*: vol I. Salvador: Ed. Itapuã, 1969. p. 93.

por volta de 1714. Embaixo desses arcos, "negras de tabuleiro" comercializavam as mais variadas mercadorias.[18]

Nas proximidades do Mosteiro de São Bento, ocorria o abate do gado e a venda da carne se espalhava pelas imediações. O talho, ato de dividir os cortes da carne, também denominava o lugar de venda, o açougue.[19] A Câmara dispensava atenção especial a esta matéria. Com o objetivo de evitar especuladores e controlar os pesos e medidas, a municipalidade arrematava os talhos em praça pública e os fiscalizava por meio do almotacé. No entanto, as denúncias sobre a ação de atravessadores e as queixas sobre os preços seguiram-se durante todo o período colonial e imperial.[20]

Vilhena acusava as "negras de tabuleiro" de se associarem aos soldados e oficiais "com quem tem tratos ou contratos" para açambarcar a carne bovina nos açougues públicos. A ação dos soldados em período de escassez seria tão violenta que, conforme o autor, o presidente da Câmara às vezes se via obrigado a ir pessoalmente aos açougues para acudir às desordens provocadas por eles. As ganhadeiras, por sua vez, costumavam moquear a carne adquirida, assando-a numa grelha a fogo moderado, de modo a desidratá-la para melhor conservá-la e revender em porções menores, os chamados "bocadinhos".[21]

É possível que a cativa Rita e as africanas libertas Leonor Campos, Antônia dos Santos e Tereza Fernandes, acusadas de serem atravessadoras de alimentos, comercializassem também carne

---

18 DOREA, Luiz Eduardo. *História de Salvador nos nomes das suas ruas*. Salvador: EDUFBA, 2006. p. 276. VILHENA. *A Bahia no século XVIII*. p. 116.

19 DOREA. *História de Salvador*. p. 198.

20 SOUSA. *A Bahia no século XVIII*. pp. 253-263.

21 VILHENA. *A Bahia no século XVIII*. p. 129.

moqueada e, quiçá, conhecessem bem as transações que ocorriam entre os talhos e os tabuleiros. É válido ressaltar que o senhor de Rita era um soldado, que alegava depender dos ganhos de sua escrava para completar seus rendimentos.

A pena de Vilhena foi assaz ácida com as "negras regateiras", responsabilizando-as pela especulação dos alimentos, como a carne e o peixe, frente a uma suposta permissividade das autoridades coloniais. De acordo com o professor de grego, as ganhadeiras compravam todo o peixe junto aos oficiais inferiores. Estes, por sua vez, os adquiriam mediante uso da força contra pescadores ainda em alto mar, "a título de ser para seus superiores". Contudo, repassavam o pescado às ganhadeiras e estas revendiam a outras negras, numa negociação, segundo Vilhena, chamada "carambola". Assim, o pescado passaria, conforme o autor, por "quatro ou cinco mãos, antes de chegar as do que a compram para comê-lo".[22]

Vilhena denunciava conivência das autoridades "por ser aquele negócio como privativo de ganhadeiras, que de ordinário são, ou foram cativas de casas ricas, e chamadas nobres"[23]. Dessa forma, quem deveria regulamentar e fiscalizar temia "ficar mal" junto à nobreza da terra, "pelo interesse que de comum tem as senhoras naquela negociação". Barcelar sugere que dificilmente o professor de grego perceberia que os senhores e senhoras brancas tinham pouco controle e talvez desconhecessem essas práticas levadas a cabo por suas cativas. No entanto, para Vilhena seria inconcebível que uma escravizada ou liberta, ainda mais sendo mulher e preta, pudesse

22 VILHENA. *A Bahia no século XVIII*. pp. 126-127. Segundo o dicionário de Luiz Maria Silva Pinto, carambola significava trapacear, fazer enredos, cf: PINTO, Luiz Maria Silva. *Dicionário da Língua Brasileira*. Ouro Preto: Typographia de Silva, 1832.

23 VILHENA *A Bahia no século XVIII*, p. 127.

dominar de maneira inteligente e autônoma um lucrativo comércio a ponto de estabelecer uma espécie de reserva de mercado.[24]

IMAGEM 2

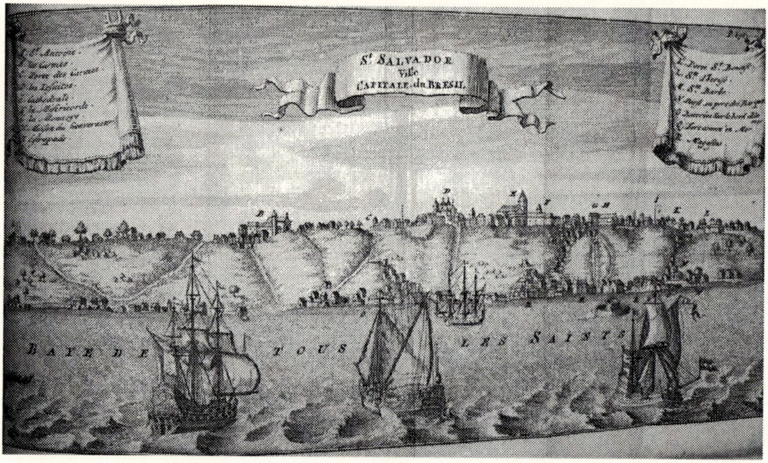

Vista panorâmica da Cidade da Bahia, 1698. In: Froger, *Relation d'un voyage de M. de Gennes au détroit de Magellan, fait em 1695, 1696 et 1697*. Paris, 1698, p. 141.

Segundo Avanete Sousa, embora a Câmara tivesse ciência que os soldados e militares eram os principais "açambarcadores de víveres", hesitava em puni-los. Para enquadrá-los por crimes contra o governo econômico com base nas posturas locais necessitava-se de prévia autorização do governador-geral. Mas nem sempre o poder camarário e o governamental estavam afinados quanto a esta questão, resultando frequentemente em impunidade.[25]

O pequeno comércio de alimentos também poderia envolver o deslocamento das cativas entre Salvador e as vilas do entorno da

---

24 BARCELAR, Jeferson. A comida dos baianos no saber amargo de Vilhena. *Afro-Ásia*, Salvador, n. 48, p. 273- 310, 2013.

25 SOUSA. *A Bahia no século XVIII*. pp. 259-260.

Baía de Todos-os-Santos. A preta Maria da Silva, escravizada por Manoel da Silva de Afonseca, por exemplo, vivia em Parnamirim, termo da vila de São Francisco de Sergipe do Conde, próspera região açucareira do Recôncavo baiano. Em 1767, foi pronunciada numa devassa aberta pela Ouvidoria Geral do Crime daquela vila, acusada de ser "useira em atravessar mantimentos", o que a levou à prisão. Em sua defesa, apelou ao Tribunal da Relação da Bahia, o qual despachou o pedido de perdão à Sua Majestade, d. José I.

Segundo o requerimento, a escravizada de Manoel Afonseca "vivia de negociar carnes do Sertão que vinha comprar a esta Cidade [Salvador] e outros efeitos comestíveis que lhe vinham das roças daquele distrito para assim melhor poder pagar as semanas a seu senhor que era um homem pobre". Ou seja, Maria da Silva transitava entre São Francisco do Conde e Salvador, comercializando alimentos com autonomia e anuência senhorial, e desta forma lucrava com a exploração de seu trabalho.

A autoria e a linguagem do pedido de perdão remetido ao rei, a despeito de ter sido produzido por intermédio de um escrivão e da própria Relação, indicam que a cativa foi a protagonista de sua defesa e, aparentemente, o seu senhor não se manifestou em relação à prisão. Diferente da posição de Hilário Pereira de Souza diante da prisão de sua escrava ganhadeira Rita. Certamente, a mobilidade entre o Recôncavo e a capital e a possibilidade de auferir parte do rendimento de seu ganho exigia de Maria autonomia para cuidar de si, inclusive dar conta das querelas e arbitrariedades do mundo dos brancos.[26]

---

26 *Alvará de perdão concedido a preta Maria da Silva escrava*. 22 de setembro de 1767. APEB, Seção Colonial e Provincial, Livro de Provisões e Alvarás do Tribunal da Relação da Bahia, maço 539 (1768- 1770), fl.

Por ter sido encarcerada após o indiciamento em uma devassa geral, Maria alegava que a acusação provinha de "pessoas suas inimigas" que "falsa e dolosamente a criminaram [sic]". Na súplica ao rei, acrescentou ainda ser "uma miserável negra cativa e pobre que padecia muitas necessidades por não ter outra agencia". Certamente, os lucros obtidos nesse comércio despertaram o interesse de terceiros na vila, que talvez desejassem assumir ou utilizar seus cativos para tomar o espaço de negócio da acusada.

Assim como Manoel da Silva Afonseca, diversos senhores costumavam, em troca de bons rendimentos, permitir que suas escravas desfrutassem de mobilidade para tocar suas "agências". Vilhena, com exagero, afirmou que "das casas mais opulentas desta cidade, onde andam os contratos e negociações de maior porte, saem oito, dez, e mais negros a vender pelas ruas a pregão as cousas mais insignificantes e vis; como sejam iguarias de diversas qualidades".[27]

Entre os alimentos comercializados, o autor destacou com certo desprezo: "mocotós, isto é mãos de vaca, carurus, vatapás, mingaus, pamonha, canjica, isto é papas de milho, acaçá, acarajé, ubobó, arroz de coco, feijão de coco, angu, pão de ló de arroz, o mesmo de milho, roletes de cana, queimados", bem como "doces de infinitas qualidades", cujo asseio Vilhena punha em dúvida. O mesmo fazendo com relação às bebidas comercializadas, definindo-as como "água suja feita com mel, e certas misturas a que dão o nome de *aloá*, que faz vezes de limonada para os negros".[28]

---

s/n. Sobre o preço da carne ver: Documentos Históricos do Arquivo Municipal, *Atas da Câmara – 1751-1765*, 10º vol. Prefeitura Municipal de Salvador, 1984, p. 330.

27 VILHENA. *A Bahia no século XVIII*. p. 130

28 VILHENA. *A Bahia no século XVIII*. p. 130, grifo do autor.

As ganhadeiras mercadejavam os gêneros consumidos pela maioria da população pobre, escravizada e liberta da cidade. Possivelmente, as cores, os aromas e sabores desses alimentos causaram ojeriza aos europeizados modos do professor de grego por se tratar de uma cozinha baiana, que se distanciava dos ingredientes da culinária mediterrânica lusitana e combinava elementos das culturas indígena e africana.[29]

Além de gêneros alimentícios, as ganhadeiras também comercializavam panos da costa, tecidos diversos, miçangas de vidro e outras quinquilharias. Esses produtos podiam ser obtidos em consignação com os negociantes da praça da Bahia, mas também com membros das tripulações das embarcações que cruzavam os oceanos, vindos da metrópole, da África ou Ásia.[30] Parte significativa da equipagem dos navios negreiros era formada por africanos escravizados e libertos, que tinham junto às ganhadeiras mercado certo para os produtos que eles importavam da costa africana, principalmente os panos da costa.[31]

Essas transações não passaram despercebidas a Vilhena. Segundo ele, os comerciantes "que têm negócio em grosso" (atacadistas) "vendem das suas lojas por miúdo, a côvado, e vara, saem turmas de negras com caixinhas cheias de fazendas, a maior parte de contrabandos, tirados por alto, ou comprados em navios estrangeiros" ou "outros vindos das feitorias das costas de Guiné e Mina". Novamente, Vilhena direcionou suas ásperas palavras às

---

29 BARCELAR. A comida dos baianos. pp. 301-302.

30 Richard Graham destaca como merceeiros e lojistas negociavam com ganhadeiras para comercializarem suas mercadorias a varejo pelas ruas de Salvador. GRAHAM. *Alimentar a cidade*. pp. 72-73.

31 SOUZA. *Tráfico, escravidão e liberdade*, pp. 226-237. RODRIGUES, Jaime. *No mar e em terra*: história e cultura de trabalhadores escravos e livres. São Paulo: Alameda, 2016. pp. 93-101.

ganhadeiras, cujo contrabando contaria com o salvo-conduto de "casas poderosas a quem pertencem".[32]

Em 1783, seguindo uma linha anti-africana semelhante à de Vilhena, a Ouvidoria Geral do Crime iniciou uma devassa para investigar se nos Cobertos Grandes da Praia as negras comercializavam tecidos, cujo uso por pessoas de cor ou de extratos inferiores era proibido segundo a lei Pragmática.[33] A investigação denunciou e encaminhou à prisão a preta jeje forra Maria de Santa Anna. No entanto, os desembargadores da Relação, após analisarem as mercadorias apreendidas numa caixinha pertencente à preta forra, somado ao depoimento de testemunhas, concluíram pela inocência de Maria de Santa Anna. Segundo o desembargador Luís da Costa Lima e Barros, as mercadorias encontradas possuíam despacho da alfândega, não se tratavam de contrabando. Esses produtos, conforme o juiz, "as pretas chamadas ganhadeiras [os] recebem [...] dos homens de negócio e mercadores por um tanto, e o mais para elas, e segundo a sua boa satisfação", sendo abastecidas pelos mesmos negociantes "com semelhantes quinquilharias".[34]

Ao deferir a sentença, o desembargador Barros repetiu as palavras que constavam no requerimento de Maria de Santa Anna enviado à Sua Majestade. Neste, a preta forra relatou que a acusação teria surgido após ela ter "querelado de furto contra Joaquim José Gomes". Em represália, Joaquim Gomes junto com o seu irmão

32 VILHENA. *A Bahia no século XVIII*. p. 131.

33 LARA, Sílvia Hunold. *Fragmentos setecentistas*: escravidão, cultura e poder na América Portuguesa. São Paulo: Companhia das Letras, 2007. pp. 79-125.

34 *Ofício do governador interino ao [secretário de Estado da Marinha e Ultramar] Martinho de Melo e Castro, sobre a prisão da preta forra, Maria de Sant'Ana*. 18/12/1783. Arquivo Histórico Ultramarino (doravante AHU), Conselho Ultramarino (doravante CU), 005-01 Bahia – Coleção Eduardo Castro e Almeida, Cx. 60, D. 11442-11445.

Antônio José Gomes, vigário na igreja do Santíssimo Sacramento de Santana, e Manoel Ferreira Dias – alferes da 8ª Companhia do 1º Regimento de Milícias da guarnição da praça da Bahia, anteriormente denominado Regimento dos Úteis – "maquinaram uma petição em nome dos mercadores do Coberto Grande" na freguesia da Conceição da Praia, numa ação deliberada na qual a preta forra "fora presa e culpada na devassa".[35]

O fato, portanto, estava entrelaçado a disputas no comércio de rua. É lícito supor que Joaquim José Gomes talvez negociasse fazendas com as ganhadeiras dos Cobertos Grandes e, após uma tentativa mal sucedida de obter vantagens lesando Maria de Santa Anna, visse sua honra ameaçada por uma constrangedora acusação de furto em um espaço mercantil. Por certo, os laços de solidariedade nos quais a preta forra jeje estava inserida conferiram-lhe o apoio necessário de testemunhas que convenceram os desembargadores da Relação sobre a injustiça que lhe havia sido imputada.

As redes de relações e comércio que as ganhadeiras ergueram incomodavam alguns contemporâneos, como Vilhena, segundo o qual "triste será a sorte de quem bulir com elas".[36] Comunicativas,

---

35 *Ofício do governador interino ao [secretário de Estado da Marinha e Ultramar] Martinho de Melo e Castro, sobre a prisão da preta forra, Maria de Sant'Ana.* 18/12/1783. *Requerimento do padre Antônio José Gomes, presbítero do hábito de São Pedro, ao rei [D. José] solicitando alvará de mantimentos para cobrar sua côngrua, visto estar provido na Igreja do Santíssimo Sacramento e Santa Ana desta cidade.* 9/02/1757, AHU, CU, 005 Bahia – Avulsos, Cx. 130, D. 10144. *Ofício do arcebispo dom frei António Correia ao [secretário de Estado da Marinha e Ultramar] Martinho de Melo e Castro sobre o provimento das igrejas de Santa Ana, Nossa Senhora da Conceição da Praia e Nossa Senhora da Ajuda de Jaguaripe, vagas pelo falecimento dos seus vigários António José Gomes da Costa, Francisco José da Silva e Bartolomeu Rodrigues da Luz.* 30/09/1787, AHU, CU, 005-01 Bahia – Coleção Eduardo Castro e Almeida, Cx. 66, D. 12690. *Requerimento de Manuel Ferreira Dias solicitando a confirmação régia da patente de tenente do Primeiro Regimento de Milícias. Carta patente pela qual o governador d. Fernando José de Portugal promoveu o alferes Manoel Ferreira Dias ao posto de tenente do 1º Regimento de Milícias.* 22/09/1797. AHU, CU, 005-01 Bahia – Coleção Eduardo Castro e Almeida, Cx. 104, D. 20254- 20255.

36 VILHENA. *A Bahia no século XVIII*. p. 131.

ágeis e sagazes, as ganhadeiras souberam muito bem utilizar essas qualidades para construírem laços envolvendo brancos, mestiços e pretos, escravizados e libertos numa arquitetura social de bases predominantemente africanas.

A africanidade do comércio de rua

As africanas eram maioria absoluta entre as cativas e libertas que labutavam no pequeno comércio nas ruas da Cidade da Bahia. Nos inventários setecentistas as escravas de origem africana perfaziam 58% da amostra, como pode ser visto na tabela 2, mais abaixo. No entanto, entre as 32 cativas arroladas como ganhadeiras ou em ocupações comerciais correlatas, apenas uma era crioula, as demais, 97%, eram de origem africana; destas, 27 eram de nação mina e 4 angola.[37] As escravizadas oriundas da Costa da Mina perfaziam cerca de 37,2% da população cativa feminina listada nos inventários. Ou seja, a despeito dos dados sobre as ganhadeiras tratar-se de uma amostra pequena, é salutar ao revelar a presença africana, o que leva a inferir que as minas dominavam o comércio de rua.

TABELA 2

ORIGEM DAS MULHERES ESCRAVIZADAS – SALVADOR SEC. XVIII

	Nº	%
África Ocidental	*389*	*41,4%*
Arda	12	1,3%
Mina	350	37,2%

37 *Inventários post-mortem* 1700-1800, APEB, Seção Judiciária.

Jeje	17		1,9%	
Outras nações[38]	10		1%	
África Centro-Ocidental		*139*		*14,8%*
Angola	105		11,2%	
Benguela	10		1%	
Outras nações[39]	24		2,6%	
Indeterminado[40]		*16*		*1,7%*
Nacionais		*397*		*42,1%*
Crioulo	267		28,3%	
Cabra	25		2,7%	
Mestiço	12		1,2%	
Mulato	52		5,5%	
Pardo	41		4,4%	
Totais	941		100%	

Fonte: ***Inventários post-mortem,*** 1700-1800, APB, Seção Judiciária.

Luzia da Conceição era uma das senhoras dessas cativas. Ao falecer, em 1772, era dona de 29 escravos, número considerado alto para proprietários urbanos, sendo 13 do sexo masculino e 16 do feminino. Destas, pelo menos cinco, Ana, Ângela, Benedita, Elena, todas minas, e Maria angola eram empregadas diretamente na venda de alimentos e outros produtos nas ruas da cidade. Os demais escravizados, cuja ocupação foi informada, estavam empregados na pesca da baleia, no serviço da casa ou como aprendizes de barbeiro.[41]

38 Calabar (2); Caxeu (1); São Tomé (4); Nagô (2); Sabaru (1).

39 Bembe (8); Congo (1); Ganguela (1); Dongo (1); Ambaque (2); Gonguê (1); Calende (1); Libolo (1); Moxicongo (2); Songo (1); Ambaca (4). Somou-se também uma cativa Moçambique (1), da África Oriental.

40 Guiné (15); Preta (1).

41 *Inventários post-mortem de Luzia da Conceição*, 1772, APEB, Seção Judiciária, classificação: 04/1613/2082/02.

Já Agostinho Ferreira Pinto possuía três cativas ganhadeiras: Luísa, Ignacia e Clara, todas da Costa da Mina.[42] Josefa Maria da Assunção era proprietária de duas ganhadeiras: Severia mina e Ignes crioula, a única nascida no Brasil descrita nos inventários em atividades mercantis.[43]

Nas sociedades e estados próximos aos portos da Costa da Mina, vitimados pelo circuito do tráfico transatlântico de africanos, as mulheres possuíam presença marcante no comércio nas feiras locais. De acordo com Robin Law, no final do século XVII, o reino de Aladá era o principal fornecedor de escravizados para o tráfico transatlântico europeu na Costa da Mina, através do porto de Offra. Nos primeiros anos do setecentos, o porto de Ajudá, pertencente então ao reino Hueda, acabou ultrapassando-o em importância. Os cativos traficados por Aladá eram denominados nas Américas como arara, arada ou arda.[44] A conquista daomeana sobre esses reinos em 1724 e 1727, respectivamente, alteraram a geopolítica da região, impactando diretamente no tráfico de escravizados.

Nas décadas seguintes, novos portos surgiram a leste, como Badagri e Porto Novo, formados pelas famílias reais de Aladá e Hueda, exiladas pelo Daomé. Esses novos locais de tráfico, frequentemente, eram abastecidos por rotas de comércio de escravizados oriundas do reino de Oyó. No século XVIII, na Bahia e em outras regiões do Brasil, como Recife e Rio de Janeiro,

42 *Inventários post-mortem de Agostinho Ferreira Pinto*, 1788, APEB, Seção Judiciária, classificação: 04/1767/2237/04.

43 *Inventários post-mortem de Josefa Maria da Assunção*, 1792, APEB, Seção Judiciária, classificação 08/3405/0/11.

44 LAW, Robin. *The Kingdom of Allada*. Leiden: Research School CNWS, 1997. p. 85-90.

os africanos oriundos da Costa da Mina eram genericamente denominados de mina ou gentio da costa.[45]

O litoral da Costa da Mina era formado por uma complexa rede de lagoas, fundamental para o fluxo de mercadorias, entre elas o tráfico negreiro.[46] O comércio se estendia por todo o interior daquela costa, formada por diversas cidades e vilarejos. Nelas ocorriam feiras em períodos cíclicos, a cada quatro dias, conectando variados circuitos de comércio entre o interior e os portos atlânticos.[47] De modo que se comprava mercadorias em uma dada cidade para serem revendidas nas feiras de outros vilarejos. No reino de Oyó, o pequeno comércio de alimentos e outros artigos de menor valor era em grande medida controlado pelas mulheres, e estas podiam viajar consideráveis distâncias, conectando redes mercantis de vilas e cidades.[48]

---

45 A partir do final do século XVIII e início do XIX, quando o porto de Onim (atual Lagos) tornou-se um dos principais abastecedores do tráfico baiano, ampliou-se exponencialmente o número de escravizados de origem iorubá, haussá e de outros povos oriundos do norte da atual Nigéria. A dinâmica do tráfico baiano passou a referir-se aos iorubás como nagôs e as especificidades étnicas desses povos ora eram salientadas na documentação ora eram generalizadas sob o "guarda-chuva nagô", expressão criada por João Reis. Enquanto em outras partes do Brasil, como Pernambuco e Rio de Janeiro, o termo mina continuou a ser utilizado para designar genericamente todos os africanos oriundos dos portos da Costa da Mina, os quais, no século XIX, eram predominantemente iorubás. Cf. LAW, Robin. Etnias de africanos na diáspora: novas considerações sobre os significados do termo "mina". *Revista Tempo*, v. 10, n. 20, 2006; REIS. *Rebelião escrava no Brasil*. pp. 307-319; SOARES, Mariza de Carvalho. *Devotos de cor*: identidade étnica, religiosa e escravidão no Rio de Janeiro, século XVIII. Rio de Janeiro: Civilização Brasileira, 2000. Sobre o tráfico negreiro e as origens étnicas na Bahia setecentista ver: SOUSA. Tráfico, escravidão e liberdade. pp. 25-198; SILVA JR. Carlos Francisco da. *Identidades Afro-Atlânticas*: Salvador, Século XVIII (1700-1750). 2011, 251 fl. Dissertação (Mestrado em História) – Faculdade de Filosofia e Ciências Humanas, Universidade Federal da Bahia. Salvador, 2011. pp. 90-115.

46 Robin Law, Between the Sea and the Lagoons: The Interaction of Maritime and Inland Navigation on the Precolonial Slave Coast, *Cahiers d'Études Africaines*, vol. 29, Cahier 114, Rivages 1, pp. 209-237, 1989.

47 Segundo Pierre Verger, Roger Bastite e Niara Sudarkasa, esses mercados iorubás, ainda em meados do século XX, eram responsáveis por ligarem cidades a áreas agrícolas e vilarejos em um circuito de feiras que mantinha a periodicidade de quatro dias alternadamente em distintas localidades (que compreendem o atual leste do Benin e oeste da Nigéria) o que dinamizava a produção, venda e revenda de produtos. Ver: Pierre F. Verger e Roger Bastite, Contribuição ao estudo dos mercados nagôs no baixo Benin. In: Pierre F. Verger, *Artigos*. São Paulo: Corrupio, 1992, pp. 122-155. Niara Sudarkasa, *Where Women Work: A Study of Yoruba Women in the Marketplace and in the Home*. University of Michigan, 1973.

48 Robin Law, *The Oyo Empire c. 1600-c.1836*. A West African Imperialism in the Era of the Atlantic Slave

Segundo Law, ao longo do século XVII e início do XVIII, concomitante à expansão do tráfico europeu na Costa da Mina, cresceu o comércio de manufaturas locais entre as sociedades africanas, conectando aquela região à Costa do Ouro. As mulheres comercializavam bebidas fabricadas por elas, bem como alimentos preparados, servidos principalmente para comerciantes e outros frequentadores das feiras. Além disso, costumeiramente elas também negociavam a produção manufatureira de seus maridos, que poderia incluir tecidos de algodão – denominados panos da costa –, cestarias, vasos de barro, além de outras mercadorias, como peixe, sal, goma e miçangas. Estas últimas, ainda de acordo com Law, eram chamadas de *akori*, feitas de uma espécie de vidro duro produzido em Ifé, e junto com os panos da costa também eram vendidas aos traficantes europeus.[49]

Na Cidade da Bahia, como vimos, eram as ganhadeiras, majoritariamente minas, que negociavam esses produtos nos Cobertos da Praia, adquiridos através de negociantes ou membros das tripulações dos tumbeiros. Em alguns casos, eram os próprios senhores que forneciam essas mercadorias a elas, sobretudo quando atuavam como capitães ou mestres de navios negreiros.

Talvez fosse esse o caso das ganhadeiras minas Josefa e Maria, pertencentes ao capitão negreiro Jacinto Gomes, falecido numa viagem a bordo da galera Nª Sª dos Milagres São Jose e Almas em direção à Costa da Mina em 1752. Em seu testamento o capitão alforriou as duas cativas pelos "bons serviços" e ainda fez questão

---

Trade. Clarendon Press: Oxford, 1997. p. 210.

49 Robin Law, *The Slave Coast of West Africa 1550-1750*. The impact of the Atlantic Slave on na African Society, Clarendon Press, Oxford, 1991, p. 45-48.

de registrar que Josefa era proprietária de duas escravas, Florência e uma moleca nova, a qual não mencionou o nome, certamente porque era recém chegada e ainda não havia sido batizada.[50]

Josefa e Maria, ao que tudo indica, possuíam plena confiança senhorial, seja na autonomia sobre o trabalho – visto que Jacinto Gomes, em seu giro para a Costa da Mina, poderia se ausentar por meses da cidade, chegando até a mais de um ano –, seja pelo comércio de mercadorias, que poderiam incluir panos da costa e miçangas trazidas pelo senhor. O certo é que a lucratividade do ganho havia possibilitado um pequeno acúmulo de capital, permitindo à Josefa alcançar a liberdade sendo proprietária de escravos, em uma situação econômica menos pauperizada.[51]

Em Luanda, segundo Selma Pantoja, as mulheres dominavam o pequeno comércio de alimentos, realizado em espaços denominados quitandas.[52] Entre as escravizadas listadas nos

---

50 *Inventário post-mortem de Jacinto Gomes*, 1752, APEB, Seção Judiciária, classificação: 03/1147/1616/02. Segundo o TSTD, Jacinto Gomes capitaneou pelo menos quatro viagens negreiras entre 1746-1752, cf. # 50703; #50736; #50750; #52017 disponível em: https://www.slavevoyages.org/voyage/database. Acessado em 18/05/2021. Sobre os capitães de navio negreiro ver: Cândido Eugênio Domingues de Souza, *"Perseguidores da espécie humana": capitães negreiros da Cidade da Bahia na primeira metade do século XVIII*. 2011. 219fl. Dissertação (Mestrado em História) – Faculdade de Filosofia e Ciências Humanas, Universidade Federal da Bahia, Salvador. Escravos serem proprietários de outros cativos era um fenômeno muito raro, mas de forte poder ideológico para manutenção da estrutura escravista. Recentemente, o tema vem sendo escrutinado por pesquisadores da escravidão na Bahia e em Pernambuco nos séculos XVIII e XIX. Sobre este assunto ver:Souza, *Tráfico, escravidão e liberdade*, pp. 269-302. João José Reis, De escravo a rico liberto: a trajetória do africano Manoel Joaquim Ricardo na Bahia Oitocentista, *Revista de História da USP*, nº 174, pp. 15- 68, 2016; Gabriela Amorim Nogueira, *Viver por si, viver pelos seus: famílias e comunidades de escravose forros no 'Certam de Sima do Sam Francisco' (1730-1790)*, 2011. 212 fl. Dissertação. (Mestrado em História), Departamento de Ciências Humanas – Campus V, Universidade do Estado da Bahia, Santo Antônio de Jesus; Robson Pedrosa Costa, *A Ordem de São Bento e os escravos do Santo, Pernambuco, séculos XVIII e XIX*. 2013. 287 fl. Tese. (Doutorado em História) Faculdade de Filosofia e Ciências Humanas, Universidade Federal de Pernambuco, Recife.

51 Sobre a experiência de libertos no Brasil colonial, em especial das ganhadeiras ver: Sheila de Castro Farias. *Sinhás Pretas, Damas Mercadoras. As pretas minas nas cidades do Rio de Janeiro e de São João Del Rey*, (1700-1850). 2004. 276 fl. Tese (Professor Titular) – Faculdade de Filosofia e Ciências Humanas, Universidade Federal Fluminense, Niterói. A. J. R. Russel Wood. *Escravos e Libertos no Brasil Colonial*. Rio de Janeiro: Civilização Brasileira, 2005.

52 Segundo Pantoja, a palavra quitanda derivava da língua umbundo kitanda, ver: Selma Pantoja, A dimensão

inventários de Salvador que comercializavam nas ruas, localizamos apenas uma descrita como quitandeira. Tratava-se da cativa de Rosa Maria, por nome Rita, talvez não coincidentemente ela fosse justamente de origem angola.[53] Em Benguela, por sua vez, Mariana Cândido afirma que, em 1760, as autoridades coloniais criaram um mercado público, onde se concentravam as quitandeiras. Assim como no Brasil, nesses espaços essas mulheres escravizadas comercializavam alimentos *in natura*, pratos prontos e bebidas.[54]

A mesma paisagem poderia ser vista no Terreiro do Paço, em Lisboa, já no século XVI, segundo Saunders e Suely Almeida. Escravizadas comercializavam na metrópole carvão, bebidas e gêneros alimentícios em barracas instaladas no terreiro, além do azeite e pescado vendido na Ribeira, às margens do rio Tejo. Outras negociavam frutas secas e frescas, hortaliças, cuscuz, arroz-doce, grão de bico, milho, ameixas cozidas, feijão cozido e aletria em balaios de cestaria que transportavam sobre a cabeça pelas ruas da cidade. Havia ainda aquelas que tiravam água das fontes e vendiam para consumo residencial e eram conhecidas como negras de pote.[55]

Almeida menciona que a Câmara de Luanda, a partir do século XVIII, buscou fiscalizar e limitar a atuação das quitandeiras. Proibiu o trabalho das peixeiras na Quitanda Grande, alegando

---

atlântica das quitandeiras. In: Júnia Ferreira Furtado (org.), *Diálogos Oceânicos*: Minas Gerais e as novas abordagens para uma história do Império Ultramarino Português. Belo Horizonte: Ed. UFMG, 2001, pp. 45-67.

53 *Inventário post-mortem de Jacinto Gomes*, 1752, APEB, Seção Judiciária, classificação: 03/1147/1616/02.

54 Mariana Pinho Cândido, *Fronteras de esclavización: esclavitud, comercio e identidad en Benguela 1780-1850*. México: El Colegio de México, Centro de Estudios de Asia y África, 2011, pp. 221-222.

55 SAUNDERS, A. C. de M. *História Social dos escravos e libertos negros em Portugal (1441-1555)*. Lisboa: Imprensa Nacional – Casa da Moeda, 1994. p. 210; ALMEIDA, Suely Creusa Cordeiro. O feminino ao leste do Atlântico. Vendedeiras, regateiras, peixeiras e quitandeiras: mulheres e trabalho nas ruas de Lisboa e Luanda (séculos XVI-XVIII). In: GUEDES, Roberto (org.). *África*: brasileiros e portugueses. Rio de Janeiro: Mauad X, 2013. pp. 207-227.

que o odor e a sujeira causavam desordem pública. Ademais, determinou que todos os vendedores varejistas, em especial as quitandeiras, deveriam tirar licenças na Câmara, sob pena de seis mil réis. Postura semelhante àquela adotada pelo Senado da Cidade da Bahia, ainda no século XVII, como foi visto.

Assim como em Salvador, as africanas que trabalhavam no comércio ambulante negociavam também artigos de adorno, como fazendas diversas, miçangas e zimbo. Parte dessas mercadorias, sobretudo os tecidos, era adquirida junto a negociantes de grosso trato, que repassavam os produtos que elas comercializavam nas quitandas.[56] As africanas, portanto, desempenhavam importante papel no abastecimento das vilas e cidades e no pequeno comércio em praticamente todo o império atlântico português.

IMAGEM 3

Rugendas e Debret, 1831. In: Rugendas, Johann Moritz. *Viagem pitoresca através do Brasil*. São Paulo, Martins Fontes, 1954.

A população feminina de origem africana esteve à frente de praticamente toda faina de "portas adentro e de portas afora" no Brasil escravista. A vida senhorial nas vilas e cidades somente

56 ALMEIDA. O feminino ao leste do Atlântico. pp. 224-225.

foi possível devido à exploração do trabalho dessas mulheres. Elas realizavam toda a labuta de manutenção e limpeza nas casas e sobrados, assim como de abastecimento de água e gêneros alimentícios pelas ruas, terreiros e praças, garantindo o bem-estar das famílias brancas que as escravizavam. Esse cenário compôs a paisagem de todo o período da escravidão brasileira e se estruturou de tal forma na sociedade que até hoje impacta a vida e os direitos das mulheres negras no Brasil.

As ganhadoras na Bahia colonial: uma ponte com a sala de aula

Para o aprofundamento das análises sobre comércio de rua, trabalho doméstico no Brasil escravista colonial e imperial, compreendendo as africanas escravizadas e suas descendentes como sujeitos histórico e políticos, é importante conferir:

ALMEIDA, Suely Creusa Cordeiro. O feminino ao leste do Atlântico. Vendedeiras, regateiras, peixeiras e quitandeiras: mulheres e trabalho nas ruas de Lisboa e Luanda (séculos XVI-XVIII). In: GUEDES, Roberto Guedes (org.), *África: brasileiros e portugueses.* Rio de Janeiro: Mauad X, 2013. pp. 207-227.

FARIAS, Sheila de Castro. *Sinhás Pretas, Damas Mercadoras:* a. As pretas minas nas cidades do Rio de Janeiro e de São João Del Rey, *(1700-1850)*. 2004. 276 fl. Tese (Professor Titular) – Faculdade de Filosofia e Ciências Humanas, Universidade Federal Fluminense. Niterói, 2004.

FIGUEIREDO, Luciano. *O avesso da memória*: cotidiano

e trabalho da mulher em Minas Gerais no século XVIII. Rio de Janeiro: José Olympio, 1999.

GRAHAM, Richard. *Alimentar a cidade.* Das vendedoras de rua à reforma liberal (Salvador, 1780-1860). São Paulo: Companhia das Letras, 2013.

GRAHAM, Sandra Lauderdale. *Proteção e Obediência*: criadas e seus patrões no Rio de Janeiro, 1860-1910.

PANTOJA, Selma. A dimensão atlântica das quitandeiras. In: FURTADO, Júnia Ferreira (org.), *Diálogos Oceânicos*: Minas Gerais e as novas abordagens para uma história do Império Ultramarino Português. Belo Horizonte: Ed. UFMG, 2001, pp. 45-67.

SOARES, Cecília Moreira. *Mulher Negra na Bahia no Século XIX*. Salvador: EDUNEB, 2006.

A leitura desses trabalhos pode ampliar a compreensão sobre a história da escravidão, contribuindo para entendermos as desigualdades raciais, sociais e de gênero que caracterizam a atual sociedade brasileira. Essa perspectiva propõe uma análise em sala de aula que relacione o passado e o presente, observando as permanências e mudanças que transcorreram entre o mundo da escravidão e a contemporaneidade. De modo a compreender a lógica que visa hierarquizar pessoas e/ou grupos com base na raça para explorar a sua força de trabalho e concentrar a riqueza e o poder entre o grupo definido como racialmente/culturalmente superior.

Espera-se que este texto sirva de apoio didático à contextualização histórica acerca da exploração escravista sobre mulheres africanas e suas descendentes, em especial no trabalho de rua, estimulando discussões e ações interdisciplinares em diversos formatos, a exemplo de: seminários, debates, júri-simulado, produção de curta-metragem e produções artístico-culturais. Estas podem envolver música, dança, teatro, artes plásticas e fotografia, atrelando, inclusive, à possibilidade de gamificação em torno da temática, com a produção de jogos e *quizes* que abordem a escravidão e o trabalho de ganho feminino.

Para isso, podemos partir das seguintes reflexões:

1. Qual o papel da mulher negra no Brasil escravista e como a condição de gênero proporcionava nuances à escravização?
2. Qual a importância da identidade africana para a construção de redes e estratégias de luta e sobrevivência durante a escravidão?
3. Pesquise e analise os dados divulgados pela Pesquisa Nacional por Amostra de Domicílios Contínua (PNAD), realizada pelo Instituto Brasileiro de Geografia e Estatística (IBGE), sobre as condições socioeconômicas das mulheres negras, o trabalho doméstico e o trabalho informal no Brasil, em especial o trabalho ambulante. É possível identificarmos permanências e/ou mudanças em relação ao período da escravidão e o atual contexto capitalista no Brasil?
4. Pesquise como é desenvolvido o pequeno comércio de alimentos no seu município, bairro ou localidade. Entreviste pessoas, levante informações sobre feiras locais, vendedoras(es) ambulantes de frutas, verduras, hortaliças, quitutes e demais alimentos prontos, visando compreender mudanças, permanências e adaptações

entre a sociedade escravista e o atual contexto capitalista no Brasil.

5. De que forma movimentos sociais e coletivos femininos negros desenvolvem laços de solidariedade e resistência à opressão sócio-racial? Como esses movimentos promovem a luta por direitos e o combate à discriminação e às desigualdades de raça, classe e gênero?

Vestidas de (re)existência! Indumentárias de mulheres africanas e afro-diaspóricas no Brasil escravista

Iamara Viana e Valéria Costa

> *E os grupos de rua, então! Aqui, os pretos carregadores seminus, rígidos e firmes como estátuas de bronze, sob os pesados fardos que carregavam na cabeça e parecem estar aparafusados no seu crânio; ali, padres de vestes compridas e chapéu quadrado; acolá, mulas balançando dois cestos cheios de frutas e legumes: não é um espetáculo variado feito para absorver a atenção de um recém-chegado? Quanto a mim, nunca os negros se me mostraram sob um aspecto tão artístico. Não faz muito, cruzamos na rua com uma preta toda vestida de branco, o colo e os braços nus, com as mangas arregaçadas e presas numa espécie de bracelete; estava com a cabeça coberta por enorme turbante de musselina branca e trazia a tiracolo sobre os ombros um xale comprido de vivas cores, caindo até quase os pés. Fazia com certeza parte da aristocracia dos negros, porque, do outro lado da rua, uma outra preta quase sem roupa, sentada nas pedras da calçada, com seu filho nu adormecido nos joelhos, deixava luzir ao sol a sua pele escura e lustrosa.*
>
> Elizabeth Cary Agassiz[1]

1 AGASSIZ, Luís; AGASSIZ, Elizabathe Cary. *Viagem ao Brasil – 1865-1866*. Brasília: Senado Federal, Conselho Editorial, 2000, p. 68.

No dia 24 de abril de 1866, a estadunidense Elizabeth Agassiz fez esse registro em seu diário de viagens. Ela estava passeando pela corte do Rio de Janeiro junto com seu esposo, o zoólogo inglês Luiz Agassiz, quando voltou sua atenção ao vai e vem das pessoas nas vias públicas. Olhando cuidadosamente nos moldes de vestir dos religiosos, dos trabalhadores e das trabalhadoras de rua, sobretudo, os detalhes nas indumentárias usadas pelas mulheres negras. Descrições do hábito e formas de vestir das pessoas da África e de seus descendentes, escravizados, livres ou libertos, semelhantes às descritas acima, eram corriqueiras nos relatos de viajantes estrangeiros desde o período colonial. Como o casal Agassiz, interessado em documentar marcas de precariedade material cativa, retratando a seminudez, os trapos e andrajos; o exótico e o inusitado presentes na musselina branca, nos xales e panos da costa e turbantes como sinais diacríticos da identidade étnica e cultural africanas.[2]

Essas lentes estrangeiras e europeias possibilitam-nos, por outro lado, enxergar tradições africanas reinventadas a partir da diáspora africana nas Américas, que vão para além do simples costume de cobrir ou despir o corpo; vestir-se para o trabalho, lazer, celebrações da vida ou da morte. Ademais, os aspectos culturais dessa prática comum entre os indivíduos, o vestuário, traduzia distinção, disputas, hierarquias e resistências na sociedade escravista.

Neste capítulo dedicaremos atenção especial às estratégias acionadas por mulheres negras libertas que conquistaram certo prestígio econômico para afastarem-se dos estigmas do cativeiro por meio de vestimentas, adornos, joias e calçados. Isto é, pela

---

2 SOUZA, Patrícia March de. Aos olhos do observador estrangeiro a roupa na construção da escravidão no Rio de Janeiro. *Acervo*, Rio de Janeiro, v. 31, n. 2, p. 49-66, maio/ago. 2018.

representação de sua indumentária, também como sinais diacríticos de resistência cultural.[3] Iniciaremos discutindo as normativas coloniais, como a Pragmática de 1749, conhecida como a lei contra o luxo na colônia, entre outros decretos regulamentadores da compra e utilização de tecidos de fino garbo, como a seda; eenfeites de ouro, a exemplo de pulseiras, brincos e anéis, corriqueiramente do uso das africanas e de suas descendentes.

Além do mais, trataremos das ressignificações da roupa das mulheres negras, apontando continuidades e descontinuidades culturais no período Imperial, anteriores ao tráfico e à escravização atlânticos. Por fim, discutiremos como esse assunto, que é ausente nos manuais didáticos e no "chão da sala" de aula, pode ser relevante subsídio para o debate sobre as complexidades na sociedade escravista, lançando luzes sobre as estratégias de mulheres escravizadas e forras para a constituição de autonomia, identidades e resistências culturais.

Tecido de Lei: proibições dos hábitos de vestir no Brasil colonial e imperial

"No Brasil, costumam dizer que para os escravos são necessários três 'Ps', a saber, pau, pão e *pano*. E, posto que comecem mal, principiando pelo castigo que é o pau, contudo, *prouvera a Deus que tão abundante fosse o comer e o vestir como muitas vezes é o castigo*".[4] A frase do padre jesuíta Antonil é corriqueiramente analisada em

3 Sobre representação, ver CHARTIER, Roger. *A história cultura*: entre prática e representação. Lisboa: Editora Difel, 1990.

4 ANTONIL, André João. *Cultura e opulência no Brasil por suas drogas e minas, 1711*. São Paulo: Edusp, 2018. p. 3. Disponível em http://www.dominiopublico.gov.br/download/texto/bv000026.pdf. Grifos nossos.

livros didáticos e nos bancos escolares para tratar das condições da população escravizada, elucidando as violências física, psicológica e simbólica pelas quais mulheres e homens cativos foram submetidos.

Queremos, em particular, analisar o que foi colocado pelo religioso em relação à precarização da vestimenta desses sujeitos sociais. Trazendo para o debate como pessoas negras escravizadas, libertas e livres não só resistiram às situações de agressões corporais às quais eram submetidas, mas também as estratégias para adquirirem suas vestimentas, contrariando as palavras de Antonil. Ao mesmo tempo que imprimiam tradições reinventadas da África nas roupas, como aquela indumentária da preta mina, que trazia turbante na cabeça, xales, saias e blusas adornadas com joias, descrita por Elizabeth Agassiz na introdução deste capítulo.

De fato, mulheres e homens escravizados ou libertos vestidos "à moda fidalga, em farrapos ou com panos evocativos de sua origem africana, ou seja, a população negra de cidades escravista como Rio de Janeiro, Salvador, Recife, Mariana, Ouro Preto, entre outras, compunha um grupo social heterogêneo cuja capacidade de reinventar-se, no exílio do cativeiro, uma cultura original, desmente a teoria de sua 'coisificação'"[5], constituída pelo modo de produção escravista.

A Pragmática de 1749 foi decretada por Portugal com o intuito de reequilibrar sua balança comercial, que se encontrava em déficit devido às importações de tecidos de luxo que eram perenemente comprados da Inglaterra e França. Importa

5 BASTIDE, Roger *apud* ESCOREL, Silvia. *Vestir poder e poder vestir*: o tecido social e a trama cultural nas imagens do traje negro (Rio de Janeiro – Século XVIII). Dissertação (Mestrado em História Social) – Instituto de Filosofia e Ciências Humanas – Universidade Federal do Rio de Janeiro. Rio de Janeiro, 2000. p. 34.

mencionar que sua escrita e aprovação apontam a existência de pessoas pretas, africanas e suas descendentes com vestuários e joias compreendidos como ilegítimos e/ou inapropriados. Afinal, o luxo foi um instrumento potente "de dominação tradicional das cortes no Antigo Regime", usado por indivíduos socialmente brancos.[6] Contudo, a distinção social pelo modo de vestir e trajar não se restringiu à Europa do Antigo Regime, mas esteve presente também entre povos africanos.

Para prosseguirmos, devemos chamar a atenção para a diferença entre *roupa e traje*. A primeira está vinculada ao indivíduo, ao sujeito, ao corpo, àquele que a veste. A segunda conecta-se a algo mais amplo, como parte "de um sistema formal e normativo consagrado pela sociedade"[7]. Portanto, a indumentária pode ser definida dessa forma, como a linguagem dos corpos pertencentes a determinado grupo, elemento de distinção, de hierarquias ou coesão. Representa, deste modo, um código compartilhado no tempo e no espaço pelos indivíduos que os compõem.

No capítulo IX do documento colonial estava a seguinte normativa:

> Por ser informado dos grandes inconvenientes que

---

6 Utilizamos o termo "socialmente brancos" para chamar a atenção da complexidade da sociedade escravista no período colonial, que escopa o binômino negro-branco. A historiografia mais recente apontou como, do cativeiro à liberdade, os indivíduos elaboravam estratégias para furar e ultrapassar as brechas da escravidão, negociando também com a referência da cor da pele. Sobre o assunto consultar os trabalhos de: ALVES, Adriana Dantas Reis. *As mulheres negras por cima, o caso de Luzia jeje*: escravidão, família e mobilidade social – Bahia, c.1780-c.1830. Tese (Doutorado em História) – Instituto de Ciências Humanas e Filosofia, Departamento de História, Universidade Federal Fluminense. Niterói, 2010; e ROCHA, Solange. *Gente negra na Paraíba oitocentista* população, família e parentesco espiritual. São Paulo: Editora Unesp, 2009. Em particular capítulo 2.

7 ESCOREL, Silvia. *Vestir poder e poder vestir*: o tecido social e a trama cultural nas imagens do traje negro (Rio de Janeiro – Século XVIII). Dissertação (Mestrado em História Social) – Instituto de Filosofia e Ciências Humanas, Universidade Federal do Rio de Janeiro. Rio de Janeiro, 2000.

> resultam nas conquistas da liberdade de trajarem os negros e os mulatos, filhos de negro ou mulato ou de mãe negra, da mesma sorte que se achem forros, ou nascerem livres, o uso não só de toda sorte de seda mas também de tecidos de lãs finas, holandas, esguiões e semelhantes aos mais finos tecidos de linho ou de algodão, e muito menos lhes será lícito trazerem sobre si ornato de joías, nem de ouro nem de prata, por mínimo que seja.[8]

Fica nítido por meio do capítulo supracitado que o alvo seriam pessoas libertas e negras livres[9], fossem africanas ou afro-diaspóricas, as quais, após concretizarem a expectativa da aquisição da carta de alforria, amealhavam algum dinheiro por meio do comércio, serviços cotidianos ou esmola. Por sua vez, quantias mais elevadas que as mulheres e os homens brancos. Para Silvia Escorel, é relevante pontuar que os libertos e negros livres buscavam "imitar" o *modus vivendi* de seus antigos senhores, em particular, o jeito de vestir dos fidalgos lusitanos.

Essa leitura, em perspectiva eurocêntrica, denota que o traje do branco significava prestígio e inserção sociais.[10] Todavia, não devemos deixar de enfatizar que muitas identidades africanas, reconstruídas e/ou ressignificadas nas Américas, passaram invisíveis em Lisboa desde o século VIII, momento no qual os muçulmanos negros tomavam a região Ibérica pelo Magreb[11]

8 Pragmática 1749 apud ESCOREL, Silvia. *Vestir poder e poder vestir,* Op. Cit., p. 12.

9 No período colonial o termo negro era utilizado para designar pessoas escravizadas indígenas e africanas. Essas denominadas *negros da guiné* e aquelas, *negros da terra.*

10 ESCOREL, *Vestir poder e poder vestir,* p. 12.

11 Sobre africanos em Lisboa no Antigo Regime consultar: CALAINHO, Daniela Buono. Metrópoles das Mandigas: religiosidade negra e inquisição portuguesa no Antigo Regime. Rio de Janeiro: Garamond, 2008.

. Ao longo de todo o período colonial, várias estratégias entre a política e a economia foram articuladas para impedir que mulheres negras usassem tecidos de seda, rendas, brocados, joias, determinados modelos de vestidos e sapatos. Tudo isso para diferenciarem-se das colônias europeias na paisagem, escamoteando a racialização presente naquela sociedade.

Portanto, as vestimentas utilizadas pelas africanas e suas descendentes apontam a complexidade cultural e política do Atlântico negro[12], posto estarem África, Américas e Europa conectados pelo intenso e violento comércio de escravizados. Evidentemente, cada um desses espaços geográficos desenvolveu suas particularidades acerca dos corpos negros, do controle, apagamento, visões, visibilidades e invisibilidades. Entretanto, mulheres africanas e afrodescendentes, por meio de diferentes elementos, recriaram laços de solidariedade, de (re)existências, familiares, religiosos e também de poder, de modo que suas vestimentas e indumentárias constituíam artifício simbólico ressignificado a partir da diáspora.

O "excesso do luxo de vestimentas e joias" utilizado por parcela muito pequena de escravizados e libertos pode ser pensado como ofensa ou quebra da hierarquização presente na sociedade escravista. Tendo em vista muitos brancos pobres – providos de maiores chances de mobilidade naquela sociedade pautada na hierarquia de nascimento, cor e escravização – não terem acesso ou condições econômicas de aquisição de tais peças e

---

12 Sobre o conceito Atlântico Negro consultar: GILROY, Paul. O Atlântico Negro: modernidade e dupla consciência. São Paulo: Editora 34; Rio de Janeiro: Universidade Cândido Mendes, Centro de Estudos Afro-asiáticos, 2001.

ornamentos.[13] Não podemos deixar de mencionar o significativo número de escravizados que morriam precocemente devido à pouca alimentação, horas excessivas de trabalho, violência física, assim como vestimentas inapropriadas ao clima tropical[14] . Contudo, a normativa colonial que enfatiza "os grandes inconvenientes" dos libertos trajarem seda, ouro e prata merece nossa atenção.

A cultura material, ou seja, tecidos de luxo como seda e linho, mencionados por Agassiz, assim como metais nobres, a exemplo do ouro e da prata e de pedras preciosas, como diamante, incidem diretamente sobre o poder de compra de pessoas africanas e afro-diaspóricas livres ou libertas. Uma vez que suscitam tensões sociais postas pelo documento da Pragmática ao integrar "um corpo de leis destinado a enfatizar as distinções como forma de controle social"[15]. Evidencia-se assim a segregação racial, étnica e cultural como base de uma estrutura social escravista. Nesse sentido, vestimentas e ornamentos simbolizam poder, que naquela sociedade deveria ficar contido nas mãos do colonizador europeu branco.

Os hábitos e costumes relacionados às vestimentas e aos acessórios como objeto de poder estavam presentes no território africano, na Europa e nas Américas. Segundo Silvia Escorel, o africano, tradicionalmente, atribuía "ao traje e ao adorno uma significação hierárquica tão ou mais explícita do que as pessoas

---

13 TEIXEIRA, Amanda Gatinho. Joalheria de Crioulas: Subversão e Poder no Brasil Colonial. *Revista Antíteses*, v. 10, n. 20, p.829-856, jul./dez. 2017.

14 VIANA, Iamara da Silva. *Morte escrava e relações de poder em Vassouras (1840-1880)*: hierarquias raciais, sociais e simbolismos. Dissertação (Mestrado em História Social) – Centro de Educação e Humanidades, Faculdade de Formação de Professores da Universidade do Estado do Rio de Janeiro, UERJ. Rio de Janeiro, 2009.

15 ESCOREL, Silvia. *Vestir poder e poder vestir*. Op. Cit. p. 14.

europeias no período medieval, momento no qual sucessivas leis suntuárias procuraram impedir que as camadas subalternas tivessem acesso a determinados itens do vestuário"[16].

A proeminência no modo de vestir estava presente em diferentes reinos africanos, tendo sido reelaborada a partir da diáspora e do encontro com outras culturas europeias e ameríndias. Aproximações ficam evidentes, para mulheres e homens africanos e europeus, no que tange ao modo de como selecionar tecidos, cores e acessórios no vestir. Afinal, tecidos raros em material, cores, texturas ou padronagens eram privilégio dos que detinham poderes político, econômico ou religioso. Para algumas etnias africanas os tecidos raros podiam fazer parte do seu tesouro, serem utilizados em seus funerais ou como moeda de troca e presentes.

Ainda segundo Escorel, "foi assim que os tecidos, importados tanto da costa do Senegal quanto do exterior, passaram a ser valorizados não só pelo aspecto estético e pela sua função de distinção, mas como capital de giro". Construir modos de distinção entre os que podiam ou não ter acesso a esses tecidos passou a interessar um número significativo de africanos, corroborando com o aumento tanto do "valor de uso quanto do valor de troca dos têxteis em questão"[17].

Temos a partir do (des)encontro entre as diferentes etnias que compunham o Atlântico Negro, proximidades, distanciamentos e ressignificações dos elementos culturais que caracterizavam distinções social, econômica e simbólica. Alguns traços alegóricos do vestir afro-brasileiro – gestados e

16 Idem. Ibidem. p. 37.
17 ESCOREL. *Op. Cit.* p. 38.

ressignificados no período imperial – que passaram a fazer parte de um imaginário de pertencimento à África,[18] a exemplo do uso de grande número de colares, pulseiras e brincos, também carregavam em seus sinais diacríticos a tradição portuguesa. Por sua vez, contas, patuás no pescoço ou no tornozelo e braceletes de cobre registravam nos corpos dos que os usavam outras culturas de etnias africanas reinventadas na diáspora, geralmente simbolizando proteção[19].

É no século XIX, contudo, que o comércio entre a África, Europa e Américas, sobremaneira, constitui-se em elemento fundamental na compreensão das trocas culturais iniciadas milênios antes. Negociações, conflitos e tensões balizaram construções e ressignificações culturais a partir de encontros, onde "os tecidos e os trajes desempenharam um papel de destaque tanto no quadro do comércio interno e externo quanto no campo das relações socioculturais imbricadas no contexto político- econômico"[20]. Os tecidos de algodão foram difundidos na África pelos mercadores mulçumanos e as trocas culturais se estendiam, no que tange ao vestir, aos campos político e religioso[21]. As diferenças e hierarquias, deste modo, entre as civilizações da costa africana passaram a ser adotadas pela maioria dos grupos étnicos ao longo do tempo histórico, e não somente por aqueles detentores de poder. A cultura

18 O que chamamos de imaginário afro-brasileiro de pertencimento à África está na construção da identidade negra dos anos 1970-80, a partir das concepções sobre Palmares, símbolo de resistência negra no Brasil, ser o recorte político e cultural da África. cf. GOMES, Flávio. *De olho em Zumbi dos Palmares*: histórias, símbolos e memória social. 1ª ed. São Paulo: Claroenigma, 2011.

19 MCLEOD, 1981, p. 12 *apud* ESCOREL, Silvia. *Op. Cit*. p. 18.

20 ESCOREL. *Op. Cit*. p. 39.

21 Idem, Ibidem. p. 39-40.

do "bem vestir" passou a fazer parte do cotidiano de sujeitos considerados comuns.

Todavia, o ato de transgredir a sociedade estamental permaneceu entre o arcabouço de (re)existências negras femininas na sociedade patriarcal escravista dos séculos XVIII e XIX. As mulheres africanas, por meio do trabalho doméstico ou do ganho nas diferentes províncias brasileiras, conquistaram, além de tecidos, ouro e prata, imóveis. Como a preta Mônica da Costa Ferreira, africana liberta da Costa da Mina que habitou a cidade do Recife em meados do XIX, administrando o patrimônio da família e decidindo o futuro de seus descendentes[22]. E não só isso. Essas mulheres protagonizaram combates jurídicos quando perdiam bens ou eram lesadas de seus patrimônios, exigindo por meio da justiça a recuperação de seus haveres e por vezes solicitando divórcio no caso de violência física ou adultério[23].

Mulheres africanas também possuíam comércio e dominavam diferentes ofícios nos mundos rurais e urbanos. Eram lavadeiras, bordadeiras, costureiras, cozinheiras, amas de leite, amas secas, carregadeiras, parteiras, ofícios que comumente poderiam corroborar na aquisição de bens ou da liberdade[24]. Cotidianamente,

---

22 COSTA, Valéria Gomes. Mônica da Costa e Teresa de Jesus: africanas libertas, status e redes sociais no Recife oitocentista. In: XAVIER, Giovana; FARIAS, Juliana Barreto; GOMES, Flávio (orgs.). *Mulheres negras no Brasil da escravidão e da pós-emancipação*. São Paulo: Selo Negro, 2012, p. 98- 111; GOMES, Flávio; LAURIANO, Jaime; SCHWARCZ, Lilia M. (org.). "Mônica da Costa Ferreira" – verbete. *Enciclopédia negra*. São Paulo: Companhia da Letras, 2021, p. 449-451.

23 Sobre violências ao corpo negro feminino africano e divórcios ver: VIANA, Iamara; GOMES, Flávio. Senzalas e Casebres sob sevícias: violência, feminicídios, médicos e corpos. In: MACHADO, Maria Helena P. T. *et al. Ventres livres?*: Gênero, maternidade e legislação. São Paulo: Editora Unesp, 2021. pp. 63-84.

24 Sobre os diferentes ofícios de mulheres africanas e suas descendestes ver: FARIAS, Juliana Barreto. *Mercados Minas*: africanos ocidentais na Praça do Mercado do Rio de Janeiro (1830-1890). Rio de Janeiro: Prefeitura do Rio/Casa Civil/Arquivo Geral da Cidade do Rio, 2015.; SOARES, Carlos Eugênio Líbano. *Zungú*: rumor de muitas vozes. Rio de Janeiro: Arquivo Público do Estado do Rio de Janeiro, 1998.

ao exercerem seus diferentes ofícios, cobriam seus corpos com rica indumentária, como xales, turbantes coloridos, argolas e pulseiras de ouro[25], tais como os aludidos pela senhora Agassiz.

É significativo também elucidarmos que o uso de joias e ornamentos de metais e pedras preciosos pelas mulheres africanas forras e suas descendentes livres e libertas no século XIX constituiu não só como indicativo de distinção, mas também importante poupança em seus projetos de liberdade, individual e/ou coletivos: carta de alforrias, auxílio mútuo, financiamento de funeral, conquista do teto próprio, quitação de dívidas e heranças. A africana liberta Gertrudes Joana Florinda, de Nação Costa, moradora da Rua do Jardim, bairro de São José, no Recife, cujo testamento foi elaborado em 1877, deixou parcos bens aos seus parentes, avaliados em 952$100 (novecentos e cinquenta e dois mil e cem réis). Dentre seus pertences de estimado valor estavam suas joias: um correntão de ouro de lei antigo para senhora; um trancelim com uma moeda de ouro; seis pares de rosetas (uma de coral azul, uma de coralina e quatro de ouro); um par de brincos de ouro; cinco anéis de ouro; oito corais encarnados.[26]

Amiúde, sabemos que pedras, tecidos e metais preciosos, assim como outros aspectos da cultura material do Continente Africano, também foram reconstruídos, na diáspora africana, nas Américas a partir do contato com outros povos e etnias. O que Elizabeth Agassiz e seu esposo, com quem iniciamos este capítulo, não conseguiram perceber com seu olhar branco-europeu, dito

---

25 COSTA. Valéria Gomes. *Op. Cit.* p. 104.

26 COSTA, Valéria Gomes. *Òmínira*: mulheres e homens libertos da Costa d'África no Recife (c. 1846 – c. 1890). São Paulo: Alameda, 2021. p. 262-263.

"civilizado", foi a complexidade da sociedade escravista brasileira e suas múltiplas hierarquizações, tornadas ainda mais peculiares com a "miscigenação"[27], o incremento do tráfico atlântico e as relações cotidianas entre africanos, europeus e indígenas nas Américas.[28]

As divergências estavam presentes, como aponta a senhora Agassiz. Existiam mulheres negras vestidas em trapos, provavelmente pertencentes às senhoras/senhores pobres ou libertas, mas também havia aquelas mulheres cobertas de tecidos finos, caros e joias de ouro e prata, como a africana de Nação Costa Gertrudes Joaquina, do Recife, e tantas outras na colônia e no império do Brasil. A heterogeneidade no vestir e no uso de joias são de múltiplos significados, reduzindo a escala de observação em estratégias diversas adotadas por africanas na demarcação de espaços religiosos, econômicos e hierárquicos dentro de grupos específicos e/ou fora deles.

Rasgando o tecido da escravidão, costurando roupas de liberdade (considerações finais)

Os fios que teciam a vida cotidiana na sociedade escravista brasileira nos séculos XVIII e XIX evidenciam a complexidade forjada no encontro de diferentes etnias africanas, de povos europeus e de etnias indígenas no processo da diáspora das Américas. O Continente Americano apresentava novas possibilidades de produção de gêneros alimentícios em terras férteis, bem como

---

27 Sobre miscigenação ver SILVA, Gian Carlos Melo. *Na pele, o negro*: escravidão, mestiçagem e sociedade no Recife colonial 1790-1810. Maceió: EdUFAL, 2018.

28 Silvia Hunold Lara apresenta a complexidade da sociedade setecentista a partir do grande número de libertos e forros que constituíam aquela sociedade. Fragmentos Setecentistas: escravidão, cultura e poder na América portuguesa. São Paulo: Companhia das Letras, 2007.

a exploração de riquezas minerais e da mão de obra escravizada. Elementos que fundaram o novo modelo de escravização de seres humanos a partir do século XVI. Tão antiga quanto a humanidade e existindo "desde as origens de sociedades complexas"[29], a escravidão na modernidade aponta para um "desenvolvimento tardio"[30] com características peculiares.

As "diferenças da experiência africana na América"[31] proporcionaram estudos direcionados às particularidades das sociedades escravistas, rurais e urbanas. Aspectos sociais, econômicos e políticos da existência e de culturas das pessoas escravizadas e libertas devem ser vislumbrados ao se perscrutar vida, morte, religiosidade, resistência, protagonismo e agência. As fontes consultadas apontam mulheres africanas e suas descendentes como produtoras e reprodutoras na sociedade escravista brasileira. Produziam bens de consumo e serviço ao ressignificarem elementos religiosos, alimentares, vestimentas e ornamentações formatadas em culturas únicas. Por meio do parto reproduziam a sociedade, gerando crianças escravizadas, patrimônio e mão de obra que garantiriam a continuidade, por meio do ventre de suas mães, do trabalho escravo e da escravidão enquanto instituição.

Mulheres africanas, ao rasgarem os tecidos da escravidão – não seguindo os pressupostos e designações da Pragmática de 1749, documento real que cerceava o uso de tecidos finos e indumentárias de ouro e prata, ainda que em pequenas quantidades –, costuraram para si e suas descendentes identidades étnicas,

---

29 KLEIN, Herbert S. *A escravidão africana América Latina e Caribe*. Trad.: José Eduardo de Mendonça. São Paulo: Editora Brasiliense, 1987. p. 11.

30 *Idem. Ibidem.*

31 *Idem. Ibidem.*

religiosas e de distinção social. As vestimentas e as indumentárias que cobriam e enfeitavam corpos demarcavam espaços, constituíam lugares sociais, políticos, religiosos e culturais. Os diferentes e múltiplos usos dos tecidos considerados nobres demarcavam insubordinação, infração, mas principalmente a manutenção de suas ancestralidades e escolhas às limitações impostas pela letra da lei. O lugar da vestimenta para mulheres africanas e suas descentes ocupou espaço de importante ofício quando escravizadas. Suas mãos teciam vestimentas para senhoras e senhores proprietários e também para as pessoas escravizadas.

O vestir para mulheres africanas nas sociedades colonial e imperial significou resistência, identidades culturais e religiosas, mas também demonstração de busca por poder social de modo geral, ou dentro de seu grupo étnico e/ou religioso, especificamente. Saberes ancestrais no encontro com novas culturas – a indígena e a europeia – recriaram formas e modos de vestir que ressignificaram suas existências nos mundos da escravidão. Muitas das africanas escravizadas pouco tinham o que vestir, e nesse sentido, a citação que inicia este capítulo ilustra bem a complexidade daquela sociedade, posto transitarem quase seminuas, mostrando seus corpos, ou como aquela preta que a senhora Agassiz viu "ricamente trajada" nas ruas da corte imperial[32]. Realidades diferentes, opostas numa rua que as separava. O que pareceria ser um espetáculo para a observadora estrangeira, certamente fora um fardo pesado para africanas e africanos escravizados, livres ou libertos. De modo que a demografia da morte aponta o significativo

---

32 AGASSIZ, Luís; AGASSIZ, Elizabathe Cary. *Viagem ao Brasil – 1865-1866*. Brasília: Senado Federal, Conselho Editorial, 2000, p. 68.

quantitativo de escravizados que faleciam precocemente, sendo um dos elementos a contribuir na alta taxa de mortalidade[33] a vestimenta inadequada para um clima tropical.

Tentamos, contudo, neste capítulo demonstrar a relevância dos estudos e reflexões acerca dos hábitos de vestir e do uso de indumentárias de mulheres africanas e suas descendentes a partir da diáspora africana para as Américas – tecidos de luxo como seda e musselina e metais como ouro e prata – e as distinções percebidas no interior daquelas sociedades. Apontamos também que as formas abalizadas de violências suportadas pelos corpos femininos negros africanos e de seus descentes, fossem físicas, simbólicas ou psicológicas, não destituíram sua força em ressignificar identidades, culturas e religiosidades nos diferentes territórios da América escravista.

Durante os mais de trezentos e cinquenta anos em que a escravização prevaleceu, mulheres lutaram para garantir suas vidas. Assim como as africanas da Costa da Mina Mônica e Gertrude Joana, aqui citadas, e tantas outras que também utilizaram politicamente seus corpos ao escolherem quais tecidos e indumentárias iriam fazer uso. A Pragmática de 1749, enfim, com o seu poder legal e real, não foi suficiente para inibir o uso de seda, ouro e prata por mulheres africanas e suas descentes. Deste modo, garantiam para si destaque social, religioso e econômico, uma vez que as joias poderiam ser

---

33 Questões sobre mortalidade escrava ver: VIANA, Iamara da Silva. Morte escrava e relações de poder em Vassouras (1840-1880): hierarquias raciais, sociais e simbolismos. Dissertação de Mestrado, Rio de Janeiro: Centro de Educação e Humanidades, Universidade do Estado do Rio de Janeiro, 2009.; KARASCH, Mary C. A vida dos escravos no Rio de Janeiro 1808-1850. São Paulo: Companhia das Letras, 2000.; REIS, João José. A morte é uma festa: ritos fúnebre e revolta popular no Brasil do século XIX. São Paulo: Companhia das Letras, 1991.; RODRIGUES, Claudia. Nas fronteiras da Cura: a secularização da morte no Rio de Janeiro, séculos XVIII e XIX. Rio de Janeiro: Arquivo Nacional, 2005.

utilizadas na manutenção de bens valiosos, vestindo-se assim de (re)existência!

Comentário bibliográfico

Para aprofundar o assunto sobre os hábitos de vestir e a indumentária das mulheres africanas e suas descendentes na sociedade escravista, a seguir, sugeriremos alguns trabalhos acadêmicos, como dissertações de mestrado, teses de doutorado, artigos científicos e livros publicados por editoras comerciais e de grande circulação no Brasil. Dessa forma, o professor e a professora podem subsidiar suas práticas pedagógicas em sala de aula. As obras podem auxiliar o(a) docente na escolha de trechos textuais e imagens para o trabalho com os(as) estudantes, sendo, portanto, um material complementar aos manuais didáticos.

1. VITAL, Juliana. *O africano que existe em nós, brasileiros:* moda e design afro- brasileiros. Rio de Janeiro: Fundação Biblioteca Nacional/Editora Babilônia, 2015.

Este livro é um dos poucos dedicados à temática dos hábitos de vestir da população negra. Fruto das pesquisas da ***designer*** de moda Juliana Vital, graduada em comunicação visual pela Escola de Belas Artes da Universidade Federal do Rio de Janeiro, traz em sua abordagem as influências indígenas, europeias e africanas no estilo e nos modos de vestir-se das mulheres e dos homens no Brasil, dando especial atenção às ascendêcias africanas desse costume.

Vital faz um inventário da estética e das influências da moda no Brasil por meio de uma análise etnográfica de retratos femininos de africanas e suas descendentes no século XIX feitos por fotógrafos europeus, apontando as origens étnicas que remontam o passado escravista e as experiências dessas pessoas anteriormente ao tráfico atlântico. Além de ser uma obra de referência no assunto da estética e da moda feminina negra, que mostra as continuidades e descontinuidades culturais da África no Brasil, o trabalho pode ser utilizado na promoção do debate sobre a valorização e a autoestima das jovens negras no tocante ao seu cabelo, traços físicos e corporeidades.

2. ESCOREL, Silvia. *Vestir poder e poder vestir:* o tecido social e a trama cultural nas imagens do traje negro (Rio de Janeiro – Século XVIII). Dissertação (Mestrado em História Social) – Instituto de Filosofia e Ciências Humanas – Universidade Federal do Rio de Janeiro, 2000. Disponível em: https://pantheon.ufrj.br/handle/11422/2954.

Trabalho de pesquisa denso em fontes imagéticas do século XVIII, em particular, pinturas de artistas e viajantes, como Carlos Julião, que estiveram pela corte do Rio de Janeiro no período colonial. A autora analisa, por meio dos modos de vestir da população africana, sobremaneira das mulheres escravizadas e forras, as hierarquias sociais e aspectos culturais dos indivíduos que foram traficados e escravizados na capital da colônia brasileira.

São apresentados e discutidos as leis e os decretos do Império Português que reverberaram na Colônia do Brasil e proibiram o uso de certos tecidos, como a seda e o escarlate, pelas pessoas africanas e seus e suas descendentes. A partir da análise da Pragmática de 1749, a escritora vislumbra além das estratificações sociais, o preconceito racial enfrentado pela população negra liberta e livre. Este trabalho pode ser utilizado para fazer contraposto ao texto do jesuíta Antonil sobre a precarização da vestimenta da população negra, comumente explorado pelos manuais didáticos.

3. MONTEIRO, Juliana; FERREIRA, Luzia G; FREITAS, Joseana M. As roupas de crioula no século XIX e o traje de beca na contemporaneidade: símbolos de identidade e memória. *Mneme – Revista de Humanidades*, Departamento de História e Geografia da UFRN, Seridó, v. 7, n. 18, p. 382-403, out./nov., 2005. Disponível em: https://periodicos.ufrn.br/mneme/issue/view/36.

Nas mesmas trilhas dos trabalhos anteriormente discutidos aqui, o artigo propõe-se a analisar como as indumentárias das mulheres negras no século XIX, para além do hábito cultural do vestir-se, trazem aspectos sociais e culturais de África e ressignificam na diáspora, em particular nos espaços religiosos. As autoras estabelecem paralelos entre o traje de beca que era utilizado pelas africanas e crioulas no século XIX e a indumentária usada pelas mulheres filiadas à Irmandade de N. S. da Boa Morte, em Cachoeira, região do Recôncavo da Bahia. O texto é bastante interessante e pode ser utilizado concomitantemente com fotografias da atualidade das festas dessa confraria religiosa, fomentando o debate sobre conceitos de Tempo e História por meio da cultura material e práticas religiosas que marcam movimentos das permanências e continuidades da história africana e afro-diaspóricas.

4. COSTA, Valéria G. Mônica da Costa e Tereza de Jesus: africanas libertas, status e redes sociais no Recife

oitocentista. In: XAVIER, Giovana; FARIAS, Juliana B.; GOMES, Flávio (org.). *Mulheres negras no Brasil escravista e do pós-emancipação.* São Paulo: Selo Negro, 2012, p. 98-111.

Por meio da análise de fontes testamentárias e registros paroquiais, a historiadora recupera a trajetória de duas mulheres libertas oriundas da Costa da África, região do Golfo do Benin, que, após a conquista da carta de alforria, construíram patrimônio material e figuraram entre as pessoas, na cidade do Recife do século XIX, com prestigio socioeconômico. O comércio de objetos, roupas e tecidos, assim como a posse de imóveis, joias, tabernas, açougues, entre outros estabelecimentos de negócios, figuram entre as atividades mais comuns desenvolvidas pelas africanas forras com afluência econômica.

Ao trazer para a narrativa o "viver sobre si" de Mônica e Tereza, a autora apresenta os mecanismos acionados pelas mulheres egressas do cativeiro para a garantia de trabalho, moradia, religião entre seus familiares, parentes, vizinhos(as), parceiros(as) de escravidão e de liberdade. O texto completo ou fragmentos deste, assim como os demais capítulos que compõem a coletânea, podem também ser utilizados em sala de aula para aprofundar as experiências femininas negras na tecitura de laços de sociabilidades para o enfretamento ao patriarcalismo e máculas do escravismo.

5. FURTADO, Júnia F. *Chica da Silva e o contratador de diamantes:* o outro lado do mito. São Paulo: Companhia das Letras, 2003.

Nesta obra a historiadora mostra por meio da trajetória de Francisca da Silva de Oliveira, a Chica da Silva, os caminhos percorridos pelas libertas para afastarem-se dos estigmas do cativeiro e da condição de ex-escravizadas, edificando uma vida material elevada mesmo para os padrões das pessoas brancas da elite colonial mineira. A partir de pesquisa empírica em arquivos do Brasil, Portugal e Estados Unidos, a autora desconstrói a imagem idílica de "Xica da Silva" como a mulher negra sedutora que foi representada pelo cinema, teatro e televisão, desvelando as relações raciais entre as mulheres forras, libertas e livres, negras e brancas no auge da economia diamantina.

O(a) docente pode usar fragmentos dessa obra para trabalhar em sala de aula sobre os mundos que as mulheres libertas viveram no período colonial, empreendendo suas sobrevivências, assegurando o patrimônio de seus familiares e parentes. Além do mais, as descrições sobre roupas, comportamentos, redes de sociabilidade e negócios de Chica da Silva são janelas para redimensionarmos as fronteiras entre precarização da liberdade, vida material, relações raciais e patriarcalismo na sociedade escravista.

Proposição Didática
Trabalhando imagens e documentos

Nossa proposição tem como objetivo refletir acerca de corpos negros femininos, considerando que visões de mundo acerca deste perpassam pelo modo como os materiais didáticos e principalmente professoras e professores utilizam diferentes fontes acerca de africanas, suas descendentes e seu protagonismo nos campos da economia, da política, da cultura e das religiões.

Nesse sentido, ressignificar olhares e narrativas se torna relevante, assim, propomos a utilização da lei 10.639/2003[34] (lei que torna obrigatório o ensino da história da África e da cultura afrodescendente nas escolas públicas e particulares) e da Base Nacional Comum Curricular (BNCC)[35]. Este documento indica "que os estudantes desenvolvam a capacidade de estabelecer diálogos – entre indivíduos, grupos sociais e cidadãos de diversas nacionalidades, saberes e culturas distintas –, elemento essencial para a aceitação da alteridade e a adoção de uma conduta ética em sociedade".

Educadoras e educadores podem fazer uso das imagens históricas (fontes diversas) no ressignificar do corpo feminino negro ao demonstrar seu protagonismo, (re)existências e escolhas presentes no vestir. As imagens abaixo selecionadas apresentam mulheres negras do Brasil escravista e da atualidade, passado e presente em constante diálogo, e proporcionam análises diversas com educandos da escola básica. As propostas têm por finalidade um diálogo maior sobre a mulher africana e suas descendentes na sociedade escravista e no pós-Abolição.

---

34 BRASIL. **Lei 10.639, de 9 de janeiro de 2003.** Altera a Lei no 9.394, de 20 de dezembro de 1996, que estabelece as diretrizes e bases da educação nacional, para incluir no currículo oficial da Rede de Ensino a obrigatoriedade da temática "História e Cultura Afro-Brasileira", e dá outras providências. Brasília, 2003. Disponível em: http://www.planalto.gov.br/ccivil_03/leis/2003/l10.639.htm. Acesso em: 12 fev. 2021.

35 BRASIL. Ministério da Educação. **Base Nacional Comum Curricular**. Brasília, 2018. Disponível em: http://basenacionalcomum.mec.gov.br/wp-content/uploads/2018/12/BNCC_19dez2018_site.pdf. Acesso em: 08 mar. 2019.

A Pragmática de 1749, capítulo IX.[36]

> CAPITULO IX.
>
> POr ser informado dos grandes inconvenientes, que resultaõ nas Conquistas da liberdade de trajarem os negros, e os mulatos, filhos de negro, ou mulato, ou de mãy negra, da mesma sorte que as pessoas brancas, prohibo aos sobreditos, ou sejaõ de hum, ou de outro sexo, ainda que se achem forros, ou nascessem livres, o uso naõ só de toda a sorte de seda, mas tambem de tecidos de lãa finos, de olandas, esguiões, e semelhantes, ou mais finos tecidos de linho, ou de algodaõ; e muito menos lhes será licito trazerem sobre si ornato de joyas, nem de ouro ou prata, por minimo que seja. Se depois de hum mez da publicaçaõ desta Ley na cabe-
>
> ça da
>
> 112.
>
> (7)
>
> ça da Comarca, onde residirem, trouxerem mais cousa alguma das sobreditas, lhes será confiscada, e pela primeira transgressaõ, pagaráõ de mais o valor da mesma commisso em dinheiro; ou naõ tendo com que o satisfaçaõ, seraõ açoutados no lugar mais publico da Villa, em cujo districto residirem; e pela segunda transgressaõ, além das ditas penas, ficaráõ presos na cadêa publica até serem transportados em degredo para a Ilha de S. Thomé por toda a sua vida.

Questão 1 – Primeira aula: A Pragmática, "um corpo de leis destinado a enfatizar as distinções como forma de controle social"[37], apresenta restrições ao uso de tecidos e metais nobres por mulheres e homens africanos, ainda que libertos. Propomos a partir da leitura do trecho do documento acima e tendo por base o artigo desenvolvido que a professora ou o professor forme grupos para transcrição e análise de sua narrativa, sugerindo questões

36 ESCOREL, Silvia. Vestir poder e poder vestir: Op. Cit.

37 Idem. p. 14.

e problematizações. Quem produziu o documento? O que o capítulo selecionado da lei apresenta? Quais as proibições? Quais as punições previstas?

Figura 1: Mulher negra na Bahia, século XIX

Foto: Marc Ferrez, 1885

Figura 2: Mãe Beta de Oxum, Ialorixá do Terreiro Luz de Oxum/Olinda-PE, século XXI

Foto: Paulo Filizola, 26 jul. 2017

Questão 2 – Segunda aula: A roupa que era comum ao cotidiano de africanas e de suas descendentes, ao longo do tempo, passou a ser uma expressão da identidade cultural de mulheres negras, inclusive àquelas que se tornavam comerciantes e assumiam cargos em irmandades negras e candomblés. Ao longo de nosso capítulo, concentramos esforços para elucidar o debate sobre como o trajar e o vestir vão sendo ressignificados no tempo histórico e a partir das negociações entre os diferentes povos e culturas de Áfricas, Europas e Américas. Colega professor(a), sugerimos discutir em sala de aula as mudanças e permanências no costume do vestir das mulheres na atualidade. E como esse sinal diacrítico vem ocupando as discussões e práticas de modas de mulheres negras jovens e adultas, religiosas ou não. Pode-se também trazer à discussão de apropriação cultural o uso do turbante na sociedade atual por mulheres não negras e não religiosas.

Questão 3 – Terceira aula:

Testamento de Gertrudes Joana Florinda, MJPE, 1877, fl. 96v-97.

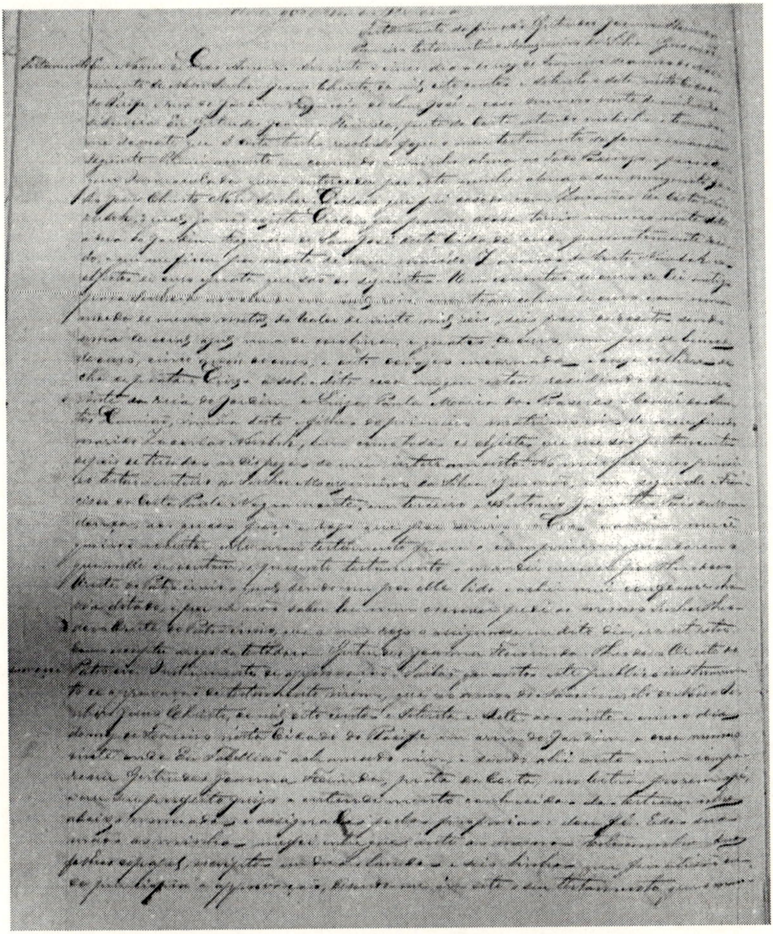

Fonte: [RECIFE] Memorial de Justiça de Pernambuco (MJPE), Registro de Testamento de Gertrudes Joana Florinda, Mapoteca 13, Gaveta F, Livro 1875-1877, fls. 96v.

Transcrição do Documento

Testamento da falecida Gertrudes Joanna Florinda
Primeiro testamenteiro Maximiliano da Silva Gusmão

Em nome de Deos Amém. Aos vinte e cinco dias do mês de fevereiro do anno do nasci mento de nosso Senhor Jesus Christo de mil oito centos e setenta e sete nesta cidade do Recife e rua do Jardim Freguesia de Sam José e casa de numero vinte de minha re sidencia. Eu Gertrudes Joanna Florinda, preta da Costa estando de molesta e temendo me da morte que a certa tenho resolvido fazer o meu testamento de forma e maneira seguinte – Primeiramente em comendo a minha alma ao Todo Poderoso e peço a vi gem Immaculada queira interceder por essa minha alma e seu unnigenito fil ho Jesus Christo Nosso Senhor. Declaro que fui casada com Zacarias da Costa Nu ruboh, o qual já não existe. Declaro que possuo a casa terréa numero vinte e sete a rua do Jardim freguesia de Sam Jose desta cidade onde presentemente resi do e que me ficou por morte de meu marido Zacarias da Costa Nuroboh os objetos de ouro e prata que sao os seguintes - Um correntão de outo de lei antigo para senhora no valor de cem mil réis, um trancelim de ouro com uma moeda de mesmo metal no valor de vinte mil réis, seis pare(sic) de roseta sendo uma de coral azul, uma de coralina e quatro de ouro, um par de brincos de ouro, cinco aneis de ouro e oito corazes encarnados e onze colheres de chá de prata. Deixo a sobredita casa a que estou residindo de numero vinta a rua do Jardim a Luiza Paula Maria dos Praseres e a Cosmé dos San tos Damião, irmão deste e filhos do primeiro matrimonio do meu finado marido Zacarias Nuroboh, bom como todos os objetos que me são pertencentes depois de tiradas as despezas do meu interramento. Nomeio por meo primei ro testamenteiro ao senhor Maximiliano da Silva Gusmão e a segundo Fran cisco de Paula Negromonte, em terceiro a Antonio Jacintto Paes de Men donça aos quaes peço e rogo que por serviço a Deos e a mim mercê queirão aceitar esse meo testamento para o cumprirem e guardarem o que nelle se intem (sic), o presente testamento e mandei escrever por Theodoro Oreste do Patrocínio o qual sendo me sendo por elle lido e achei mui conforme ha via ditado e por eu não saber ler nem escrever pedi ao mesmo senhor Theo doro Oreste do Patrocínio que a meu rogo assignasse em dito dia, irm est retro. Como escrito a rogo da testadora Gertrudes Joanna Florinda. Theodoro Oreste do Patrocínio. Instumento de approvação. Saibão quantos este público instrumen to de approvação de testamento virem que no anno do Nascimento de Nosso Se nhor Jesus Christo de mil e oito centos e setenta e sete aos vinte e cinco dias do mês de Fevereiro nesta cidade do Recife em a rua do Jardim e casa numero vinte onde Eu Tabellião a chamado vim e sendo ahi ante mim compa receo, Gertrudes Joanna Florinda, preta da Costa, molestia, porem afé, e em seu perfeito juizo e entendimento conhecidos das testemunhas, abaixo nomeados e assignados proprios, dou fé. E das suas maos as minhas foi entregues ante as mesmas testemunhas duas folhas de papel escriptos em duas laudas e seis linhas que finalisão na de principia a approvação, disendo me que era este seu testamento que o nome

Essa é a primeira página do testamento da africana de Nação Costa Gertrudes Joana Florinda. A utilização em sala de aula é múltipla e variada. Sugerimos trabalhar a leitura paleográfica (transcriação do documento), estimulando as(os) estudantes a decifrarem o texto (a transcrição está no anexo deste livro), possibilitando aproximar-se do universo no qual mulheres africanas libertas estavam inseridas: suas profissões, configurações familiares, patrimônio, desejos, escolhas. Outra sugestão é trazer a análise detalhada das joias que a africana registrou em seu testamento, bem como a contextualização do documento: quando foi escrito? Por quem? Quais os elementos que o compõem?

Questão 4 – Quarta aula: Nesta última aula sugerimos que os alunos possam comparar as fontes apresentadas, analisadas minuciosamente com a mediação da professora ou do professor, e escrever um pequeno texto, desenho ou HQ apresentando as relações observadas entre os diferentes documentos. Pode-se propor também que se reflita acerca das diferentes realidades construídas nos diferentes espaços e tempos históricos com relação ao lugar que a mulher africana e suas descendentes ocuparam e ocupam. Como a indumentária, traje e ornamentos podem indicar classificações, divisões e hierarquizações nas diferentes sociedades que receberam africanas desde a diáspora no século XVI? De que modo podemos apreender as dessemelhantes organizações sociais no mundo por meio das vestimentas, tendo em vista que elas estão em diálogo com contextos culturais e socioeconômicos de cada indivíduo? Destacamos a relevância do trabalho com o cruzamento de diversas fontes e seus vestígios na escrita da história, elementos que os educandos poderão utilizar no embasamento de seus trabalhos.

Reza, cachimbo e rosário: mulheres afro-atlânticas e suas contribuições para o ensino de História do Brasil Imperial

Iraneide Soares da Silva e Joceneide Cunha dos Santos

Meu Rosário
Meu rosário é feito de contas negras e mágicas.
Nas contas de meu rosário eu canto Mamãe Oxum
e falo
padres-nossos, ave-marias.
Do meu rosário eu ouço os longínquos batuques do
meu povo e encontro na memória mal-adormecida
as rezas dos meses de maio de minha infância.
...
As contas do meu rosário são contas vivas.
(Alguém disse que um dia a vida é uma oração, eu
diria porém que há vidas-blasfemas).
Nas contas de meu rosário eu teço entumecidos
sonhos de esperanças.
Nas contas do meu rosário eu vejo rostos escondidos
por visíveis e invisíveis grades e embalo a dor da luta
perdida nas contas
do meu rosário.
...

E sonho nas contas de meu rosário lugares, pessoas,
vidas que pouco a pouco descubro reais.
Vou e volto por entre as contas de meu rosário, que
são pedras marcando-me o corpo-caminho.
E neste andar de contas-pedras, o meu rosário se
transmuda em tinta,
me guia o dedo, me insinua a poesia.[1]
...

Conceição Evaristo traz em suas escrevivências o seu rosário com as memórias das rezas, usando tanto as contas quanto o culto à Nossa Senhora do Rosário. Dois aspectos da religiosidade que marcaram e ainda marcam a experiência de algumas mulheres negras. Algumas mulheres africanas e crioulas se tornaram católicas, a exemplo de Catharina Mina e Rosarida Maria. Algumas delas fizeram parte das irmandades do Rosário, cuja santa era de grande devoção da população africana e seus descendentes no Brasil Colônia e Império. Essas mulheres faziam suas rezas e orações, chegando mesmo a ensinar os senhorzinhos a rezarem. A exemplo de Silvio Romero, que, relembrando sua infância, diz que aprendeu a rezar com Antônia, sua ex-mucama, que quis ser fotografada com um terço na mão.[2] Também sabemos que algumas dessas mulheres, como insinua no poema, transitavam em outros espaços religiosos em que utilizavam os cachimbos, a exemplo dos Catimbós na

---

1 EVARISTO, Conceição. *Poemas da recordação e outros movimentos*. Belo Horizonte: Nandyala, 2008,p. 16-17.

2 CARVALHO, Ana Maria Conceição Sobral de; ROCHA, Rosina Fonseca. *Silvio Romero e a Sergipanidade*. Aracaju: Governo do Estado de Sergipe/Impressão Gráfica e editora LTDA, 2004, p. 15. ROMERO, Silvio. *Resposta ao Inquérito de João do Rio, realizado entre intelectuais do Rio*. Momento Literário, Rio de Janeiro, 1906.

Paraíba, Rio Grande do Norte, descritos por Mario de Andrade na década de 1930.[3]

Assim, este capítulo tem como propósito pensar como biografias de mulheres africanas libertas e seus rosários podem contribuir para uma educação antirracista e antissexista. Por serem elas mulheres que passaram pela experiência de atravessar o Atlântico, da escravidão no "Novo Mundo" e transitar em uma sociedade patriarcal, será através delas que espiaremos a história das populações negras escravizadas e libertas. Primeiro faremos um breve debate com algumas obras que discutem escravidão. Em seguida, as biografadas serão apresentadas, para depois trazermos algumas ideias sobre o ensino de história e, por fim, uma proposta para algumas aulas.

Os estudos sobre africanidades contribuem para uma educação antirracista. Petronilha Silva, ao defender essa temática, justifica-a em razão de todos os brasileiros terem o direito de estudar elementos que valorizem as suas diversas identidades, de gênero, classe, etária, étnico cultural e orientação sexual. Com isso, discutiremos modos distintos de viver, de resolver problemas e aprender diferentes maneiras de ser, bem como respeitar essa diversidade e as variadas matrizes que formam o povo brasileiro.[4] Avanços de cidadania e diversidade em um país como o Brasil contribuem para o fortalecimento da Democracia; por isso, a luta antirracista deve ser assumida por todos aqueles que defendam a

---

3 CARLINI, A. *Cachimbo e maracá*: o catimbó da Missão (1938). São Paulo, CCSP, 1993.

4 SILVA, Petronilha Beatriz Gonçalves. Aprendizagem e ensino das africanidades Brasileiras. In: MUNANGA, Kabengele. (Org.). *Superando o racismo na Escola*. 2. ed. Brasília: Ministério da Educação, 2005. p.155-172.

Democracia. É necessário possibilitar equidade nas oportunidades para os inúmeros segmentos étnico-raciais.[5]

O silêncio nas escolas sobre os temas referentes às populações negras é uma característica do racismo. A lei 10.639/03, porém, provoca mudanças e um diálogo intercultural que pressupõe a existência do outro, ou seja, conhecer o outro, sua história, ancestralidade, dentre outros elementos. Alexandre de Sá Avelar, citando Le Goff, aponta que a biografia deve unir relato, narrativa da vida, articulando acontecimentos individuais aos coletivos.[6] Nessa perspectiva, as vidas das mulheres serão tratadas associadas a episódios locais e nacionais referentes à escravidão. Ressaltamos que as biografias de que trataremos são trajetórias de vida representativas de algumas escravizadas que conseguiram negociar e adquirir suas alforrias.

Alexandra Silva defende que o ensino de história através das autobiografias dos homens e mulheres escravizados possibilita colocá-los como protagonistas, e isso contribui para a compreensão das suas lutas.[7] Ela cita algumas autobiografias escritas em inglês, como a de Baquaqua, que despertou interesse entre os historiadores brasileiros, e uma de um cubano, o Juan Francisco Mazano. Também cita biografias de mulheres, a exemplo da de Harriet Jacobs, que foi escravizada nos Estados Unidos, e de algumas mulheres que viveram nas terras brasileiras e que deixaram registros com suas falas

---

5 GOMES, Nilma Lino. Relações étnico-raciais, Educação e descolonização dos currículos. *Currículo sem Fronteiras*, v.12, n.1, p. 98-109, jan./abr. 2012.

6 AVELAR, Alexandre de Sá. Escrita da História, Escrita Biográfica: das possibilidades de sentido. In: AVELAR, Alexandre de Sá e SCHMIDT, Benito Bisso (orgs.). *Grafia da Vida*: reflexões e experiências com a escrita biográfica. São Paulo: Letra e Voz, 2012, p. 63-82.

7 SILVA, Alexandra Lima. Folhas de Ébano: (auto)biografias de escravizados e ensino de história. *Revista História Hoje*, V.7, n.14, p. 263-284, 2018.

e desejos. Uma preocupação constante eram os filhos, sobretudo as do sexo feminino, em virtude de o ventre transmitir a condição de escravizado.

Apesar da ausência ou do pouco espaço dos escravizados no livro didático, a biografia consiste em uma estratégia de ensino. Os livros didáticos ainda insistem em tratar as/os escravizadas/os como mercadoria, e não como seres humanos. Nós acrescentaríamos que as biografias podem contribuir para analisarmos e discutirmos no ensino as estratégias, alianças possíveis de serem construídas, dentre outros aspectos, por esses indivíduos. Ressaltamos que os testamentos constituem, de certa forma, uma autobiografia.

Com uma educação antirracista, conseguiríamos que menos pessoas oprimidas se identificassem com os opressores, bem como entenderíamos algumas permanências e estratégias do racismo. Lélia Gonzalez, no início do seu texto, faz uma grande ironia mostrando como os negros são tratados de forma infantil mesmo em uma situação em que deveriam ser protagonistas, a voz é silenciada. Através dos seus testamentos, por mais que tivessem intermediários, essas mulheres falaram, e em suas biografias aparecem essas falas. Em 1984, Lélia Gonzalez defendia que a Democracia Racial escamoteava o racismo, mas ainda era mais perversa com mulheres. Assim, trazer as lutas dessas mulheres é tirá-las do lugar de mucamas e de mulatas.[8]

---

8 A primeira versão do texto foi publicada em 1984, mas optamos em utilizar uma versão publicada recentemente. Ver em: GONZALÉZ, Lélia. Racismo e Sexismo na Cultura Brasileira. In: RIOS, Flávia; LIMA, Márcia. *Por um Feminismo afro-Latino-Americano*: ensaios, intervenções e diálogos. Rio de Janeiro: Zahar, 2020. p. 75-93.

Fuxicando com algumas(uns) autoras(es) necessárias(os)

O cenário internacional nos anos de 1970,[9] inspirado nos movimentos pelos direitos civis norte-americanos. A historiografia daquela região das Américas e os estudos sobre escravidão se intensificaram, buscando apontar o lugar do escravizado como sujeito histórico. Dentre as obras que representam essa ideologia está o livro *A Terra Prometida: o mundo que os escravos criaram*, de autoria de Eugene Genovese, publicado originalmente no ano de 1974.[10]

Nessa obra, Genovese utilizou, de forma inovadora para o momento brasileiro, o termo paternalismo – conceito vinculado ao de hegemonia de Gramsci.[11] No entanto, esse conceito se difere do da família patriarcal defendida por Freyre nos anos de 1930 no Brasil. Genovese afirmava que o paternalismo era encarado de forma diferenciada para os escravizados e senhores. Segundo ele, para os escravizados, o paternalismo era tido como instrumento de dominação e, consequentemente, uma maneira de impedir as redes

9 Ainda nos anos de 1970, nos Estados Unidos da América, foram publicados dois trabalhos que merecem relevância por representarem a escravidão naquela região da América e suscitarem reflexões noutras américas, a exemplo do sul: *Time on the cross: the economics of american negro slavery*, de Stanley Engerman e Robert Fogel, e *The black family in slavery and freedom*, de Herbert Gutman. O livro de Engerman e Fogel mostra a escravidão como uma instituição lucrativa na primeira metade do século XIX, em que, mediado por um sistema de punições e premiações, o paternalismo era deliberadamente combinado com a obtenção do lucro. Gutman, por sua vez, focou seus estudos na família escrava, mostrando que, embora não reconhecida legal e institucionalmente, a família escrava existiu somente no sul dos Estados Unidos conforme a regra.

10 GENOVESE, Eugene. *A Terra Prometida*: o mundo que os escravos criaram. Rio de Janeiro: Paz e Terra, 1988.

11 A análise de Genovese sobre as relações paternalistas no Sul dos Estados Unidos encontra-se no artigo "Patriarcalismo e Paternalismo no Sul dos Estados Unidos Antebellum e no Mezzogiorno Italiano Oitocentista: uma comparação entre proprietários de escravos e terratenentes", de Enrico Dal Lago. *Revista de História*. v.156 (1º semestre de 2007), p. 193-225.

de solidariedade entre os negros como uma forma de estabelecer obrigações entre ambos. Por sua vez, para os trabalhadores escravizados, tratava-se de uma negociação para a barganha de melhores condições de sobrevivência dentro da estrutura opressora.

Outra vertente analisa a trabalhadora e o trabalhador negro escravizado na sua diversidade de condição jurídica, como um agente de sua história que, de algum modo, lutava por uma vida menos oprimida, menos violenta. Para fugir da linha dura do escravismo, procurava meios para libertar-se do cativeiro. Nessa perspectiva, e com o intuito de compreender a mulher e o homem negro escravizado como um agente de sua própria história, ancoramo-nos em Sidney Chalhoub (1990)[12], com sua tese *Visões de Liberdade*, quando se debruça a estudar os sujeitos escravizados do Rio de Janeiro nas últimas décadas do século XIX. Chalhoub, a partir de um profundo estudo de uma rica documentação, composta de processos criminais e de ações cíveis de liberdade, entre outros, põe em xeque posições arraigadas no imaginário e polarizadas, de um lado, pelo "escravo-coisa", incapaz de agir de acordo com lógicas ou racionalidades próprias, e, de outro, pelo "escravo-herói", que só consegue afirmar sua condição humana por meio de atos extremos de rebeldia.

Esses estudos trouxeram elementos importantes para a melhor compreensão da vida cotidiana das pessoas escravizadas, como os mecanismos e estratégias para mudar suas condições de vida. Com isso, ele revela, a partir do estudo com centenas de personagens – cujos atos e vozes permaneceram desconhecidos

---

12 CHALHOUB, Sidney. *Visões de Liberdade*: uma história das últimas décadas da escravidão na corte. São Paulo, Cia. das Letras, 1990.

por mais de três séculos, mas que agora compõem as páginas de outra história –, que a extinção da escravidão não foi uma "dádiva", mas uma conquista firmada no dia a dia de milhares de mulheres e homens escravizados que deixam agora o anonimato e se tornam construtores de sua própria história.

Foram muitas as histórias que emergiram com o trabalho de Chalhoub, como negros que atravessavam o país de alto a baixo para recomporem laços desfeitos pela lógica da força ou para retornarem a seus locais de origem; escravizados que interferiam nos rumos dos "negócios da escravidão", negando-se a seguir o destino traçado em uma transferência de propriedade; escravizados que recorriam à Justiça contra seus senhores; outros que viviam como mulheres e homens livres, testando os limites do controle senhoril.

Nesse mesmo caminho, Solange Pereira da Rocha, a partir de uma rica documentação, principalmente, jornais, cartas de alforria, testamentos e inventários *post-mortem*, produz na região Nordeste a tese *Gente Negra na Paraíba Oitocentista*[13], que inova no tema ao tratar do universo de parte da gente negra da província da Paraíba, notadamente de mulheres e homens escravizados e não-escravizados. Por meio do registro de batismo, eles estabeleceram seus arranjos familiares e usaram estratégias elaboradas para (re) construírem os vínculos parentais em três freguesias do litoral da Paraíba oitocentista (ou século XIX). A tese também desvelou outras imagens de mulheres e homens escravizados que recusaram a subordinação e construíram diferentes estratégias de luta para

---

13 ROCHA, Solange Pereira da. *Gente negra na Paraíba oitocentista*: população, família e parentesco espiritual. São Paulo: Ed. UNESP, 2009.

conquista da liberdade e/ou para refazer laços familiares, como Catharina Mina e Rosarida, nos seus tempos e espaços.

Valéria Gomes Costa[14], na Universidade Federal da Bahia, produziu a tese *Trajetórias negras: os libertos da Costa d'África no Recife, 1846-1890*, que segue o mesmo caminho de Chalhoub e Rocha. Costa se debruça numa rica e variada documentação, como os livros de batismos, casamentos, óbitos, testamentos e inventários *post-mortem*, mapas, livros de notas, entre outros para revelar as experiências sociais de africanos libertos nas áreas urbanas do Recife no século XIX a partir de trajetórias de vida de ex-escravizados, africanos/as da Costa da África que conseguiram se sobressair no meio da comunidade negra (e fora dela). Costa analisa, ainda, suas "estratégias de sobrevivência em meio aos estigmas que lhes foram impostos pela sociedade escravista". Ademais, a autora apresenta que "os fragmentos das experiências individuais e coletivas desses indivíduos revelaram a formação de uma afluente comunidade negra na cidade, composta de africanos e seus descendentes".

Conforme propunha Chalhoub,[15]

> [...] adensar e enriquecer, [...] a produção acadêmica sobre a história dos trabalhadores no Brasil, [a fim de provocar] [...] a revisão de algumas interpretações clássicas e sugerido novos caminhos de investigação. Grosso modo, pode-se dizer que tal esforço intelectual e

---

14 COSTA, Valéria Gomes. *Trajetórias negras*: os libertos da Costa d´África no Recife, 1846-1890. Tese (Doutorado em História) – Universidade Federal da Bahia, Faculdade de Filosofia e Ciências Humanas. Bahia, 2013. Publicado com o título *Òmínira*: mulheres e homens libertos da Costa d'África no Recife (1846 – 1890). São Paulo: Alameda, 2021.

15 CHALHOUB, Sidney; SILVA, Francisco T. Sujeitos no imaginário acadêmico: escravos e trabalhadores na historiografia brasileira desde os anos 1980. *Cadernos AEL*, Campinas, UNICAMP, v. 14, n. 26, p. 13-47, 2009. p. 15.

> político abalou o que chamaremos aqui de "paradigma da ausência". Ademais, ameaça derrubar o muro de Berlim historiográfico, decorrente do paradigma mencionado, que ainda emperra o diálogo necessário entre os historiadores da escravidão e os estudiosos das práticas políticas e culturais dos trabalhadores urbanos pobres e do movimento operário.

Resumidamente, essa vertente, ao interpretar o escravismo no Brasil, defende a existência, ainda que relativa, de uma autonomia[16] do escravizado diante de sua relação com o cativeiro; com seus algozes; nas relações de trabalho na casa e na rua; nas relações e redes de solidariedade; nas negociações; nas fugas e enfretamento com a polícia. Entretanto, mesmo não agregando a categoria de ***luta de classes***, procura colocá-la, ainda que em parte, entre muitos outros conflitos que houveram ao longo da existência do trabalho escravo. Dessa forma, esses trabalhadores são compreendidos em suas múltiplas vivências. Para essa vertente, o enfoque não está no negro escravizado como agente econômico inserido nas condições objetivas de produção, mas como sujeito, isto é, como partícipe do escravismo. Pensamos que essa vertente pode contribuir para um ensino antirracista, pois os escravizados e escravizadas são colocados como sujeitos que possuíam suas agências.

Nossas personagens Catharina Rosa Pereira de Jesus, ou Catharina Mina, e Rosarida Maria do Sacramento nos deixaram registros do Brasil no período entre 1830 e 1890, ou seja, através

16 Autonomia no sentido do enfrentamento. Esses sujeitos não ficaram inertes a sua condição de escravizados e exposição à violência de toda ordem. As resistências cotidianas aconteciam. Pudemos verificar isso tanto no jornal, em anúncios de fugas, quanto na sessão da secretaria de polícia e análise das Posturas municipais. (*Jornal Publicador Maranhense*, edição nº 34. Sábado, 12 de novembro de 1842).

de suas vidas podemos bisbilhotar o Brasil império no contexto do século XIX. Esse é o período de um Brasil agrário exportador, escravagista, no contexto da urbe e, em interação com diversos personagens nas ruas e praças, de São Luiz do Maranhão e Porto Seguro, na Bahia.

No período imperial brasileiro (1822-1889) configura-se, conforme Maria Odila Dias (1972), a interiorização da metrópole, a continuidade e fortalecimento das elites brasileiras em detrimento da exploração do trabalho escravo. Em seus estudos sobre o cotidiano das mulheres nos centros urbanos, aponta que, em São Paulo, por volta de 40% dos lares da cidade eram chefiados por mulheres sozinhas, quase sempre muito pobres. Cerca de 40% dessas mulheres eram proprietárias de homens ou mulheres escravizados; em alguns casos, de mais de um, que eram colocados para trabalhar na rua ao ganho. Para essa autora:

> Integravam-se em conjunto nas tendências globais da escravidão urbana, que era principalmente constituída de pequenos proprietários, tanto em São Paulo como nas demais vilas e cidades do Brasil colonial e do Império. [...] Estatisticamente, as proprietárias teriam cerca de 4,1 escravos em 1804 e 4,4 em 1836[17].

Os primeiros anos do Império brasileiro, no que diz respeito à escravidão contra africanos e seus descendentes, deixam impressos, para além da expansão do tráfico, os arranjos e focos de resistências, como ocorreu nas províncias do Maranhão com a organização

---

17 DIAS, Maria Odila Silva. "A interiorização da metrópole (1808-1853)". In: C.G. Mota (Org.). 1822 Dimensões. SP: Perspectiva, 1972, p. 119.

dos Balaios e outros levantes regionais. Foram conflitos que ultrapassaram os centros urbanos e se espalharam pelo interior do Império, nas áreas rurais, com a manifestação das camadas mais pobres ou mais esquecidas do Pará, da Bahia, do Maranhão, do Piauí etc. entre os anos de 1835 e 1845. Para o historiador Matthias Rohrig Assunção:

> A revolta que entrou na historiografia com o nome de Balaiada, foi, sem dúvida, uma das maiores insurreições populares ocorridas durante o Brasil Império. Mobilizou pelo menos 12.000 homens contra os governos de duas províncias, controlou extensas faixas de território nacional durante os anos 1839-40 e requereu a intervenção maciça do governo central para ser finalmente subjugada. Apesar disto, não tem recebido muita atenção por parte da historiografia e tem sido frequentemente mal interpretada.[18]

Conforme já dito, nossa escrita versará sobre as experiências das mulheres afro atlânticas Catharina Mina e Rosarida Maria do Sacramento, que viveram nas províncias do Norte do Brasil e experienciaram a escravidão no meio urbano, ou ainda, na interface do urbano com o rural. Trata-se do século XIX, contexto histórico permeado pela diversidade de grupos humanos e origem, em que mulheres e homens se aventuravam ou se desventuravam, quer seja de modo compulsório, quando trazidos à força do continente africano, na condição de escravo, ou por vontade própria e às Américas chegaram. O século XIX também desvela uma série de

---

18 ASSUNÇÃO, M. R. A guerra dos Bemtevis: a Balaiada na Memória Oral. São Luís, SIOGE, 1988, p. 67.

acontecimentos que marcaram o destino da nação brasileira e que a historiografia tradicional o demarca, por vezes, dissociada de um contexto sociopolítico e cultural heterogêneo.

Catharina Rosa Ferreira de Jesus, mais conhecida como Catharina Mina, é uma das mulheres personagem deste estudo. Tratar das memórias de Catharina Mina e Rosarida nos leva à perspectiva teórica e metodológica da História Atlântica e a transcender os limites teórico-metodológicos que constituíam estudos hierarquizados e homogêneos acerca das comunidades do Atlântico, principalmente referentes às sociedades africanas e afro-brasileira. É fazer emergir à história duas mulheres negras que viveram as agruras da escravidão no contexto urbano, que, conforme Rolnik[19], é como "marca, como expressão, como assinatura, como anotação das relações sociais e como cartografias destas relações". Desse modo, compreendemos que essas mulheres que ultrapassavam o espaço privado das casas e adentravam os territórios das ruas ressignificavam, sobremaneira, esses espaços.

O Breve Rosário das vidas de Catharina Mina e Rosarida Maria do Sacramento

A cidade entre rios e "dentro" do mar forma a ilha de São Luís, território de grande disputa por franceses e portugueses, a qual se tornou, também, a capital do Maranhão. Como o resto do Brasil, São Luís era uma cidade escravista e estava vinculada ao continente

19 ROLNIK, Raquel. *O que é cidade*. São Paulo: Brasiliense, 1995. (Coleção Primeiros Passos; 203). p. 28.

africano pela rota do tráfico atlântico, sobretudo, a partir da segunda metade do século XVIII e início do XIX, com a criação da infame Companhia Geral de Comércio do Grão-Pará e Maranhão (1755). A capital maranhense era um território de estrangeiros, com forte presença de trabalhadores escravizados africanos que chegavam continuamente ao porto, como os do "grupo de procedência" da Costa da Mina, de reinos próximos ao litoral do Castelo de São Jorge da Mina, como os fanti-achanti[20].

Nessas "chegadas" forçadas, conjectura-se que Catharina Rosa Pereira de Jesus, a "Catharina Mina", tenha ancorado no Porto de São Luís na primeira metade do século XIX, como era comum às mulheres e aos homens africanos na condição de escravizados. Sua memória[21] continua presente no centro histórico ludovicense, onde há, por exemplo, uma placa escrita: "Beco da Catharina Mina", e nas proximidades da mesma rua existe também um empreendimento comercial em sua homenagem, "Bar da Catharina Mina", fundado em 1989. Mas quem foi essa mulher? Qual foi sua marca de distinção numa multidão de homens e mulheres escravizados em província do extremo norte do Império brasileiro?

No tempo presente, ela é caracterizada como uma africana, liberta e quituteira. Ressaltam, ainda, a sua beleza e a capacidade de

---

20 SILVA, Daniel B. Domingues da. The Atlantic slave trade to Maranhão, 168-1846: volume, routes and organization. *Slavery & Abolition*, v. 29, n. 4, p. 447-501, dez. 2008; SOARES, Mariza. Indícios para o traçado das rotas terrestres de escravos na Baía do Benin, século XVIII. In: SOARES, Mariza. *Rotas Atlânticas da Diáspora Africana*: da Baía do Benim ao Rio de Janeiro. Niterói: Editora UFF, 2007. p. 65-99; BARROSO JÚNIOR, Reinaldo dos Santos. *Nas rotas do Atlântico equatorial*: tráfico de escravos rizicultores da Alta-Guiné para o Maranhão (1770-1800). Dissertação (Mestrado em História) – Universidade Federal da Bahia. Bahia, 2009.

21 Destacam-se relatos da memória do professor Carlos Benedito R. da Silva (2012) e Maria da Guia Viana (2014), ambos docentes na Universidade Federal do Maranhão. Antes, em 2005, o jornalista José Ribamar S. Reis publicou reportagem sobre Catharina Mina; e o escritor Carlos Lima dedicou algumas linhas a essa personagem histórica (2007).

resistir contra o sistema escravista, posto que, além de sua liberdade, comprou as alforrias de outros cativos em razão de seus trabalhos e relações estabelecidas com indivíduos da elite maranhense. Ela também conseguiu ser uma pessoa de afluência naquela sociedade vigente (1886). Entretanto, a sua trajetória de vida vem sendo pouco divulgada pela historiografia. Com o acesso a documentos sobre sua vida, depositados no Arquivo Público do Tribunal de Justiça do Maranhão/APTJMA, ampliaram-se um pouco mais as informações sobre sua experiência e suas redes de sociabilidade.

Ao analisarmos as fontes que tratam de Catharina Mina, encontramos a Catharina mulher, não somente a rica ou a boa cozinheira, mas a "Catharina Rosa Pereira de Jesus", que se dizia de "nação mina". A escrita do seu testamento (1886)[22], como era comum na época, ficou sob a responsabilidade de alguém da sua confiança. Assim começa a narrativa descrita desse registro:

> Eu, Catharina Rosa Ferreira de Jesus achando-me adoentada, mas no meu perfeito juízo e entendimento, tenho resolvido fazer as minhas últimas disposições testamentárias, pelo modo seguinte: Declaro que sou christã e cathólica apostólica romana, da nação Mina solteira e sem herdeiro algum necessário, sendo-me, portanto, livre dispor de todos os bens que possuo[23].

Então, Catharina se apresenta como uma mulher africana, de nação mina, católica, inserida nos padrões da sociedade vigente do final do século XIX, mas com bens materiais, razão pela qual houve

22 MARANHÃO - Tribunal de Justiça do Maranhão. Arquivo Histórico. Comarca de São Luís. *Testamento Catharina Rosa Pereira de Jesus* (Catharina Mina), 1886t.

23 Idem.

a preparação do testamento. Nas ruas de São Luís do Maranhão, muito jovem, trabalhou como quituteira. Desse comércio urbano, juntou pecúlio para a compra de sua alforria e conseguiu, ao longo do tempo, adquirir alguma riqueza. Catharina declarou não ter herdeiro necessário; logo, supõe-se que não teve filhos. Mais adiante, seguindo a leitura, verifica-se que ela tinha sido mãe e que seu rebento havia falecido. A confirmação ocorre com as informações de que seus restos mortais estariam depositados num jazigo na Igreja de Santo Antônio.

> [...] Quero que o meu enterro e sufrágios se façam a vontade de meus testamenteiros, todavia lhes recomendo que sejam com decência, mas sem pompa, e que no sétimo dia do meu falecimento quero que se diga por minha alma, se distribua a quantia de cinquenta mil reis (50$000) em esmolas e quinhentos reis pelos pobres que comparecerem aquele acto e que se dignarem, digo e que se digam, mas de espaço, cinquenta missas por minha alma e outras cinquentas de meu filho Pedro.

Tais declarações, além de revelarem sua vivência na maternidade, estabelecem o desejo de conectar-se com seu descendente, pois orientava para que seu corpo fosse enterrado "em catacumba e que findo o prazo de três anos, sejam os meus restos mortais trasladados para o jazido que tenho na igreja de Santo Antônio desta cidade, onde estão os do meu filho Pedro". Catharina não deixou de registrar sua estreita relação com a Igreja Católica e anunciou a distribuição de "esmolas" aos pobres, praticando a caridade conforme os princípios cristãos. Também conferiu a "plena liberdade a todos os meus escravos sem condição alguma servindo-lhes esta verba de título".

Com relação aos seus herdeiros e suas herdeiras, ela manifestou que dentre eles estariam uma afilhada, "Dona Esmeralda Jaufret, filha do Doutor José Ricardo Jaufret,[24] falecido" e "Meu afilhado Doutor Alfredo Rapozo Barradas, filho do Doutor Desembargador Joaquim da Costa Barradas". Esses afilhados, pessoas brancas e abastadas, faziam parte das redes de sociabilidade e amizade de Catharina Mina. Além desses, outros, como amigos e pessoas escravizadas sob sua posse, foram libertados e beneficiados com os bens obtidos por seu trabalho como pequena comerciante nas ruas são-luisenses.

Com a análise do testamento de Catharina Mina, compreende-se sua importância na memória da cidade de São Luís, sobretudo por se tratar de uma mulher negra que viveu nos espaços urbanos das ruas da capital maranhense em tempos de escravidão no século XIX, período marcado por adversidades sociais, racismo, sexismo e discriminações de toda ordem. Ademais, a história e a memória de Catharina Mina fazem perceber a dimensão que muitos homens negros e mulheres negras, trabalhadores nas mais diversas condições jurídicas, tinham de articulação e, de certa forma, domínio no sentido de conhecimento da dinâmica histórica, cultural e social da cidade[25].

---

24 O Doutor José Ricardo Jaufret foi um renomado intelectual literato, jornalista e homem da sociedade maranhense dos anos de 1850/60, conforme Ricardo André Ferreira Martins no artigo: Breve panorama histórico da imprensa literária no maranhão oitocentista. *Animus* - revista interamericana de comunicação midiática, v.18, jul.-dez. 2010.

25 ROLNIK, Raquel. *A cidade e a lei*: legislação, política urbana e territórios na cidade de São Paulo. São Paulo: Studio Nobel, 1997; SILVA, Iraneide Soares da. É preta, é Preto em Todo Canto da Cidade: história e imprensa na São Luís/MA (1820 - 1850). 2017. 202 f. Tese (Doutorado em História) – Universidade Federal de Uberlândia. Uberlândia, 2017. Disponível em: http://dx.doi.org/10.14393/ufu.te.2017.68;

Enfim, Catharina Mina ultrapassou alguns dos limites do escravismo, contrariando o pensamento e a cultura da passividade feminina, conforme a assertiva de Paulina Chiziane: "Em todas as guerras do mundo nunca houve arma mais fulminante que a mulher, mas é aos homens que cabem as honras de generais"[26]. Nesse mundo urbano, mulheres como Catharina Mina abriram brechas e fortaleceram laços, fazendo-se memória de resistência e luta para gerações futuras em suas vivências como trabalhadoras escravizadas e libertas nos espaços públicos nos quais vincaram suas presenças e (re)invenções culturais. Sua trajetória como ex-escravizada continua sendo relembrada, inclusive, em decorrência de sua resistência e de sua coragem, fatores que a mantêm viva na memória cotidiana de São Luís do Maranhão no século XXI. A seguir será vista a experiência de outra mina na cidade de Porto Seguro, província da Bahia.

A outra africana sobre quem teceremos algumas páginas é Rosarida Maria do Sacramento[27]. Liberta de nação nagô, Rosarida Sacramento chegou às terras baianas possivelmente na década

---

ALGRANTI, Leila Mezan. Famílias e vida doméstica. In: SOUZA, Laura de Mello (Org.). História da Vida Privada no Brasil: cotidiano e vida privada na América Portuguesa. São Paulo: Companhia das Letras, 1997, p. 54-96.

26 CHIZIANE, Paulina. *Ventos do Apocalipse*. Lisboa: Caminho, 1999, p. 13.

27 São recentes os estudos referentes à história das populações africanas e dos seus descendentes na antiga Vila de Porto Seguro - Província da Bahia. A trajetória de Rozarida Maria do Sacramento foi desvelada após pesquisa no Arquivo Público do Estado da Bahia, em especial, do seu testamento (1878). Os primeiros resultados de investigação sobre esta liberta estão publicados em: MENDES, Francimaura C. *Marias, Rozendas e Leopoldinas*: A experiência de mulheres escravizadas e libertas na Vila de Porto Seguro (1873-1885). 2014. Trabalho de Conclusão de Curso (Licenciatura em História) – Universidade Estadual da Bahia. Bahia, 2015; SANTOS, Joceneide C.; MENDES, Francimaura C. Entre redes de solidariedade e lutas: a experiência das libertas na Vila de Porto Seguro (1873-1885). *Revista Gênero*, Niterói, Vol.16, n. 2, p. 33-54, 2016; SANTOS, Joceneide. *Escravos negros em terras de índios*: Um estudo sobre a escravidão de origem africana nas Vilas de Belmonte e Porto Seguro no Oitocentos, Eunápolis: UNEB, projeto financiado pela UNEB e FAPESB, 2014-2016. E, por fim, um trabalho coletivo sobre mulheres africanas e afrodiaspóricas (Joceneide C. dos Santos, Iraneide S. Silva; Solange Rocha e Valéria Costa), a ser publicado na *Revista Transversos* em abril de 2021.

de vinte ou trinta do século XIX[28]. Talvez tenha entrado após 1831, uma das leis de extinção do tráfico. No Brasil houve duas leis de extinção do tráfico: a citada de 1831 e a de 1850. Segundo Rodrigues, isso ocorreu em decorrência da abolição gradual, das pressões inglesas, dos debates sobre civilização e controle dos livres e libertos. O debate entre a elite e o Estado estava pautado. Acreditava-se, nos anos trinta, que a entrada de africanos no Brasil dificultaria a formação da Nação recém independente e a escravidão corromperia os costumes.[29] Em seu testamento, elaborado em outubro de 1878, Rosarida afirmou ter mais de 50 anos, todavia, dois meses depois, seu assento de óbito menciona que, ao falecer, ela teria 70 anos de idade.[30] Ou seja, em sua trajetória, ela vivenciou possivelmente o final do tráfico em 1831, a extinção definitiva do tráfico em 1850 e faleceu alguns anos após a Lei do Ventre Livre, em 1871.

Cerca de 60% dos africanos que ingressaram na Bahia entre 1776 e 1824 eram da África Ocidental; dentre os retirados dessa área, os de origem da Costa da Mina consistiam na maioria[31]. Os conflitos entre etnias, decorrentes da jihad islâmica naquele continente no início do século XIX, resultaram na escravização de inúmeras pessoas, acrescentando o número de homens e mulheres africanos na diáspora das Américas – alguns desses chegaram em

28 Infelizmente ainda não encontramos seu registro de batismo na Freguesia de Nossa Senhora da Pena - Vila de Porto Seguro e com isso seguem algumas indagações, dentre elas uma data mais aproximada da sua entrada.

29 RODRIGUES. Jaime. *O infame comércio*: propostas e experiências no final do tráfico de africanos para o Brasil (1800-1850). Campinas/SP: Editora da Unicamp, 2000.

30 Os registros paroquiais de Nossa Senhora da Penha estão sob a guarda da Universidade do Estado da Bahia, campus de Teixeira de Freitas, em fase de organização. Igreja de Nossa Senhora da Pena, Livro de óbito nº 3, 8 de dezembro de 1878, p. 68.

31 RIBEIRO, Alexandre Vieira. *O tráfico atlântico de escravos e a praça mercantil de Salvador, c. 1680 – c. 1830*. Dissertação (Mestrado em História) – Universidade Federal do Rio de Janeiro. Rio de Janeiro, 2005.

Porto Seguro, a exemplo de Rosarida[32]. A Vila de Porto Seguro possuía uma diversidade étnico/racial, africanos de diferentes nações e linhagens, crioulos, pardos, mulatos, cabras, europeus, como os portugueses, bem como indígenas de várias designações, a exemplo dos Pataxós e Maxakalis.[33] Esse caldeirão possibilitou alguns conflitos, dentre eles movimentos antilusitanos. Segundo o padre José Tiburcio de Santana, a Vila de Porto Seguro também foi palco desses movimentos antilusitanos ocorridos na Bahia no contexto pós independência em 1822 e ainda era possível ouvir músicas atacando os portugueses em 1833.[34]

Desse modo, ao chegar na Vila, Rosarida conviveu com diversos grupos, possivelmente viu alguns conflitos, aprendeu diferentes aspectos culturais e realizou vários trânsitos culturais e sociais. Entre seus aprendizados, salienta-se o domínio da língua e das práticas culturais, como ser católica. Em seu testamento não traz informações da sua vida antes da travessia do Atlântico: a primeira informação que resgata é a sua *nação* e, em seguida, o batismo na Igreja de Nossa Senhora da Pena, freguesia da Vila de Porto Seguro. Esse "esquecimento" de como chegou na Bahia é um indício de que ingressou na Vila muito jovem.

Ela afirma suas conexões com o continente africano: "Eu,

---

32 REIS, João José. *Rebelião Escrava no Brasil*: a história do levante dos Malês em 1835. Edição revista e ampliada. São Paulo: Companhia das Letras, 2003.

33 WIED, Maximilian, Prinz Von. *Viagem ao Brasil*. Tradução Edgar S. de Mendonça e Flávio P. de Figuereido. Belo Horizonte: Itatiaia; São Paulo: Editora da USP, 1989; CANCELA, Francisco E. Torres. *De projeto a processo colonial*: índios, colonos e autoridades régias na colonização reformista da antiga capitania de Porto Seguro (1763-1808). Tese (Doutorado em História) – Universidade Federal da Bahia. Bahia, 2012.

34 GUERRA FILHO, Sérgio Armando Diniz. *O Antilusitanismo na Bahia* (1822-1831). Tese (Doutorado em História Social) – Faculdade de Filosofia e Ciências Humanas, Departamento de História,, Universidade Federal da Bahia. Salvador, 2015. 294f.

Rosarida Maria do Sacramento, nagô, solteira, liberta, ex-escrava dos finados José Ventura Correia e Joanna do Sacramento, maior de cinquenta anos, residente nesta vila, aliás nesta Freguesia de Nossa Senhora da Pena, onde fui batizada".[35] Foi escravizada por José Ventura Correia e Joanna do Sacramento, para quem Rosarida M. Sacramento trabalhava, provavelmente, em atividades domésticas e/ou ainda no plantio de víveres voltados para o consumo interno.

A Vila de Porto Seguro produzia farinha de mandioca para o consumo e comércio interno. Outros produtos importantes para a economia da Vila e circunvizinhança eram o coco, a pesca e a retirada "ilegal" de madeiras.[36] Uma Vila cujo comércio não era, possivelmente, uma grande atividade, mas, sim, a agricultura. Conforme o censo de 1872, a população de Porto Seguro era composta por 3.168 pessoas; dessas, apenas 124 eram homens e mulheres escravizados. O citado censo registra 54 escravizadas, dessas, 47 tinha profissão; 21 eram lavradoras, seguidas pelas 20 mulheres que desempenhavam a atividade doméstica e 6 costureiras[37]. Um aspecto a ser ressaltado é que as chances de inserção dos homens e mulheres libertos na sociedade estavam relacionadas às oportunidades que tiveram na condição de cativos. Quando exerciam algum ofício especializado, a exemplo de quitandeiras, "negros de ganho" e lavadeiras tinham maiores probabilidades de inclusão[38]. Encontram-se, ainda, no referido

---

35 APEB, Testamento de Rosarida Maria do Sacramento, Caixa: 2182. Maço: 2651. Ano 1879, p. 1.

36 LINDLEY, Thomas. *Narrativa de uma viagem ao Brasil.* (Londres, 1805). São Paulo: Companhia Editora Nacional, 1969.

37 Recenseamento do Brasil em 1872, Bahia. TYP. E. G. Leuzinger & Filhos. – Ouvidor 31. Rio de Janeiro / Censo Populacional do Império – Bahia 1872. Disponível em: <https://biblioteca.ibge.gov.br/visualizacao/livros/liv25477_v3_ba.pdf> Acessado em: 05 de maio de 2020.

38 OLIVEIRA, Maria Inês Côrtes. *O liberto, seu mundo e os outros*: Salvador (1790-1890). São Paulo: Corrupio; Brasília: CNPq, 1988.

censo, 20 pessoas pretas livres (incluindo as libertas): 13 homens e 7 mulheres vivendo na Vila.

No período dessa contagem, Rosarida vivia em Porto Seguro/BA. Nessa Vila, a posse escrava era diminuta, pois a maior parte dos inventários sinaliza a existência de pequenas e médias posses de 1 a 9 pessoas escravizadas. Isso indica que as mulheres escravizadas domésticas acumulavam várias funções, como as de lavar e cozinhar, coser, além de cuidar de roças, simultaneamente.[39]

Desconhecemos como Rosarida conseguiu a sua alforria, pois a única notícia que se tem sobre seu senhor é a de que ele já era falecido em 1878. Talvez ela tenha aproveitado o momento da sua morte para negociar a sua carta de liberdade.[40] Na condição de liberta, ela iniciou seus passos no caminho de sua autonomia. A princípio, procurou desvencilhar-se do seu proprietário e família, alugando uma casa do Professor José Martins Sampaio. Possuía uma dívida declarada em testamento referente a alguns meses de aluguel. Em seguida, conseguiu adquirir um imóvel[41], que foi avaliado como recém-construído e no valor de 300$000 réis em 1878, quando ela faleceu.

Rosarida teve uma filha, Rita, que era escravizada de José

39 LINDLEY, Thomas. Narrativas de uma viagem ao Brasil, op.cit.; SANTOS, Joceneide C. *Entre Farinhadas, Procissões e Famílias*: a vida de homens e mulheres escravos em Lagarto, Província de Sergipe (1850-1888). Dissertação (Mestrado em História) Faculdade de Filosofia e Ciências Humanas – Departamento de História – Universidade Federal da Bahia. Salvador, 2004.

40 CHALHOUB, Sidney. *Visões de Liberdade*: uma história das últimas décadas da escravidão na corte. São Paulo: Companhia das Letras, 1990.

41 O imóvel ficava na Rua Pacatá, atualmente também conhecida como Rua do Mangue e procurada por turistas por ter alguns casarões e casas mais simples do século XIX. No entanto, inexiste a memória que ali foi residência de uma africana liberta, diferentemente de São Luiz, que há a memória de Catharina Mina. Sobre a rua, ver em: <https://www.guiaviagensbrasil.com/blog/guia-completo-de-porto-seguro-e-arredores/>. Acesso em: 25 mar. 2021.

Guimarães. Percebe-se no testamento que parte da alforria de Rita já tinha sido paga por sua mãe. Rita foi batizada por José Gabriel da Rocha Lei, compadre de Rosarida e professor que se aposentou do magistério em 1875. Ele esteve também como presidente da Câmara Municipal (1878), juiz de órfãos e de paz nos anos 1880, e presidiu a Junta de classificação de escravos,[42] criada após a Lei de 1871, do Ventre Livre. Rosarida o escolheu para ser o seu testamenteiro. Esse dado mostra sua tessitura de redes de sociabilidade, que incluía um homem livre e da elite para construir seu parentesco simbólico.

Ela ainda fez negócios com outro indivíduo livre, José Pereira Martins Guimarães. Assim como Catarina Mina, Rosarida também buscou construir alianças com indivíduos livres para resistir e sobreviver na sociedade escravista e patriarcal.[43] Na sociedade patriarcal da época, era uma boa estratégia ter alguém que protegesse a sua filha e que pudesse cooperar com ela em alguns períodos, como no cumprimento das suas vontades no testamento. Para isso seria importante que o testamenteiro fosse um homem livre, público e com certo prestígio na Vila, assim ele garantiria que as suas vontades fossem cumpridas.

Rosarida vivia cercada por libertos e escravizados e fazia parte da malha de relacionamentos na qual uns se solidarizavam com os outros, inclusive do ponto de vista financeiro, nos momentos

---

42 LISBOA, Antônio Barbosa. *Dos cortes das piaçavas à pesca da garoupa*: contrabandistas, vereadores, juízes trajetórias e experiências de Professores Públicos Primários na Comarca de Porto Seguro (1834- 1875). Dissertação (Mestrado em História) – Universidade Estadual de Feira de Santana. Feira de Santana, 2018.

43 ROCHA, Solange. *Gente negra na Paraíba oitocentista*: população, família e parentesco espiritual. São Paulo: Unesp, 2009; COSTA, Valéria G. *Trajetórias Negras*: libertos da Costa d'África no Recife (1846-1890). Tese (Doutorado em História) Faculdade de Filosofia e Ciências Humanas, Departamento de História, – Universidade Federal da Bahia. Salvador, 2013; SILVA, Iraneide Soares da. *É Preta, É Preto em Todo Canto da Cidade*: História e Imprensa na São Luís/MA (1820-1850). Tese (Doutorado em História) – Universidade Federal de Uberlândia, Uberlândia, 2017. 202f.

necessários. Ela, por exemplo, tinha uma dívida com as pretas Julia e Maria e com os escravizados crioulos Benedito e Ignacio. Também estabeleceu como possível herdeiro de seus bens o liberto crioulo Barroso, que talvez fosse um companheiro de Rosarida. Essas relações sinalizam a existência de uma comunidade de africanos e crioulos, reconstruindo laços e vivendo entre os seus como já tem apontado a historiografia.[44]

Essas redes de sociabilidade foram elaboradas com o intuito de manter ou reconstruir costumes, bem como de ter proteção e amparo em situações nas quais a solidariedade seria indispensável para alçar objetivos, como a manumissão e o próprio sustento. No interior dessas redes também ocorriam pequenas negociações, empréstimos, dentre outros. Esses laços de solidariedade e de negócios, tecidos por escravizados de diferentes senhores e libertos, sugerem que as libertas não rompiam as relações com os cativos, pois as conexões existentes entre homens e mulheres africanos e os crioulos eram mais importantes que o estatuto jurídico.

O ato de ter testado em 1878 traduz sua prudência e sua estratégia para ter seus anseios concretizados após sua morte. Inclusive o de contribuir com a libertação da sua filha. Sobre a alforria da sua filha Rita, ela tinha liquidado um valor e indicado outro, além de ter deixado orientações para a compra da manumissão da menina, salientando os laços maternos, na luta por liberdade, que buscou o restabelecimento de seu vínculo filial na suposta eternidade.[45]

---

44 OLIVEIRA, Maria Inês Côrtes. *Op cit*; REIS, José J. *Rebelião Escrava no Brasil*: a história do levante dos Malês em 1835. Edição revista e ampliada. São Paulo: Companhia das Letras, 2003.

45 OLIVEIRA, Maria Inês Côrtes. *O liberto, seu mundo e os outros*: Salvador (1790-1890). São Paulo: Corrupio; Brasília: CNPq, 1988; REIS, Isabel C. Ferreira. *História de vida familiar e afetiva de escravos na*

A existência de Rosarida Maria do Sacramento e Catharina Mina representou a trajetória de algumas libertas e escravizadas negras que articularam estratégias para garantirem relativa autonomia em pequenas vilas e cidades escravocratas no Brasil dos Oitocentos. Suas (re)existências foram possíveis através das redes de solidariedade e afeto, acumulando bens e/ou endividando-se com diversas pessoas e, em alguns casos, evidenciando a luta pela liberdade de seus filhos.

Nesse sentido, nossa proposta didática visa apontar caminhos para o ensino de história do Brasil Imperial a partir dos registros deixados por sujeitos que viveram no período, como o testamento de Catharina Mina e de Rosarida. Como norte metodológico, as leis federais 10.639/03 e 11.645/08, que alteram a Lei de Diretrizes e Bases da Educação (1996) com os artigos 26A e 79B, os quais instituem a obrigatoriedade do ensino da história e cultura afro-brasileira e indígena na educação básica. Tendo como ponto de partida o ensino de História e as experiências das mulheres afro-atlânticas Catharina Mina e Rosarida Sacramento. Dentre outras, as questões que provocam essa narrativa são: como trazer as experiências das mulheres afro atlânticas para sala de aula? Que modo devemos abordar e para qual ou quais modalidades de ensino devemos aplicar? Quais as possibilidades metodológicas para o ensino de história?

Bahia do século XIX. Salvador: Centro de Estudos Baianos, 2001; SANTOS, Joceneide Cunha dos. *Entre Farinhadas, Procissões e Famílias*: a vida de homens e mulheres escravos em Lagarto, Província de Sergipe (1850-1888). Dissertação (Mestrado em História) – Universidade Federal da Bahia. Salvador, 2004. ROCHA, Solange. *Op. Cit.*

As questões de gênero e relativos a africanidades têm entrado aos poucos nos currículos de história, e alguns de forma intersecionalizada. Quando inserimos saberes e agências de grupos subalternizados, estamos questionando o eurocentrismo e suas epistemologias.[46] Daí a importância de trazer biografias de africanas, a exemplo de Catharina Mina e Rosarida Sacramento. Um ensino de história que se aproxime da decolonialidade por contribuir para um questionamento do racismo e do sexismo, já que essa corrente teórico-metodológica aponta para as várias hierarquias existentes entre elas – as de raça, sexistas e as de lugar como centro versus periferia –, bem como a importância da fronteira para a produção de conhecimento, tendo como referência os saberes e experiências dos subalternizados.

Assim, devemos pensar em um ensino de história próximo ao pensamento de fronteira, já que esse possibilita que subalternos possam se articular e responder ao projeto eurocêntrico modernista. Professores de história antirracistas precisam elaborar e abordar um conhecimento contra-hegemônico e, assim, trazer o ensino das populações negras escravizadas para a sala de aula, a exemplo da bela experiência elaborada e compartilhada por Carla de Moura na sua dissertação de mestrado profissional em ensino de história[47]. A

---

46 MOURA, Carla de. *As Marias da Conceição*: Por um ensino de história situado, decolonial e intersecional. Dissertação (Mestrado em História) – Universidade Federal do Rio Grande do Sul. Porto Alegre, 2018. 47GROSFOGUEL, Ramón; BERNADINO-COSTA, Joaze. Decolonialidade e perspectiva negra. *Revista Sociedade e Estado*, v. 31, n. 1, jan./abr. 2016. GROSFOGUEL, Ramón. A estrutura do conhecimento nas universidades ocidentalizadas: racismo/sexismo epistêmico e os quatro genocídios/epistemicídios do longo século XVI. *Revista Sociedade e Estado*, v. 31, n. 1, p. 11-49, jan./abr. 2016.

47 MOURA, Carla de. *Op. Cit.*

autora tem o seu trabalho inspirado na pedagogia da encruzilhada e propõe um ensino de história situado. Para ela, o ensino de história pode utilizar o patrimônio como uma estratégia de ensino para pensar gênero, raça e classe de forma intersecional e demarcar centro e periferia.

Moura apresenta em seu trabalho o resultado da sua pesquisa na escola em três capítulos. No primeiro capítulo há um debate teórico sobre patrimônio, memória, ensino e pesquisa. No segundo, ela apresenta o bairro, a Vila Maria da Conceição e a Escola Santa Luzia, ambas situadas em um morro, tida como uma região periférica em Porto Alegre, no Rio Grande do Sul, e o planejamento do projeto que foi realizado com alunos do oitavo e nono ano do ensino fundamental. Os alunos fizeram diários e filmes sobre as Marias, que são as mulheres da comunidade.

As turmas foram divididas em quatro grupos. O primeiro grupo pesquisou casas de religião de matriz africana em um inventário encontrado no Arquivo Público do Estado do Rio Grande do Sul. O segundo pesquisou a Academia de samba que era da comunidade e as cartas de alforria encontradas no mesmo arquivo. O terceiro, o processo de assassinato de Maria Degolada nos Oitocentos, cuja memória encontra-se na comunidade junto a sua fundação. Já o quarto e último grupo pesquisou a Pequena Casa da Família, projeto organizado por uma freira na comunidade – muitos dos alunos utilizam os serviços desse projeto. A pesquisa foi realizada através dos jornais do Arquivo Municipal Moysés Vellinho. As fontes históricas foram separadas anteriormente pela professora, assim, os discentes assistiram a pequenos filmes que discutiam os conceitos ligados ao feminismo negro e realizaram algumas leituras. A professora também fez roteiro de perguntas para nortear a pesquisa dos alunos.

No terceiro capítulo são analisados os dados do projeto e discutido o documentário intitulado *As Marias da Conceição – Por Um Ensino de História Situado,* realizado com imagens de celular. A autora pontua que o projeto estimulou o protagonismo dos discentes. A associação do patrimônio com fontes históricas possibilitou que as alunas e alunos construíssem narrativas situadas, e o uso dos conceitos de gênero e raça permitiu às alunas fazerem análises substanciosas. Por fim, os saberes da comunidade foram valorizados no projeto e, em sequência, pelos alunos e alunas.

Os homens e mulheres escravizados, incluindo as(os) africanas(os) que tiveram cativos(as), constituem-se em um dos temas sensíveis para abordar no ensino. Para realizar esse ensino, faz-se necessário quebrar a ideia de homogeneidade do africano, negro ou escravizado, identificando a diversidade de vivências: humanizar, pois qualquer ser humano tem vivências, desejos e é contraditório. Também é importante questionar a passividade dos escravizados e evidenciar que a escravidão ia além dos açoites.[48]

Juliana Farias indica alguns passos de como tratar o tema sensível de libertos possuírem escravizados, a exemplo de Catharina Mina, em sala de aula e ainda assim construir propostas antirracistas. Primeiro, a importância de trabalhar com biografias, como foi citado

48 FARIAS, Juliana Barreto. "Escravos" de Ex-Escravos: Ensino de História e Temas Sensíveis nas Salas de Aula Brasileiras. *Revista de Humanidades e Letras*. Dossiê: África, africanos e seus descendentes em perspectiva decolonial: saberes e práticas na educação. Organizadores: LEFÈVRE, Sebastian; RIBEIRO, Fábia Barbosa; FARIAS, Juliana Barreto; FERRACINI, Rosenberg; HOUNNOUVI, Christian Coffi. v. 6, n. 1, p. 10-33, 2020.

no início do capítulo, pois elas permitem que homens e mulheres escravizados sejam protagonistas na narrativa histórica.

Depois, faz-se necessário pontuar que Catharina Mina no Maranhão, assim como Emília do Patrocínio no Rio de Janeiro, pesquisada pela já citada historiadora Juliana Farias, foram mulheres africanas que viveram no Brasil em um determinado contexto, em uma sociedade pautada na escravidão. Assim, ter escravizados era uma maneira de ter fortuna, segurança, *status* e até mesmo garantir o sustento. Ressaltamos que o uso das fontes primárias no ensino permite que possamos ver as agências desses indivíduos. Aqui podemos pensar no uso das cartas de alforria na sala de aula, já que são documentos relativamente curtos, bem como trechos dos testamentos das africanas em pauta.

Para Peter Lee, professor do Instituto de Educação da Universidade de Londres, os alunos precisam compreender o passado, como as pessoas pensavam e as razões de terem agido de determinada maneira. Dessa forma, é possível criar empatia com povos e culturas diferentes.[49] Essa empatia também pode contribuir para uma educação antirracista, na medida que entenderemos práticas e conhecimentos distintos de diversos grupos no Brasil Oitocentista.

Conforme Pereira e Seffner[50], o uso de documentos pode contribuir muito para a criação de uma empatia dos alunos com sua própria realidade, já que o documento pode e deve ser visto e interpretado como um meio de construir o conhecimento, e não

49 LEE, Peter. Nós fabricamos carros e eles tinham que andar a pé compreensão das pessoas do passado. In: BARCA, Isabel. *Educação Histórica e Museus*. MINHO/PT: Centro de Investigação em Educação e Psicologia: Universidade do Minho, 2003. p. 19-33.

50 PEREIRA, Nilton Mullet; SEFFNER, Fernando. O que pode o ensino de História? Sobre o uso de fontes na sala de aula. *Anos 90*, Porto Alegre, v. 15, n. 28, p. 113-128, dez. 2008.

um fato acabado em si, partindo da interrogação, interpretação e problematização[51]. Desse modo, o/a aluno/a passa de simples receptor do conhecimento para um agente de transformação do conhecimento histórico.

Nesse exercício, o papel do docente é de extrema importância, pois o trabalho com fontes em sala de aula exige um enorme grau de conhecimento e comprometimento da sua parte. Principalmente porque as fontes em si não falam, pensam, transformam ou inovam o sistema educacional; elas são apenas instrumentos nas mãos de um professor ou professora e do seu compromisso com um ensino inclusivo e diverso[52].

Considerações finais

Em suma, trabalhar com trajetórias de mulheres libertas africanas no ensino fundamental pode ser um caminho para humanizá-las, contribuindo para a luta antirracista e antissexista. As vivências delas nos fazem refletir sobre as repercussões da escravidão feminina na experiência de mulheres negras no presente, evidenciando suas agências, contradições e estratégias para sobreviver e viver em uma sociedade patriarcal e sexista. Essas trajetórias também podem contribuir para compreendermos os grandes marcos referentes à escravidão do Brasil Oitocentista.

51 ORTA, Daniel Augusto Arpelau. Nos trilhos da cultura ferroviária: documentos de arquivo familiar no ensino de história. *História & Ensino*, Londrina, v. 13, p. 71-89, 2007.

52 PEREIRA NETO, André de Faria. O uso de documentos escritos no ensino de história: premissas e bases para uma didática construtivista. *História & Ensino*, Londrina, v. 7, p. 147-165, out. 2001.

Por fim, os rosários dessas mulheres contribuem para outras epistemologias e saberes.

Proposta de aulas e atividades

Nossa proposta envolve algumas aulas e atividades pensadas para o oitavo ano do ensino fundamental. Essa sequência de aulas foi desenvolvida para tratar a temática da escravidão no século XIX.

Tema: O Escravismo do Brasil no século XIX.

Competências e Habilidades:

- Identificar e relacionar aspectos das estruturas sociais da atualidade com os legados da escravidão no Brasil e discutir a importância de ações afirmativas para superar esse legado no país;
- possibilitar uma visão mais humanizada da população negra escravizada no Brasil Oitocentista, sobretudo das mulheres;
- analisar as permanências e mudanças no decorrer do tempo em relação à experiência da população negra;
- desconstruir alguns estereótipos referentes à população negra comuns de serem reproduzidos em redes sociais, alguns filmes, dentre outros suportes;
- associar as biografias das libertas aos acontecimentos históricos;
- estimular a leitura de documentos do século XIX;
- elaborar redações associando documentos aos textos lidos.

Primeira aula: Uma introdução ao tema, sugerindo algumas questões.

Por que os cabelos das mulheres negras são tão criticados? Vocês acham que é apenas uma crítica? Por que isso ocorre? Pensando em homens e mulheres, negros e brancos, quem vocês acham que ganha menos? Por quê? Por que as mulheres negras são majoritárias na ocupação de empregadas domésticas? O trabalho delas é valorizado? Só mulheres e homens negros pobres sofrem discriminação?

Em seguida, o(a) professor(a) pode dividir a turma em grupos e propor que eles/elas pesquisem sobre isso na ***internet*** e trazer na aula seguinte e/ou levar algumas matérias. Podemos sugerir algumas:

A. MENDONÇA, Heloisa. Mulheres negras recebem menos da metade do salário dos homens brancos no Brasil. **El País**, 13 nov. 2019. Disponível em: https://brasil.elpais.com/brasil/2019/11/12/politica/1573581512_623918.html. Acesso em: 25 mar. 2021.

B. JUSTIÇA libera Val Marchiori de indenizar Ludmilla após falar do cabelo dela na TV. **Folha de São Paulo**, 26 mar. 2021. Disponível em: https://f5.folha.uol.com.br/celebridades/2021/03/justica-libera-val-marchiori-de-indenizar-ludmilla-apos-falar-do-cabelo-dela-na-tv.shtml. Acesso em: 01 abr. 2021.

C. PINTO, Cleide Silva Pereira; WERNECK, Jurema; XAVIER, Lúcia. Caso Miguel e pandemia expõem violações de direitos das domésticas. **Portal Geledés**,

02 jul. 2020. Disponível em: https://www.geledes.org.br/caso-miguel-e-pandemia-expoem-violacoes-de-direitos-das-domesticas/. Acesso em: 25 mar. 2021.

Após busca e leituras das matérias, a professora ou o professor pode relacionar esses aspectos para que os alunos apontem suas percepções através das vivências sobre a temática, associando as leituras na mesma ou na aula seguinte, ficando a critério do(a) professor(a).

Segunda Aula

A professora ou o professor deve iniciar a aula com questões: no século XIX, como as mulheres negras viviam? Todas nasciam e morriam escravizadas? Como viviam as libertas? O discente precisará trazer resumo das biografadas deste capítulo.

Terceira aula e Quarta aula: com o uso do livro didático adotado na escola, o(a) professor (a) trabalhará as Leis de 1831, 1850, 1871 e 1888, evidenciando a abolição gradual e alguns mecanismos de resistência da população negra. Uma sugestão é que essa aula seja expositiva, permitindo questões. Ao final, o discente deve provocar algumas generalizações e sínteses possíveis.

Quinta aula: O(A) professor(a) pode levar cartas de alforria e trechos de testamentos para a sala de aula. Existem algumas possibilidades de utilização dessas fontes históricas, a depender das metas estabelecidas pelo professor, quantidade de alunos, dentre outras variantes. A primeira é orientar para que os alunos transcrevam; a segunda é o professor transcrever as cartas e levá-las para a sala de aula; a terceira é buscar cartas transcritas[53].

53 As cartas podem ser encontradas no site: http://bndigital.bn.br/projetos/escravos/galeriamanuscritos.html. Sergifriedo Santos traz algumas transcrições de cartas que podem ser usadas em sala. Ver em: SANTOS, Sergiefredo Rufino. *Sequência Didática*: Os escravos como agentes históricos. 2016. 74f. Trabalho de Conclusão de Curso (Especialização em História e Cultura Afro-Brasileira). Departamento

Em seguida, estimular a análise oralmente e depois a construção de textos entre 15 e 20 linhas com essas análises, associando as leituras realizadas na sala.

Sexta aula: Essas redações devem ser recolhidas e avaliadas. Ao final, o(a) professor(a) deve fazer uma análise das redações e do processo com a turma.

Imagens

Imagem 01 - Antiga Rua Pacatá, atual Rua Marechal Deodoro da Fonseca, também conhecida como Rua do Mangue. Rua que residiu Rosarida Maria do Sacramento na Vila de Porto Seguro.

Fonte: https://mapio.net/s/30371203/ acessado no dia 11 de abril de 2021

---

de História do CERES - Campus de Caicó, Universidade Federal do Rio Grande do Norte, Caicó, 2016. Disponível em: https://monografias.ufrn.br/jspui/handle/123456789/2229. Acesso em: 11 abr. 2021.

Imagem 02- Igreja de Nossa Senhora da Pena, local do Batismo e enterro de Rosarida Maria do Sacramento, ao lado a cadeia e Câmara Municipal, lugar que José Gabriel da Rocha Lei, professor e compadre de Rosarida Maria do Sacramento, atuou, chegando a presidir no período do Fundo de Emancipação.

Fonte: https://www.tripadvisor.com.br/LocationPhotoDirectLink-g303270-i289822052- Porto_Seguro_State_of_Bahia.html acessado dia 11 de abril de 2021.

Imagem 03- Beco da Catharina Minha – Espaço Reviver – São Luís/MA.

Fonte: https://territorios.com.br/sao-luis-roteiro-historico-atrativos/

Mulheres africanas e crioulas escravizadas, amamentação e cotidiano nas fazendas cafeeiras no Rio de Janeiro e São Paulo do período Imperial

Lorena Telles

Em 02 de março de 1857, na cidade do Rio de janeiro, o *Jornal do Comércio* publicava o anúncio de venda de uma mulher crioula grávida e de suas crianças. A cativa era descrita como "própria para roça por produzir e criar muito bem os filhos", tratando-se de "uma linda crioula de 6 anos e um lindo crioulo de 2 anos". Sete anos depois do fim do tráfico de africana/os, esse anúncio aponta para os interesses dos fazendeiros no trabalho das mulheres cativas nos cafezais, mas também enquanto mães de bebês e crianças escravizadas. As circunstâncias nas quais mulheres africanas e descendentes viveram a maternidade, envolvendo gestações, partos, amamentação e práticas sociais e culturais de criação de bebês e crianças afrodescendentes, apesar de pouco visibilizadas pelos estudos da escravidão, foram centrais para as experiências femininas e para a formação das famílias e comunidades nas senzalas.

Nas médias e grandes fazendas cafeeiras do Vale do Paraíba e do Oeste Paulista no século XIX, mulheres africanas e crioulas que foram mães enfrentaram as adversidades de um cotidiano em que se mesclavam as sobrecargas do trabalho e as restrições senhoriais à amamentação, cuidado e convívio com suas crianças. A retomada do trabalho, a amamentação e o desmame de seus bebês destacam-se como alguns dos principais desafios por elas enfrentados depois de darem à luz. Viajantes europeus e médicos que visitaram fazendas no sudeste cafeeiro ao longo do século XIX chamaram a atenção para as conexões entre os tipos de trabalhos requeridos pelos senhores e desempenhados pelas mulheres, a frequência da amamentação, as formas de alimentação infantil e a saúde e sobrevida dos bebês.

A partir de relatos de viajantes europeus, de literatura de memórias, de manuais para fazendeiros e de textos médicos, abordaremos na primeira parte deste capítulo as diferentes rotinas de trabalho e as práticas de amamentação e desmame de bebês por parte de mulheres centro-africanas, embarcadas majoritariamente dos portos congo-angolanos, e suas descendentes crioulas ao longo do século XIX. Na segunda parte do texto serão sugeridas indicações bibliográficas acerca do tema e uma atividade pedagógica destinada a jovens do Ensino Médio, que poderá ser utilizada por docentes do campo do Ensino de História.

Amamentação e cotidiano nas fazendas cafeeiras

Por volta de 1842, em uma fazenda nas proximidades do distrito cafeeiro de Cantagalo, no Vale do Paraíba fluminense, um viajante europeu encontrou uma mulher cativa no pós-parto. Em uma esteira estendida no chão da enfermaria da fazenda, a mulher amamentava o bebê que dera à luz no dia anterior. Esta mulher, possivelmente africana, não teria muito tempo para se recompor e descansar: em três dias ela retornaria ao trabalho[1]. Apesar de minoritárias no tráfico transatlântico e nas maiores propriedades cafeeiras, marcadas pelo predomínio da população escravizada masculina e jovem preferida pelos fazendeiros, foi documentada a presença ostensiva de mulheres centro-africanas até pelo menos 1850[2]. Na primeira metade do século XIX, as médias e grandes fazendas do Sudeste brasileiro poderiam reunir dezenas a centenas de homens, mulheres e crianças escravizados, em sua maioria africanos, mas também africanas[3].

O médico francês Jean-Baptiste Imbert, no *Manual do fazendeiro ou tratado doméstico sobre as enfermidades dos negros*, editado em 1834, referiu-se à presença de mulheres da África central, responsáveis pelo trabalho agrícola em suas terras de

---

1 ADALBERTO DA PRÚSSIA, Príncipe. *Brasil*: Amazonas-Xingu, Belo Horizonte, ed. Itatiaia, 1977, p. 85-86. *apud* MOTT, Maria Lucia. A criança escrava na literatura de viagens. *Cadernos de Pesquisa*, nº. 31, 1972. p. 60.

2 Embarcados de portos como Benguela, Luanda e Cabinda, mulheres, homens e crianças dos grupos bacongo, umbundo e ovimbundo tiveram em comum semelhanças linguísticas e culturais e suas origens rurais, na longa região da foz do rio Zaire. Segundo os dados coletados por Manolo Florentino, oito em cada dez navios aportados no Rio de Janeiro entre 1795 e 1830 partiam dos portos congo-angolanos. FLORENTINO, Manolo. *Em costas negras*: uma história do tráfico de escravos entre a África e o Rio de Janeiro. São Paulo: Companhia das Letras, 1997. p. 83, 246; SLENES, Robert W. *Na senzala, uma flor*: esperanças e recordações na formação da família escrava, Brasil, Sudeste, século XIX. Rio de Janeiro: Nova Fronteira, 1999, p. 152; ________. "Malungu", ngoma vem!: África coberta e descoberta no Brasil. Revista USP, n. 12, p. 48-67, dez./jan./fev., 1991-92.

3 Robert Slenes demonstrou que em Campinas, no Oeste Paulista central, em 1829, 89% dos adultos em propriedades com 10 escravizados ou mais eram naturais da África, constituindo, pelo menos até 1860, uma proporção bastante alta entre os adultos naquele município. SLENES, Robert. Senhores e subalternos no Oeste Paulista. In ALENCASTRO, Felipe (org.) *História da Vida Privada no Brasil 2*. Império: a corte e a modernidade nacional. São Paulo: Companhia das letras, 1997, p. 250.

origem, estimadas entre os fazendeiros para o trabalho na lavoura[4]. Essas mulheres, muitas delas desembarcadas ainda meninas e jovens, criariam seus filhos de maneira muito diversa de suas mães, encontrando adversidades a serem cotidianamente enfrentadas.

As possibilidades de amamentar suas filhas e filhos estiveram intimamente relacionadas às práticas e concepções ligadas à amamentação para africanas e descendentes, e pelas políticas senhoriais a elas direcionadas, envolvendo diferentes ocupações e regimes de trabalho. Quanto às decisões senhoriais, elas estiveram orientadas, em diferentes contextos, pelas formas de exploração do trabalho das mulheres e pelo interesse ou negligência com relação à sobrevivência das crianças cativas no período anterior e posterior ao fim do tráfico transatlântico. Essas políticas senhoriais implicaram em circunstâncias específicas com respeito às práticas da amamentação, do desmame e às formas compartilhadas de cuidado de crianças nas comunidades de senzalas.

Na década de 1830, em meio às discussões em torno da extinção do tráfico africano, o médico francês Jean Imbert aconselhava os grandes proprietários rurais a abandonarem as práticas predatórias de tratamento dos cativos, sugerindo políticas que favorecessem os nascimentos e o crescimento da população escravizada. Ele referiu-se às práticas que os senhores deveriam modificar: "As negras que acabam de parir, isto é, que acabam de aumentar o capital de seu senhor, não são sempre tratadas, forçoso é confessá-lo, com as atenções que o seu melindroso estado requer"[5].

---

4 IMBERT, Jean Baptiste Alban. *Manual do fazendeiro ou tratado doméstico sobre a enfermidade dos negros generalizado às necessidades de todas as classes.* Rio de Janeiro: Typographia Nacional, 1839, p. 2.

5 Idem, p. 257.

Sobre o retorno ao trabalho no puerpério, Imbert defendia que "só no décimo dia é que ela poderá fazer exercício"[6]. Para as mulheres escravizadas nas fazendas, o fim do resguardo puerperal significaria a retomada da labuta com dores e cansaço na roça e em outros serviços, incidindo também sobre as práticas de amamentação, o desmame precoce e as formas de alimentação dos bebês.

Entre 1815 e 1822, o botânico e viajante francês Auguste de Saint-Hilaire chamou a atenção para as conexões entre a amamentação e a volta ao trabalho nas plantações de cana de açúcar por parte das mulheres escravizadas, que só poderiam aleitar o filho algumas vezes ao dia: "Logo após os partos essas mulheres eram obrigadas a trabalhar nas plantações de cana, sob o sol abrasador, [...] afastadas de seus filhos durante parte do dia, era-lhes permitido voltar para junto deles, elas levavam-lhes um aleitamento defeituoso; como poderiam as pobres crianças resistir às cruéis misérias com que a avareza dos brancos cercava seus berços?"[7].

Fazendeiros e médicos levantaram suas vozes contra a prática do desmame precoce dos bebês quando suas mães tinham que retomar o trabalho na roça, sugerindo que elas fossem empregadas em outros serviços. Além do trabalho na produção cafeeira, as mulheres atuaram nos serviços domésticos prestados à família senhorial, como cozinheiras, engomadeiras, mucamas, amas de leite e amas secas, na produção e beneficiamento de alimentos,

---

6 Idem, p. 258.

7 SAINT-HILAIRE, Auguste. Viagem pelo Distrito dos Diamantes e Litoral do Brasil. Trad. Leonam de Azevedo Penna. Belo Horizonte/São Paulo: Ed. Itatiaia/Edusp, 1974, p. 201. *apud* MOTT, Maria Lucia B. A criança escrava na literatura de viagens. *Cadernos de Pesquisa*, nº. 31, 1972. p. 60.

responsabilizando-se também pela costura e lavagem de roupas dos senhores e dos numerosos escravizados de suas comunidades[8].

O fazendeiro Paty do Alferes, dono de uma das maiores fortunas em Vassouras, no Vale do Paraíba fluminense, determinava que mulheres nutrizes fossem alocadas no trabalho doméstico, na lavagem de roupas e na escolha do café enquanto amamentassem, pelo prazo ideal de um ano. Ele sugeria que se deixasse a criança desmamada aos cuidados de outra escravizada:

> Não mandeis à roça, por espaço de um ano, a preta que estiver criando; ocupai-a no serviço da casa, como em lavar roupa, escolher café, e outros objetos. Quando ela tiver seu filho criado, irá então, deixando o pequeno entregue a uma outra que deve ser a ama seca de todas as mais crias para lavá-las, mudar-lhe roupa, e dar-lhes comida, que deve ser apropriada à sua idade e forças [9].

Essa, porém, não foi a realidade de muitas mulheres cativas, que não foram poupadas do serviço de roça depois do parto. O francês Charles Ribeyrolles, em suas viagens pelo Vale do Paraíba fluminense por volta de 1858, depois do fim do tráfico, documentou a presença ostensiva de mulheres na colheita do café. Ele aponta para as reelaborações das práticas das mulheres africanas e crioulas, cujos bebês adentravam os cafezais envolvidos em xales amarrados nas costas maternas. Ele referiu-se a duas cativas que "colhiam para seu

---

8 O termo ama de leite refere-se à mulher nutriz, que amamentava a criança branca. Depois do período de aleitamento, as mulheres responsáveis por cuidar das crianças já desmamadas passavam a ser chamadas de ama seca. FERRAZ, Floriza. *Memórias*. Rio Claro: s.ed., 1947, p. 5-6, 12; BARROS, Maria P. *No Tempo de Dantes*. São Paulo: Paz e Terra, 1998, p. 75, 79, 80; ARANHA, Maria Amélia Arruda B. S. *Sombras que renascem. Memórias de família, costumes de uma época (1862-1883)*. s.ed., 1975, p. 30 e 79.

9 WERNECK, Francisco P. L. *Memória sobre a fundação de uma fazenda na província do Rio de Janeiro* (1847), 3ª edição. Rio de Janeiro: Eduardo & Henrique Laemmert, 1878, p. 23-24.

amo e carregavam às costas, envoltos numa manta" dois pequenos bebês adormecidos[10]. Ele afirmava que em outras fazendas, depois do parto, as mulheres teriam melhor alimentação enquanto amamentavam, sendo dispensadas do serviço pesado. Quanto aos bebês, logo que aprendessem a andar, seriam confiados a mulheres cativas mais velhas.

O francês Charles Expilly documentou igualmente a prática das mulheres africanas e descendentes atarem os bebês às costas: "Negras, de braços nus, preparam os fios da palmeira, trazendo algumas delas um filho na cacunda, isto é, às costas"[11]. O recurso aos xales, que liberavam as mãos e braços das mulheres, permitiu aliar amamentação e proximidade de seus filhos sem prejuízo no trabalho[12]. O alemão Carl Schlichthorst indicou, para a cidade do Rio de Janeiro das primeiras décadas do século XIX, que africanas reelaboraram as práticas que lhes permitiram aliar trabalho e amamentação dos filhos: "Nada mais comum do que uma negra que carrega o filho às costas, amamentá-lo, dando-lhe o peito por cima do ombro ou por baixo do braço"[13], sendo possível que elas usassem desse mesmo expediente nas fazendas.

---

10 RIBEYROLLES, Charles. *Brasil Pitoresco*. Trad. Gastão Penalva. São Paulo: Martins Fontes, 1941, vol. 2, p.37 *apud* LEITE, Míriam Moreira (org). *A condição feminina no Rio de Janeiro, século XIX*, op.cit., p.55-56.

11 EXPILLY, Charles. *Mulheres e Costumes do Brasil*, op. cit., p. 176.

12 O etnógrafo europeu Henri Junod, em Moçambique no final do século XIX, indicou que o material utilizado pelas africanas era denominado *ntehe*, feito de pele de animal curtida. Segundo Manuela Carneiro da Cunha, os xales-da-costa, como eram conhecidos os tecidos usados sobre os ombros e para atarem os filhos às costas, eram produzidos nos teares da África ocidental. Os xales constituíam, desde os testamentos dos finais do século XVIII, um dentre os bens mais valiosos das mulheres africanas. CUNHA, Manuela Carneiro. Olhar escravo, Ser olhado. In: AZEVEDO, Paulo Cesar; LISSOVSKY, Maurício (orgs). *Escravos Brasileiros do século XIX na fotografia de Christiano Jr.* São Paulo: Editora Ex Libris, 1988, p. xxvii; JUNOD, Henri. *Usos e Costumes dos Bantu*. Tomo I- vida social. Instituto de Filosofia e Ciências Humanas, Universidade Estadual de Campinas: Campinas, 2009, p. 77.

13 SCHELICHTHORST, Carl. *O Rio de Janeiro como é - 1824-1826*: (Uma vez e nunca mais). Rio de Janeiro: Zelio Valverde, 1943. p. 131.

O médico francês Jean Imbert oferece indícios das disputas de mulheres africanas e descendentes com seus senhores e feitores em vista a praticarem o aleitamento dos bebês e crianças pequenas da forma que julgavam apropriada. O médico aponta para as práticas da amamentação estendida a mais de dois anos, típica do padrão africano, nas grandes propriedades: "Sucede às vezes caírem as negras no excesso contrário, isto é, prolongarem a criação além de dois anos e mais"[14].

Na fazenda em que a francesa Adèle Toussaint-Samson visitou, no início da década de 1850, três dias era o período de resguardo das escravizadas. Diversamente daquelas que foram obrigadas a retornar ao trabalho nos cafezais poucos dias depois do parto, ali as mulheres eram empregadas em serviços domésticos. No entanto, apenas três semanas depois do nascimento de seus bebês, as mães retomavam o trabalho na lavoura e as crianças eram entregues aos cuidados de velhas cativas ou de meninas de seis a sete anos, alimentando-as ao longo do dia com papinhas:

> Parida a negra, dava-se-lhe um pouco de caldo de galinha e arroz durante uma semana; ao fim de três dias, tinha de retomar o serviço na habitação enquanto amamentava o filho e, depois de três semanas, era enviada aos rudes trabalhos de cultura, enquanto seu negrinho era confiado, durante esse tempo, a velhas negras inválidas ou a crianças de seis a sete anos, que

14 IMBERT, op.cit., p. 253. Naturalistas e etnógrafos europeus que estiveram na África Central e Ocidental documentaram a prática comum entre mulheres de diferentes grupos étnicos de estenderem a amamentação a dois ou três anos, ou até que a criança aprendesse a falar e a andar. TELLES, op.cit., p. 291.

> lhe enfiavam por alimento uma espécie de papa feita de amido e água[15].

Heloísa Teixeira, em estudo sobre famílias escravas em Mariana, situada na província de Minas Gerais, encontrou em um inventário de meados de 1850 informações a respeito de duas escravizadas: Catarina, de 20 anos, e Florinda, de 18. Em meio aos trâmites do inventário, Catarina dava à luz Joana. Quando esta era inserida no inventário, era informado que Catarina, asim como Florinda, tivera uma criança que morrera. Heloísa Teixeira sugere que a negligência senhorial com os recém-nascidos teria impedido as mulheres cativas de fazer "vingar suas crias", pois como revela o mesmo inventário, após um mês do nascimento de um dos filhos falecidos de Florinda, esta já havia voltado ao trabalho. O inventário registrava que em 04 de maio Joana nascia e 04 de junho a mãe voltava "a apanhar café"[16].

Visando modificar as práticas dos senhores no contexto posterior ao fim do tráfico transatlântico, o médico Antonio Pinto, em manual publicado em 1859, aconselhava medidas que permitissem às escravizadas amamentarem seus bebês sem sujeitá-los às intempéries do trabalho na roça quando atados às costas:

> darei simplesmente um conselho aos senhores de numerosos escravos sobre a utilidade que lhes provirá de terem casas apropriadas para as negras que amamentarem, e assim também um gênero de serviço

15 TOUSSAINT-SAMSON, Adèle. *Uma parisiense no Brasil*. Trad. Maria Lucia Machado. Rio de Janeiro: Editora Capivara, 2003, p. 124.

16 TEIXEIRA, Heloísa. *Reprodução e famílias escravas em Mariana*. Dissertação (Mestrado em História Econômica) – Universidade de São Paulo. São Paulo, 2001. p. 114.

> acomodado aos seus misteres de amas, sem que se vejam obrigadas a levarem os filhinhos para as roças, expondo-os durante o trabalho aos rigores do tempo; ou então tomem geralmente o expediente de terem barracas amplas para resguardo durante as horas de maior calor, ou de chuva. É esta uma medida que pouco custará a pôr em prática[17].

Já na década de 1870, vinte anos depois de fechados os portos africanos, a fazendeira Floriza Ferraz indicou que na propriedade cafeeira em que viveu, em Rio Claro, no Oeste Paulista, os bebês eram desmamados quando as mães retomavam o trabalho na lavoura. A partir de então, os pequenos seriam alimentados com mingaus e deixados não com crianças e velhas cativas, mas a cargo da senhora até à noite. Os diminutivos empregados pela fazendeira parecem atenuar a situação das crianças destituídas de suas mães, alimentadas numa mesma gamela:

> Ao redor do fogo, sentadinhos no chão, sobre esteira, os crioulinhos esperavam pelo pratinho de mingau, indo depois para a sua senzalinha dormir. As suas refeições, durante o dia, eram na mesma sala, servidas em gamelinhas estreitas e compridas e, ali enfileirados de lado a lado da gamelinha, se serviam, comendo com a pontinha os dedos. Estes eram os crioulinhos desmamados, cujas mães voltavam de novo trabalhar na roça enquanto eles ali cresciam debaixo das vistas e cuidados de minha Mãe[18].

---

17 PINTO, A. *O médico da primeira infância... Op.Cit.*, p. 169.

18 Idem, p. 8.

Nos anos finais da década de 1870 e meados de 1880, viajantes europeias documentaram as políticas dos fazendeiros voltadas à sobrevivência dos ingênuos, como foram chamados os bebês das cativas nascidos depois da Lei do Ventre Livre. Os mais abastados mantiveram as mães cativas empregadas em tarefas sedentárias, cujo exercício permitisse zelar pelo bebê. É o que nos relata a professora alemã Ina Binzer em meados da década de 1880, na fazenda São Francisco, na Província do Rio de Janeiro, descrevendo:

> dez ou doze pretas costurando e tendo cada uma a seu lado um balaio onde se encontra deitada uma criança; é natural que, dessa coleção, ao menos uma esteja chorando. Visto que para esse trabalho de costura são empregadas somente pretas com criancinhas que não podem abandonar, é claro que não faltam os balaios de onde se desprendem choradeiras[19].

Já a inglesa Anna Brassey, em 1878, ao descrever as etapas de beneficiamento do café, referiu-se à triagem dos grãos: "Esta última tarefa não sendo cansativa é confiada a jovens mulheres casadas, em posse de seus bebês"[20]. Se mulheres e homens trabalhavam lado a lado nas lavouras, a divisão do trabalho por gênero delegou às mulheres a costura, a lavagem de roupas, a prestação de serviços pessoais à família senhorial e a amamentação dos bebês das senhoras. A ocupação de ama de leite, comum a todas as sociedades

19 BINZER, I. *Os meus romanos, alegrias e tristezas de uma educadora alemã no Brasil.* Rio de Janeiro: Paz e Terra, 1994. p. 19-21.

20 BINZER, I. *Os meus romanos, alegrias e tristezas de uma educadora alemã no Brasil.* Rio de Janeiro: Paz e Terra, 1994. p. 19-21.

escravistas das Américas, impactou de maneira singular as vivências da maternidade para africanas e crioulas com relação a suas próprias crianças. Vivenciada nos espaços internos das moradias senhoriais, a ocupação de nutriz inseriu mulheres escravizadas num cotidiano tenso envolvendo trabalho supervisionado, restrições à amamentação de seus filhos e a concessão de alguns privilégios, como melhor alimentação, vestuário e a possibilidade longínqua da alforria[21].

Nos cenários rurais em que havia grande número de escravizadas, as mulheres brancas das elites, quando davam à luz, escolhiam como ama de leite uma dentre as parturientes cativas. Segundo o estudo de um médico alemão numa fazenda de Cantagalo, no início da década de 1850, de uma população de 106 mulheres cativas teriam nascido 15 bebês no período de um ano. Destas, alguma teria sido escolhida para adentrar a moradia senhorial, distanciando-se de seus maridos, companheiros, comunidades e, não raro, de seu próprio bebê.

Na grande propriedade cafeeira em São Carlos do Pinhal, no Oeste Paulista, segundo a memorialista Maria Amélia Aranha, as mulheres mais jovens eram escolhidas para amas de leite. Segundo ela, "por bondade, não se separa a mãe do próprio filho", reportando-se a uma viagem feita às fazendas vizinhas, quando se instalavam no trole, espécie de carruagem, a senhora com seu bebê e "a ama de leite e o respectivo negrinho"[22]. Os bebês cativos, quando permaneceram junto às mães, tiveram de disputar, em grande desvantagem, o leite

21 TELLES, Lorena F.S. Ama de leite. In: GOMES, Flávio; SCHWARCZ, Lilia (eds.). *Dicionário da escravidão e da liberdade* - 50 textos críticos. São Paulo: Companhia das Letras, 2018; ________, Teresa Benguela e Felipa Crioula..., *Op.Cit.*, cap. 5.

22 ARANHA, Sombras que renascem...op. cit., p. 60-79, 111.

e a atenção com as crianças brancas, sobretudo quando se fizesse presente a vigilância da família senhorial.

Quando foram coagidas a se ocuparem com quase exclusividade dos bebês senhoriais, essas mulheres amamentavam os seus rápida e furtivamente, segundo um médico, "às carreiras, às ocultas", referindo-se às aflições de quando ouviam seus filhos chorarem sem poder acudi-los[23]. Para que o bebê branco dispusesse da atenção e do suprimento de leite com exclusividade, os bebês negros eram temporariamente apartados das mães. Nas grandes fazendas, um médico indicava, em 1876, que a família senhorial escolhia uma dentre as escravizadas que tivessem dado à luz, considerada mais "sadia" e de "melhor gênio", sendo que seu bebê era "amamentado comumente por outra escrava"[24].

Em obra publicada em 1866, um jurista apontou que mulheres cativas foram obrigadas a amamentarem não apenas os filhos das senhoras, mas ainda seus netos e outros parentes[25]. Naquele mesmo ano, a africana Bernarda, de nação Moçambique, escravizada de uma família proprietária de uma das maiores fortunas do Vale do Paraíba Fluminense, afastava-se de sua comunidade para amamentar a sobrinha de Mariana Avelar, sua senhora. Em uma correspondência enviada pelo irmão à Mariana, entrevemos as angústias de Bernarda: "com gratidão te agradece as constantes e favoráveis notícias que, por meu intermédio, lhe envio de seu

---

23 MOURA, Francisco José Coelho de. *Do aleitamento natural, artificial e misto em geral e em particular do mercenário atentas às condições da cidade do Rio de Janeiro.* Rio de Janeiro: Typographia Carioca, 1874, p. 26-27.

24 *Annaes Brasilienses de Medicina,* Tomo XXVIII, novembro e dezembro de 1876, n. 6 - 7, p. 279.

25 MALHEIRO, Agostinho Marques Perdigão. *A escravidão no Brasil.* Ensaio histórico-jurídico-social. Rio de Janeiro: Typ. Nacional, 1866, p. 127.

filho, ela te agradece muito e muito os cuidados que te merece o seu Feliciano"[26].

Entrevemos os desafios e adversidades enfrentados por mulheres africanas e descendentes em amamentar e dispensar os cuidados que consideravam apropriados a seus bebês, atados às costas ou delas afastados durante o dia, para que trabalhassem nas lavouras e outras ocupações. Na ausência do aleitamento regular ou no caso do desmame completo, como as crianças eram alimentadas?

Desmame, alimentação artificial, morte e sobrevida dos bebês

As dificuldades e restrições à amamentação impostas pelos senhores, visando o aproveitamento das mães como trabalhadoras em diversas funções, impossibilitavam que africanas e descendentes destinassem os cuidados considerados apropriados a seus filhos. Alimentar suas crianças, seja com o peito ou outro alimento, colocou-se como um dos grandes pontos de tensão para essas mulheres. Privados do leite materno, ou mamando poucas vezes ao dia, os bebês cativos estiveram sujeitos ao desmame precoce, sendo alimentados, desde o primeiro mês de vida, com papinhas contaminadas e de difícil digestão: na impossibilidade de aleitar regularmente os bebês, as mães e pessoas por eles responsáveis os

26 Carta de José Maria Velho da Silva para Mariana Velho de Avellar. Corte, 4 de agosto de 1866. Coleção Roberto Meneses de Moraes. Apud MUAZE, Mariana. "Maternidade silenciada: amas de leite no Brasil escravista, século XIX". In: XAVIER, Regina Celia L. & OSÓRIO, Helen. (orgs). *Do tráfico ao pós-abolição*: Trabalho compulsório e livre e a luta por direitos sociais no Brasil. São Leopoldo: Oikos Editora, 2018, ebook, p. 381.

alimentavam com misturas feitas de farinhas, bananas ou leite não esterilizado de animais[27].

Jean Imbert indicou, na década de 1830, as estratégias encontradas pelas mulheres africanas que possivelmente não podiam amamentar com frequência os filhos. Segundo ele, mulheres forneceram, poucos dias depois do nascimento, alimentos tirados da sua própria comida para fortificar os bebês e se esquivarem "em parte às fadigas" da amamentação[28]. O médico interpretava a alimentação precoce ministrada aos recém-nascidos enquanto forma de as mulheres cativas evitarem o cansaço da amamentação. No entanto, considerando-se as práticas culturais africanas que conferiam grande importância à amamentação, essa leitura enviesada do médico certamente ocultou uma estratégia por elas encontrada diante da impossibilidade de aleitar os bebês com frequência, ou visando fortificá-los frente ao desmame que em breve aconteceria. Em 1847, um médico sinalizou para as mesmas estratégias das mães africanas e crioulas quando eram impedidas de amamentá-los, alimentando-os com "toda qualidade de alimento que podem alcançar com o fito de as trazerem bem fartas"[29].

Em 1851, um médico reportou-se à alimentação predominantemente vegetal dos bebês e crianças escravizadas nas fazendas fluminenses, composta de "farinha de mandioca, do feijão, da canjica, da farinha de milho, do arroz e um pouco de carne seca", que constituía "quase exclusivamente a alimentação das crianças escravas, sobretudo nas fazendas do interior"[30]. A privação do leite

27 TELLES, *Teresa Benguela e Felipa Crioula...*, Op.Cit., p. 223.

28 IMBERT, op.cit., p. 253.

29 *Annaes de Medicina Brasiliense*, 2º ano, vol.2, n.9, fevereiro de 1847, p. 195.

30 *Annaes de Medicina Brasiliense*, 6º ano, vol.6, n.8, maio de 1851, p. 181.

materno e a alimentação precoce com papinhas vegetais tiveram consequências nefastas para a saúde das crianças escravizadas. Em 1849, um médico argumentou que, nos cenários rurais do Sudeste, a alimentação na fase do desmame foi a causa da "grande mortalidade dos crioulinhos", provocada pelo "desleixo e abandono dos senhores":

> Bastante incúria reina entre os proprietários na má escolha que fazem dos alimentos no tempo de desmamarem as crias, as quais com os órgãos gástricos ainda muito delicados, e por isso suscetíveis de se irritarem, só acostumados a digerirem o leite, são logo submetidos a uma alimentação grosseira, como seja o feijão, o angu; [...] A esta má escolha de alimentos é que é devida por certo a grande mortalidade dos crioulinhos[31].

Em 1859, no cenário que se desenhava depois do fim do tráfico africano, um médico criticou a pouca quantidade de comida fornecida pelos fazendeiros às crianças. Ele apontou que os bebês das escravizadas domésticas, alimentadas das sobras das mesas senhoriais, tinham maiores chances de sobreviver: "Quem se quiser convencer do que digo acerca da uniformidade da alimentação compare a cria da escrava que no serviço doméstico come das sobras da mesa com as crias das grandes fazendas"[32]. A alta mortalidade que atingia os bebês das cativas em fazendas cafeeiras fluminenses foi documentada por Manolo Florentino e José Góes,

---

31 DUARTE, José Rodrigues de Lima. *Ensaio sobre a hygiene da escravatura no Brasil.* Rio de Janeiro: Typographia Universal de Laemmert, 1849. p. 29.

32 PINTO, *O médico da primeira infância...* Op. Cit., p. 137-138.

que apontaram, a partir de inventários pesquisados entre 1842 e 1852, que dos 128 cativos que morreram naquele período, 54 eram crianças, em sua maioria bebês recém-nascidos[33].

O desmame precoce e a alimentação inadequada, diretamente relacionados ao descaso dos fazendeiros, além do tétano neonatal, conhecido como o "mal dos sete dias", ceifavam a vida dos bebês negros[34]. Nesse cenário hostil, mulheres africanas e crioulas enfrentaram as adversidades de um cotidiano em que se somavam as sobrecargas do trabalho pesado e vigiado, restrições ao aleitamento e aflições com relação ao adoecimento e morte dos filhos. Muitas mulheres procuraram os tratamentos possíveis para o restabelecimento da saúde de suas filhas e filhos pequenos, primeiramente nas fazendas cafeeiras e em meio a suas comunidades. Registros médicos nos aproximam dos padecimentos das crianças e das lutas travadas pelas mães diante da avareza dos fazendeiros, que consentiam que elas levassem suas crianças enfermas, em estado grave, aos médicos na cidade do Rio de Janeiro.

Em janeiro de 1864, uma mulher cativa acompanhava seu bebê enfermo, de um ano e meio, ao consultório do médico oculista Gama Lobo, no Rio de Janeiro. A criança apresentava, além de problemas nos olhos, "constituição fraca", "em tal grau de magreza que as costelas podiam ser contadas". A cativa, mãe de seis filhos "criados e de saúde", perdia seu bebê, que faleceria 40 dias depois de ter sido internado na clínica[35].

---

33 DUARTE, José Rodrigues de Lima. *Ensaio sobre a hygiene da escravatura no Brasil.* Rio de Janeiro: Typographia Universal de Laemmert, 1849. p. 180.

34 O tétano neonatal seria provocado por uma infecção bacteriana relacionada ao corte do cordão umbilical com instrumentos não esterilizados ou substâncias contaminadas. Portal digital do Ministério da Saúde, disponível em: <http://portalms.saude.gov.br/saude-de-a-z/tetano-neonatal>. Acesso: outubro de 2018.

35 *Annaes Brasilienses de Medicina,* Tomo XVII, n.1, junho de 1865, p. 19-20.

Naquele mesmo ano, outra mulher escravizada partiu de uma fazenda com João, de um ano e quatro meses, rumo ao consultório do oculista. A mulher descreveu ao médico a marcha da doença: "havia um mês que ela notara que o seu filho mal podia abrir os olhos; e foi desse tempo em diante que ele começou a perder o apetite". Gama Lobo diagnosticou sintomas de diarreia e problemas nos pulmões, indicando conhecer quatro crianças que faleceram dessa mesma enfermidade, todas cativas, de um a sete anos. A mãe retornava à fazenda e perdia o filho 15 dias depois. O médico aventou como razão para a morte dessas crianças a desnutrição causada por um só alimento e este mesmo em quantidade insuficiente, referindo-se à negligência e descaso dos senhores: "é devido à ignorância o acreditarem que os escravos são feitos de uma outra natureza e que podem passar sem uma alimentação suficiente"[36].

Em 1869, uma mulher escravizada partiu da fazenda junto a sua filha de quatro anos, que sofria de um grave problema nos olhos. Elas eram recebidas por um médico em seu consultório: "As únicas circunstâncias comemorativas que obtive da mãe da paciente foram: que sua moléstia ocular datava de alguns meses, e que antes de manifestar-se qualquer coisa nos olhos, já a paciente não via depois do sol posto, nem mesmo para orientar-se". A mãe reportava-se à doença ocular que acometia outras crianças pequenas nas fazendas, levando quase todas à morte. O médico compunha a imagem de uma criança muito enferma, que não conseguia enxergar:

> A doentinha, na ocasião em que a vi pela primeira vez, tinha uma aparência de completa indiferença a tudo

36 Ibidem, p. 23.

> quanto a cercava e passava-se em torno de si; [...] tinha a pele, sobretudo a dos membros, seca, árida mesmo, pouco sensível, de aspecto luzidio e escamoso, cortada em diferentes direções por numerosos sulcos finos [...] Não era, porém, este estado, aliás grave, que trouxera essa mísera criança ao hospital; trouxe-a ao hospital uma moléstia ocular de que, no dizer de sua mãe, sofreram algumas outras crias da fazenda, falecendo quase todas, - depois de perdidos os olhos[37].

As crianças foram acometidas, segundo o médico, de hemeralopia, cegueira noturna causada por deficiências nutricionais. Dia seguinte, mãe e filha retornavam ao consultório, porém "o estado dos olhos indicava que a moléstia marchava a passos largos para uma terminação fatal". A menina faleceu pouco tempo depois, internada na clínica[38]. Nas décadas finais do século, os médicos continuaram aventando como a principal causa da morte dos bebês e crianças pequenas cativas o tétano neonatal, o desmame precoce e a alimentação escassa e inadequada. Na década de 1880, um médico indicou como razões para as mortes das crianças de até um ano de idade as enfermidades do aparelho digestivo, sendo "*nos filhos das classes pobres e das escravas que a mortalidade predomina*"[39].

Assim, aliar demandas de trabalho que envolveram proximidade com seus bebês atados às costas e possibilidades de amamentá-los ao longo do dia, ou defrontar-se com as separações temporárias que impediam que elas dispensassem aos bebês

---

37 *Gazeta Medica Brazileira* - Revista Quinzenal de Medicina, Cirurgia e Pharmacologia. Tomo I, Ano I, 1882, p. 14.

38 Idem, p.16.

39 CASTRO, Francisco de Paula. *Da alimentação nas primeiras idades*. Rio de Janeiro: Typ. De J. D. de Oliveira, 1883. p. 6-7

os cuidados considerados apropriados, apresentaram-se como circunstâncias a serem cotidianamente enfrentadas por mulheres africanas e descendentes nas fazendas cafeeiras em diferentes conjunturas. As fontes não nos esclarecem como as mulheres africanas e descendentes conceberam as restrições senhoriais à amamentação e aos cuidados que julgavam apropriados a seus bebês e crianças, e como lidaram com as enfermidades, o sofrimento e os lutos com a morte de seus filhos.

Alguns médicos eximiram os senhores das responsabilidades sobre as más condições propiciadas às mães por suas demandas de trabalho. Divulgaram ideias racializadas de que as filhas e filhos negros das escravizadas eram "robustos e fortemente constituídos para facilmente suportar todas as privações e falta de cuidados"[40], ocultando o descaso e a negligência senhoriais.

Maria Paes de Barros documentou em suas memórias um diálogo que teria ocorrido numa cozinha em meados de 1850 entre sua mãe, rica cafeicultora na região de Piracicaba, Oeste Paulista, e Lucinda, uma das escravizadas responsáveis pela comida dos cativos. As palavras da mulher de elite expõem a ideologia senhorial da mãe escrava negligente, culpando Lucinda pela morte do próprio filho por não o ter criado "direito". Lucinda esquivava-se da acusação da senhora, que reputava injustamente a causa da morte de seu filho a seu descaso. Ao contrário do filho perdido, que ela descrevia como "doentio", aquele sob seus cuidados já nascia "sacudido"[41]:

40 MILWARD, Cornélio Emílio das Neves. *Do aleitamento natural, artificial e misto em geral e particularmente do mercenário em relação às condições em que ele se acha no Rio de Janeiro*. Rio de Janeiro: Tipografia do Apostolo, 1873, p. 26.

41 BARROS, Maria, *No tempo de dantes...*, Op. Cit., p. 75.

No chão, sobre uma esteira, apesar das moscas que esvoaçavam ao redor, dormia a sono solto uma criança de poucos meses, roliça e satisfeita, coberta apenas por um pedaço de velha baeta vermelha.

– É seu filho, Lucinda? – perguntou a senhora à cozinheira.

– Veja se cria este direito e não deixa morrer, como o outro.

– O outro era mesmo doentio – volveu a preta, para se desculpar. Este já nasceu sacudido.

Comentários bibliográficos

A seguir, serão sugeridos alguns livros, artigos, teses e filmes que podem contribuir para a ampliação da compreensão do tema da maternidade entre as mulheres africanas e descendentes no Brasil escravista. As obras podem ser úteis para a elaboração de outras atividades, seja a partir dos debates que suscitam, de trechos dos textos historiográficos para serem analisados e comparados pelos alunos ou dos documentos históricos transcritos nos textos.

TELLES, Lorena F. S. *Teresa Benguela e Felipa Crioula estavam grávidas*: maternidade e escravidão no Rio de Janeiro. Tese (Doutorado em História Social) – Faculdade de Filosofia, Letras e Ciências Humanas, Universidade de São Paulo, São Paulo, 2018. Disponível online.

Neste trabalho foram abordadas as experiências, trajetórias de vida e desafios enfrentados por mulheres africanas e descendentes que foram mães nos diferentes contextos da escravidão na cidade do Rio de Janeiro durante o Império. As experiências de mulheres africanas e crioulas escravizadas nas fazendas cafeeiras foram abordadas nos capítulos acerca da gravidez (p.82-89) e dos partos (p. 148-151). A tese analisa também, no capítulo 2, as uniões afetivas e as violências sexuais vivenciadas por meninas e mulheres escravizadas; as demandas de trabalho e as torturas físicas sofridas pelas mulheres durante a gravidez. O capítulo 3 aborda os nascimentos sob a assistência de parteiras africanas, europeias e descendentes.

O capítulo 4 focaliza a atuação dos médicos nos partos das cativas nas casas senhoriais, bem como as formas de violência obstétrica e os impactos das teorias raciais sobre mulheres negras cativas quando deram à luz nos hospitais, sob a atuação invasiva de estudantes de medicina e professores. O capítulo 5 abrange a ocupação de ama de leite e seus impactos com relação à sobrevivência de seus próprios bebês. O capítulo 6 aponta a alta mortalidade dos bebês e crianças cativas e as formas de amamentação, desmame e socialização de crianças crioulas no mundo urbano. A tese é rica em transcrições de anúncios de aluguel, venda e fuga de mulheres grávidas e com filhos pequenos, trechos de processos criminais envolvendo mulheres e crianças, casos clínicos, literatura de viajantes e outras fontes que podem ser utilizadas como material didático em sala de aula e em avaliações.

GOMES, Flávio; SCHWARCZ, Lilia (eds.). *Dicionário da escravidão e da liberdade:* 50 textos críticos. São Paulo: Companhia das Letras, 2018.

Este dicionário temático apresenta cinquenta ensaios concisos acerca dos estudos mais recentes sobre escravidão e emancipação no Brasil. Os verbetes "africanos centrais" e "café e escravidão" podem constituir um interessante subsídio para a abordagem das fazendas de café no período imperial. Os verbetes "ama de leite" e "mulher, corpo e maternidade" abordam as especificidades da ocupação de ama de leite no Brasil escravista, nas fazendas e cidades coloniais e imperiais, e os significados da maternidade e da constituição de famílias para as mulheres africanas e descendentes no Brasil escravista. Já o verbete "crianças escravas/lei do ventre livre" aproxima o leitor das principais linhas de pesquisa com relação ao trabalho e ao cotidiano de crianças escravizadas, e os desdobramentos da lei do Ventre Livre para mães e crianças libertas. A obra como um todo constitui um subsídio para iniciar ou aprofundar os docentes nas discussões sobre essas amplas temáticas, podendo ser utilizada também como recurso didático para alunos do Ensino Médio.

MOTT, Maria Lúcia. A criança escrava na literatura de viagens. *Cad. de Pesquisa,* vol. 31, p. 57-68, 1979. Disponível online.

Neste artigo, a autora apresenta a contribuição da literatura de viajantes para o estudo das crianças cativas, mas também das relações com suas mães africanas e crioulas na cidade do Rio de Janeiro e nas fazendas do sudeste cafeeiro na primeira metade do século XIX. A autora cita diversas passagens extraídas das obras de viajantes europeus sobre os temas das crianças escravizadas, da amamentação nas fazendas e da formação de famílias, propondo, ao final, diretrizes metodológicas para o tratamento desse conjunto documental.

MACHADO, Maria Helena P.T. Entre Dois Beneditos: Histórias de amas de leite no Ocaso da Escravidão. In: XAVIER, Giovana; FARIAS, Juliana Barreto de; GOMES, Flávio (Org.).

Mulheres Negras no Brasil Escravista e do Pós-Emancipação. São Paulo: Summus/Selo Negro, 2012.

Neste estudo a historiadora Maria Helena Machado reconstituiu as tensões e conflitos que permearam as relações cotidianas entre ama de leite, senhores e locatários. Em 1886, dois anos antes da Abolição da escravidão, Ambrosina, alugada como ama de leite, era acusada de assassinar por sufocação Benedito, bebê da família locatária, de dois meses de vida, na cidade paulista de Taubaté. Da análise do processo criminal, emerge o drama que envolvia Ambrosina – descrita como má e insensível, desempenhando a função de ama de leite contrariada e com muita má vontade – e as tensões domésticas provocadas pela presença de seu filho, também chamado Benedito, que não poderia ser amamentado durante o dia.

Filme

12 anos de Escravidão (2013). O longa metragem é baseado nas memórias de Solomon Northup, publicadas em 1853, tratando-se de um homem negro livre e instruído que foi sequestrado, vendido como cativo e separado de sua esposa e filhos em 1841. Northup enfrentou 12 anos em cativeiro, sobrevivendo a diversas formas de violência. No filme são abordadas situações de opressão vivenciadas pelas mulheres escravizadas, como a violência sexual, o trabalho pesado, torturas físicas e a separação de mães e filhos pela venda. Patsey, interpretada por Lupita Nyong'o (Oscar de melhor atriz coadjuvante), surge como vítima de diversas formas de opressão e violência, como estupros e torturas físicas por parte de seu senhor e de sua esposa enciumada.[42]

---

42 A resenha de autoria da historiadora Ana Lúcia Araújo pode auxiliar na análise deste filme como fonte

Atividade pedagógica

A atividade proposta tem por objetivo desenvolver a prática da pesquisa documental e os métodos do historiador – como interpretação de fontes históricas e elaboração de argumentos fundamentados –, conduzindo os estudantes à construção de aprendizagens significativas acerca da sociedade escravista no Brasil imperial e das experiências históricas de mulheres africanas e descendentes nos cenários das fazendas cafeeiras. Do ponto de vista formativo, a atividade tem por objetivo visibilizar o protagonismo de mulheres africanas e descendentes na História do Brasil e fomentar, através dos debates e questões propostas, valores positivos para as identidades de meninas e jovens negras afrodescendentes. Para a/os jovens branca/os, a sequência didática visa promover atitudes antirracistas de empatia e respeito com relação às populações afrodescendentes do passado e do presente, reconhecendo-as como sujeitos históricos dotados de protagonismo, em particular as mulheres negras.

A partir da análise de fotografias ambientadas em fazendas cafeeiras e de trechos de documentos escritos, a metodologia proposta privilegia a aprendizagem experimental construída individual e coletivamente a partir da exploração dos documentos e questões mediadoras[43]. Uma abordagem prévia do processo de

---

para as representações da violência da escravidão. Informações sobre a linguagem cinematográfica, orientações metodológicas e sugestões de filmes por tema histórico podem ser encontrados na obra de NAPOLITANO, Marcos. *Como Usar o Cinema na Sala de Aula*. São Paulo: Contexto, 2009. ARAUJO, Ana Lucia. Doze anos de escravidão e o problema da representação das atrocidades humanas. Afro-Ásia, Salvador, n. 50, jul./dez. 2014. Ambos os textos estão disponíveis online.

43 Sobre os usos didáticos de documentos históricos em sala de aula, conferir BITTENCOURT, Circe. *Ensino de História:* fundamentos e métodos. 5ª ed. São Paulo: Cortez, 2018, capítulos 2 e 3; GUIMARÃES, Selva. *Didática e prática de ensino de História*. 13ª edição revista e ampliada. Campinas/ São Paulo: Papirus editora, 2012, capítulo 5.

expansão cafeeira no Sudeste brasileiro e do fim do tráfico africano com a lei Euzébio de Queiroz, de 1850, poderia assegurar um maior aproveitamento da sequência didática, que poderá ser desenvolvida, a título de sugestão, em duas ou três aulas:

1ª aula - A/o professor/a pode iniciar a atividade organizando os alunos em grupos de quatro a cinco integrantes. Com base na metodologia da aula dialogada, é interessante expor aos alunos fotografias contemporâneas de fazendas de café no Oeste Paulista e no Vale do Paraíba através de retroprojetor ou de uma pesquisa realizada na internet, seja nos celulares dos alunos ou em computadores, se disponíveis[44].

A partir de perguntas e da observação das fotografias, os alunos podem ser motivados a imaginar e refletir sobre o cotidiano das escravizadas e escravizados nas fazendas cafeeiras: onde estariam as moradias senhoriais, os terreiros, as senzalas, as plantações? As fazendas datam de qual período? Como teria sido o modo de vida de senhores e escravizados? Quais as origens e características das pessoas escravizadas nas fazendas daquele período? Como nasciam e cresciam as crianças escravizadas nas fazendas, como eram cuidadas e socializadas?

Ao ler e discutir as questões com os alunos, a/o professor/a pode pontuar a grande presença de mulheres e homens centro-africanos nas décadas de 1830, 1840 e 1850, e a população de descendentes crioulos nas décadas finais do século. Enquanto os

44 Pode-se encontrar imagens contemporâneas das fazendas que compõem circuitos de visitas turísticas, como a fazenda Resgate, em Bananal, a Fazenda Morro Azul, em Limeira, a Fazenda Vargem Grande, em Areias, e a Fazenda Lageado, em Botucatu. Cf. https://www.saopaulo.sp.gov.br/spnoticias/quer-passear-pelo-interior-conheca-o-circuito-de-fazendas-historicas/. Acesso em 17/02/2021.

alunos discutem e anotam no caderno, a/o professor/a pode passar entre os grupos, motivando-os e estimulando-os em suas reflexões. O momento final consiste na socialização das respostas.

2ª aula. Neste momento, os alunos trabalharão com fotografias antigas e trechos de documentos históricos com a finalidade de que compreendam os vestígios do passado como evidência, ou seja, algo de onde pode-se retirar respostas a questões. Seria interessante preparar esta atividade e distribuí-la no formato de fotocópias ou documentos word/pdf, a depender dos recursos disponíveis na escola.

A/o professora/a pode realizar uma breve introdução ao uso da fotografia como documento histórico, ressaltando aos jovens a importância da abordagem das imagens não como ilustração de uma realidade, mas como um objeto da cultura material produzido pelo fotógrafo em determinado contexto e que pode fornecer indícios sobre a vida material e o cotidiano das mulheres, homens e crianças escravizados[45]. A primeira imagem a ser trabalhada é de autoria do suíço Georges Leuzinger, registrada em uma fazenda em Jacarepaguá, no Rio de Janeiro, em 1865:

45 Circe Bittencourt oferece um breve retrospecto a respeito do surgimento da fotografia no século XIX, propondo diferentes atividades com fotografias e outros documentos históricos. Cf. BITTENCOURT, *Op.Cit.*, p. 290-296.

Documento 1

Fazenda Quititi, c. 1865. (Georges Leuzinger/Acervo Instituto Moreira Salles). Disponível em http://brasilianafotografica.bn.br/brasiliana/handle/20.500.12156.1/1753

Pode-se propor aos alunos questões que lhes orientem o olhar aos diferentes planos da imagem: qual o local e período da fotografia? Quem são e como estão representados os sujeitos? Descreva em detalhes suas roupas, cor da pele, gestos, posturas e objetos. O que seria a construção ao fundo?[46] Por fim, pode-se elaborar uma questão de síntese sobre o documento, solicitando que eles descrevam as características do cotidiano e da sociedade nessa fazenda na década de 1860, amparando suas afirmações em indícios fornecidos pela fotografia.

---

46 Os vidros das janelas quebradas e as grades são indícios de que não se trata da moradia senhorial. Um vídeo disponível no site do Instituto Histórico e Geografico Itaborahyense registrou uma visita à fazenda Quititi, indicando tratar-se do celeiro. O site também apresenta imagens contemporâneas da fazenda. Ver http://www.ihgi.org/446568742. Acesso em: janeiro de 2021.

Um segundo momento consiste na socialização das respostas dos grupos. Aqui, seria interessante que a/o professor/a atentasse para a mulher cativa que tem seu filho atado às costas, incitando a imaginação dos alunos: onde estariam as mães das crianças maiores que estão sentadas no terreiro? Quem seria a mãe do menino louro, bem vestido, sobre seu velocípede? Quem é a mulher ao lado dele? Pode-se formular uma questão comparativa sobre como eram criadas as crianças senhoriais e as escravizadas.

Outra questão que pode ser proposta relaciona-se aos possíveis sentimentos e pensamentos das crianças crioulas, suas visões de mundo, caso aquela mulher que cuida da criança branca fosse a mãe de uma delas. Perguntas podem incitar a imaginação dos alunos sobre o que conversariam aquelas crianças e qual a língua por elas falada caso suas mães e pais fossem africanos. Apesar de serem perguntas que as imagens não podem responder, suscitar essa reflexão pode ser muito importante para individualizar e humanizar as pessoas escravizadas, a fim de não as reduzir às más condições materiais de vida e à escravidão.

As próximas imagens a serem analisadas são de autoria de Marc Ferrez. Intitulada *Partida para colheita do café*, ambientada em uma fazenda no Vale do Paraíba por volta de 1885, consta abaixo a fotografia original e, ao lado, um detalhe ampliado à esquerda da imagem.

Documento 2

Partida para colheita do café, Vale do Paraíba. Marc Ferrez, c. 1885. Coleção Gilberto Ferrez / Acervo Instituto Moreira Salles. Disponível em Brasiliana Fotográfica Digital - <http://brasilianafotografica.bn.br/brasiliana/handle/20.500.12156.1/1753>

Questões podem ser dirigidas ao conteúdo da imagem, em seus diferentes planos, a serem respondidas no caderno: o que seria a construção ao fundo? Quem são as pessoas registradas na imagem? Quem seriam as pessoas sobre a carroça? Como as alunas e alunos chegaram a essas conclusões? Quais são os objetos presentes na imagem e o que eles indicam? De modo semelhante, seria interessante propor, com relação ao detalhe ampliado da imagem, questões sobre a caracterização das pessoas (idade, gênero, posturas, gestos espontâneos, expressão do rosto) e uma descrição das ferramentas de trabalho.

Em seguida, pode-se focar em alguns sujeitos: por exemplo, à esquerda da imagem, como estão posicionadas as crianças? O que poderia indicar o gesto de apoio das mãozinhas das crianças maiores nos ombros das menores? Ao centro da imagem vemos uma mãe com seu bebê ao colo, para quem ela dirige o olhar; ao mesmo tempo, ela segura uma peneira, instrumento de trabalho utilizado na colheita do café. O que esses indícios apontam com relação à maternidade e aos cuidados dos bebês e crianças? Por fim, pode-se sugerir que realizem uma síntese sobre o cotidiano das crianças e das mulheres nas fazendas de café a partir das informações e indícios coletados nas questões anteriores.

3ª aula. Nesta sequência, serão propostos às alunas e alunos dois documentos escritos para análise. A/o professor/a pode ler em voz alta os textos, tirando dúvidas com relação ao vocabulário. O primeiro foi extraído da obra de Adèle Toussaint-Samson, uma francesa que esteve no Brasil na década de 1850:

Documento 3: "Parida a negra, dava-se-lhe um pouco de caldo de galinha e arroz durante uma semana; ao fim de três dias, tinha de retomar o serviço na habitação enquanto amamentava o filho e, depois de três semanas, era enviada aos rudes trabalhos de cultura, enquanto seu negrinho era confiado, durante esse tempo, a velhas negras inválidas ou a crianças de seis a sete anos, que lhe enfiavam por alimento uma espécie de papa feita de amido e água"[47].

Com base nas informações do texto, podem ser elaboradas perguntas sobre o documento: Quem é a autora do documento e qual a data de publicação? Quantos dias de descanso a mulher escravizada tinha depois de dar à luz? Por quanto tempo a criança era amamentada por sua mãe? Quem se encarregava de cuidar dos bebês quando as mães retornavam ao trabalho naquela fazenda? Em seguida, pode-se passar ao próximo documento, que consiste

47 TOUSSAINT-SAMSON, Adèle. *Uma parisiense no Brasil.* Trad. Maria Lucia Machado. Rio de Janeiro: Editora Capivara, 2003, p. 124.

no trecho de um texto escrito por um médico em um manual publicado em 1859:

Documento 4 - "darei simplesmente um conselho aos senhores de numerosos escravos sobre a utilidade que lhes provirá de terem casas apropriadas para as negras que amamentarem, e assim também um gênero de serviço acomodado aos seus misteres de amas, sem que se vejam obrigadas a levarem os filhinhos para as roças, expondo-os durante o trabalho aos rigores do tempo; ou então tomem geralmente o expediente de terem barracas amplas para resguardo durante as horas de maior calor, ou de chuva. É esta uma medida que pouco custará a pôr em prática"[48].

A(o) professor(a) poderia contextualizar o documento, publicado nove anos após o fim do tráfico africano, oferecendo aos alunos algumas questões a serem discutidas em grupo e respondidas individualmente no caderno: o que o médico aconselhava aos fazendeiros com relação ao trabalho das mães e à amamentação dos bebês? Quais as mudanças sugeridas pelo médico com relação ao trabalho e às formas com que os fazendeiros costumavam tratar as mães e os bebês? Quais os objetivos do médico ao aconselhar mudanças com relação à amamentação, ao trabalho das mães e aos cuidados com os bebês naquele momento?

Depois de debater e complementar as respostas dos alunos, pode-se sugerir a elaboração de um texto de síntese, possivelmente para avaliação, sobre o cotidiano de trabalho das mulheres e as formas de cuidado das crianças e bebês nas fazendas de café a partir dos indícios obtidos com a análise dos quatro documentos.

---

48 PINTO, Antonio Ferreira. *O médico da primeira infância ou o conselheiro da mulher gravida e higiene da primeira infância*. Rio de Janeiro: Typographia Nacional, 1859, p. 169.

A depender do programa da(o) professor(a) e das aulas disponíveis, pode-se trabalhar com todos os documentos, sendo possível operar uma seleção entre as imagens e os textos escritos. Pode ser interessante, como conclusão, a abertura de uma roda de conversa sobre as condições de vida, trabalho e maternidade vividas por mulheres negras em sua cidade ou bairro, salientando-se os problemas, injustiças e desigualdades, e buscando soluções para elas.

Maternidade, escravidão e os desafios da Lei do Ventre Livre

Lenira Lima da Costa

Em 11 de abril de 1890, Gertrudes Rosária Maria da Conceição, de 21 anos, foi recolhida à Casa de Detenção do Recife por ordem do subdelegado desta capital, presa pelo crime de rapto de criança[1]. Mas quem seria a criança raptada por Gertrudes? Segundo seu depoimento, ela teria embarcado para o Pará havia alguns anos, deixando sua filha Olindina, muito novinha, na casa de uma família residente no Recife. De volta à cidade, pretendia reunir-se com a filha antes de embarcar para o Ceará e teria delegado a uma conhecida chamada Maria de França a missão de trazer a criança para o local onde estava hospedada, pois tinha "precisão" de ir até a localidade de Beberibe. Depois de tanto tempo sem ver sua filha, não seria mais importante ela mesma ir buscá-la na casa de dona Elysa Siqueira Cavalcante, onde havia deixado anos atrás?

No dia 12 de abril o advogado de Gertrudes, Dr. João Batista

1 Memorial da Justiça de Pernambuco. Dossiê-processo 1890.04.05 - O Juízo contra Gertrudes Rosaria Maria da Conceição. Disponível em: <https://atom.tjpe.jus.br/index.php/o-juizo-contra-gertrudes-rosaria-maria-da-conceicao-liberta>. Acesso em: 07 jan. 2021.

de Medeiros, entrou com o pedido de *habeas corpus*, pois ela estaria "ilegal e arbitrariamente presa". Sua prisão não tinha sentido já que ela não sabia que estava cometendo um crime, pois ouvira de Maria de França que dona Elysa não lhe entregaria a menina "por tê-la criado como filha" e por isso teria tomado a decisão de mandar buscá-la.

Maria de França e Gertrudes tinham se conhecido havia dois anos no Pará e deviam ter criado laços de solidariedade ao ponto de ela pedir a sua nova conhecida que cuidasse de Olindina enquanto não retornasse ao Recife. Seu retorno ocorreu no dia 04 de abril daquele ano. Esse relacionamento parecia ser sólido o suficiente para Gertrudes incumbir Maria de trazer a menina para sua companhia independente da vontade de dona Elysa, o que teria resultado no rapto de outra criança.

Como defesa da sua cliente, o curador alegou que a prisão de Gertrudes estava sendo influenciada por uma onda de boatos de rapto de crianças criado pelo jornal *A Gazeta da Tarde*. É de se imaginar o alvoroço que tal assunto deve ter causado na população. De fato, encontramos no *Jornal Diario de Pernambuco*, de 29 de maio de 1889, uma nota criticando "A Gazeta" sobre os referidos boatos de roubo de crianças. O Diario afirmava que, se houvesse algum caso, poderia até ter sido um "simulacro d'isso a fim de garantir o êxito das suas especulações desarrazoadas"[2]. O periódico difamador também teria divulgado acusações infundadas contra o dono de um circo

2 *Diario de Pernambuco*, 29 de maio de 1889. Todos os jornais consultados fazem parte do acerto da Hemeroteca digital da Fundação Biblioteca Nacional. Disponível em: <http://bndigital.bn.gov.br/hemeroteca-digital>.

chileno que se apresentava na cidade, acusando-o de sequestrar crianças para trabalharem no circo[3].

Gertrudes, por sua vez, apenas queria de volta sua filha e para isso contava com o apoio de diversas pessoas. Na sua rede de conhecimentos estavam José Antônio Gonçalves da Rocha[4], na casa de quem pernoitava enquanto estava fora de Pernambuco e que a esperava no Ceará. Era ele quem lhe garantiria dinheiro caso não lhe entregassem a menina, bastando para isso que Gertrudes falasse com algumas pessoas da confiança dele, e cuja prima a recebeu em sua casa no bairro do Recife. Não podemos esquecer da própria Maria de França, encarregada de cuidar e de trazer Olindina para ela, e de uma tal de Margarida Adriana da Conceição, na casa de quem estava hospedada em Beberibe. No entanto, Maria de França parecia não ter cumprido nenhuma das promessas feitas. Provavelmente nem sabia o paradeiro de Olindina e trouxera outra criança achando que, devido ao tempo, Gertrudes talvez nem reconhecesse sua filha, pois a tinha deixado com "tenra edade".

No dia 30 de maio do mesmo ano, finalmente foi concedida a ordem de *habeas corpus* em favor de Gertrudes. Não sabemos se ela conseguiu sequer encontrar a filha ou embarcar para o Ceará, onde encontraria José Antônio. Apenas sabemos que essa mãe empreendeu todos os recursos possíveis como lavadeira e engomadeira para ter uma vida melhor e poder reencontrar a filha.

---

3 *Diario de Pernambuco*, 30 de maio de 1889.

4 No dia 15 de março de 1881 aparece no *Diario de Pernambuco* um José Antônio Gonçalves da Rocha como caixeiro, não sabemos se seria o mesmo citado por Gertrudes no depoimento, mas encontramos o mesmo nome no jornal *A Voz dos Caixeiros*, do Pará, em 23 de fevereiro de 1890, referindo-se ao estabelecimento comercial onde trabalhava. No jornal *O Pará* do dia 30 de abril de 1898, descobrimos que ele é pernambucano e seria um dos fundadores da Associação Beneficente Pernambucana localizada no Pará.

Sua relação com José Antônio também é um mistério, poderiam ter um relacionamento amoroso ou ele era apenas alguém disposto a ajudar aquela mãe? Ela dormia na casa de José Antônio e ele lhe oferecia todo apoio, desde dinheiro até os favores de seus parentes e amigos, para que ela tivesse sucesso em seu reencontro com a filha e pudesse retornar para a vida que deixara longe de Pernambuco.

Por que a história de Gertrudes está presente nestas páginas que se propõem a falar sobre maternidade e escravidão se o processo ocorreu em 1890, quase dois anos depois da abolição da escravatura no Brasil? Quando perguntada de sua nacionalidade, Gertrudes respondeu que era brasileira, mas logo depois descobrimos que ela nascera na Costa da África e havia chegado ao Brasil com pouco tempo de vida. Sendo africana e entrando no país após a extinção do tráfico, pode não ter vivenciado o status de cativa, mas provavelmente sofreu o estigma da escravidão, experimentou a sutil transição do trabalho escravo para o livre e a oposição dos senhores em perder os últimos vínculos com o sistema escravista.

Sem saber ler ou escrever, coube a essa, como a tantas outras mulheres, o serviço doméstico. E não sabemos se por fuga ou por não ter como embarcar com a filha muito pequena, precisou usar seus conhecimentos para deixar a criança com alguém que conhecia e que tinha condições de cuidar dela. Segundo Marina Camilo Haack, a abolição fortaleceu as malhas de ajuda e solidariedade que já haviam sido firmadas no cativeiro[5]. Com Gertrudes não

5 HAACK, Marina Camilo. Maternidade e escravidão: disputas, agências e experiências. In: SIMPÓSIO NACIONAL DE HISTÓRIA-HISTÓRIA E O FUTURO DA EDUCAÇÃO NO BRASIL, 30, 2019b, Recife, *Anais*... Recife: Associação Nacional de História ANPUH – Brasil, 2019. Disponível em: < https://www.snh2019.anpuh.org/resources/anais/8/1565712073_ARQUIVO_ANPUH_MarinaCamiloHaa ck.pdf>. Acesso em: 19 nov. 2021.

deve ter sido diferente. Ela entrou no Brasil após o fim do tráfico legal, momento em que a viabilidade da escravidão estaria no corpo das escravizadas[6] e sem que ocorressem grandes mudanças no tratamento dado às grávidas, fossem elas cativas ou libertas, e aos seus filhos.

A aprovação da Lei 2040 em 28 de setembro de 1870, mais conhecida por Lei do Ventre Livre por libertar as crianças que nascessem a partir da data da lei, poderia ter trazido mais alento às lutas diárias para manter as famílias longe do cativeiro. No entanto, a criança permaneceria com o senhor de sua mãe até a idade de 8 anos, quando ele poderia entregá-la ao governo ou optar por usar seus serviços até os 21 anos[7]. Mas a lei também previa que, se a mulher escrava obtivesse a liberdade, seus filhos ingênuos, menores de 8 anos, poderiam lhe acompanhar se assim ela desejasse[8]. Era mais um dilema a ser vivenciado pelas famílias escravizadas. A criança não herdaria a escravidão no ventre, mas legalmente ela também não era livre[9].

Para entendermos um pouco a maternidade vivenciada numa sociedade com relações econômicas, sociais e culturais tão

---

6 TELLES. Lorena Féres da Silva. *Teresa Benguela e Felipa Crioula estavam grávidas*: maternidade e escravidão no Rio de Janeiro (século XIX). 2018. 345f. Tese (Doutorado em História) – Faculdade de Filosofia, Letras e Ciências Humanas, Universidade de São Paulo., São Paulo, 2018.

7 Sobre as discussões para a aprovação da Lei do Ventre Livre ver a dissertação de mestrado de COSTA, Lenira Lima da. *A Lei do Ventre Livre e os caminhos da liberdade em Pernambuco*, 1871-1888. 2007. 152f. Dissertação (Mestrado em História) - Centro de Filosofia e Ciências Humanas, Universidade Federal de Pernambuco, Recife.

8 BRASIL. *Lei 2040, de 28 de setembro de 1871*. Declara de condição livre os filhos de mulher escrava que nascerem desde a data desta lei, libertos os escravos da Nação e outros, e providencia sobre a criação e tratamento daquelles filhos menores e sobre a libertação annual de escravos. Rio de Janeiro, 1871. Disponível em: <http://legis.senado.leg.br/norma/543813/publicacao/15631093>. Acesso em: 02 mar. 2021. SANTOS, Lucimar Felisberto dos. Páginas da vida: experiências maternais de mães negras no antes e no pós Lei do Ventre Livre. Rio de Janeiro, 1869-1888. Disponível em: <http://www.escravidaoeliberdade.com.br/site/images/8encontro/Textos8/lucimarfelisbertodossantos.pdf>. Acesso em: 19 nov. 2020. p. 02.

9 SANTOS, s.d.

complexas, precisamos utilizar diversas estratégias ao olharmos a vida dessas mulheres. Eram mulheres negras, no cativeiro, com pouco ou nenhum acesso à terra ou a outros bens, a maioria sem saber ler e escrever. Não lhes era autorizado ter domínio sobre seu corpo, sua sexualidade. Eram muitas vezes arrancadas da cidade para realizarem o trabalho no campo, escasso de braços devido ao fim do tráfico pelo Atlântico. Viviam sob o risco diário de terem sua família separada pela venda ou terem seu leite alugado. Suas experiências de família eram diferentes das experiências masculinas. O próprio papel de mãe poderia ser considerado contraditório, pois ao mesmo tempo em que ela pertencia a alguém, ela mesma era a protetora de outro ser[10].

Também eram elas e seus filhos as opções mais baratas no comércio de gente. Por isso, foram o alvo de senhores remediados e proprietários empobrecidos, que usavam seus poucos recursos para adquiri-los, assim como eram os primeiros a serem vendidos para saldar dívidas[11]. No dia 04 de setembro de 1882, o *Diario de Pernambuco* anunciava o arremate de vários escravizados pertencentes a José Dias da Silva em virtude da execução que o Barão de Nazareth movia contra ele. É interessante observar que, das oito pessoas anunciadas, apenas uma era homem e adulto, os demais eram mulheres e seus filhos, inclusive ingênuos que pela lei não deveriam ser vendidos. A estratégia do anunciante foi colocar um único valor quando se referia à mãe e seus filhos, exceto no caso

10 MACHADO, Maria Helena P. T. Escravizadas, libertandas e libertas: qual a liberdade? In: LIMA, Ivana Stolze; GRINBERG, Keila; REIS, Daniel Aarão (Org.) *Instituições nefandas:* o fim da escravidão e da servidão no Brasil, nos Estados Unidos e na Rússia. Rio de Janeiro: Fundação Casa de Rui Barbosa, 2018. E-book (392 p.). Disponível em: http://187.0.209.89/bitstream/20.500.11997/6646/1/Instituicoes%20Nefandas.pdf. Acesso em: 17 fev. 2021.

11 TELLES, 2018, p. 300.

de Ascencio, que já tinha 16 anos e não havia nascido com a Lei do Ventre Livre. Quanto ao preço, André e Ascencio foram anunciados por 1:100$ e 1:000, respectivamente, enquanto o valor colocado para cada mulher não ultrapassava os 400$[12].

A Lei do Ventre Livre representou um retrocesso quando se referia à manutenção das famílias, pois, apesar de manter a proibição de separar os cônjuges, a mesma lei afirmava que, nos casos em que a posse da mulher escrava fosse transferida para outra pessoa, seus filhos menores de 12 anos deveriam lhe acompanhar, diferente do Decreto nº 1.695, de 15 de setembro de 1869, que proibia a separação dos filhos menores de 15 anos[13]. Serafina, Francisca, Jovino e Simpliciano teriam tido a chance de não serem separados de suas mães se o referido decreto ainda tivesse validade no momento em que estavam sendo vendidos[14].

Vender escravizadas acompanhadas de seus filhos ingênuos poderia representar um lucro a mais caso as crianças fossem um pouco maiores. Um anúncio de 1874 procurava pelo serviço de uma "negrinha" entre 7 e 10 anos para andar com uma criança[15]. De acordo com os relatos dos viajantes que por aqui estiveram no século XIX, a partir dos 5 ou 6 anos inaugurava-se uma nova fase na vida da criança escrava, era quando ela começava a realizar alguma atividade. Aos 12 anos ela deixava o mundo infantil[16].

---

12 *Diario de Pernambuco*, 04 de setembro de 1882.

13 Decreto 1695, de 15 de setembro de 1869. Disponível em: <https://www2.camara.leg.br/legin/fed/decret/1824-1899/decreto-1695-15-setembro-1869-552474- publicacaooriginal-69771-pl.html>. Acesso em: 02 mar. 2021. O Decreto 1695 também era bem claro quando proibia os leilões públicos de escravizados, o que parece ter sido ignorado por mais de uma vez de acordo com os anúncios do *Diario de Pernambuco*.

14 *Diario de Pernambuco*, 03 de novembro de 1881.

15 *Diario de Pernambuco*, 04 de maio de 1874.

16 MOTT, Maria Lúcia de Barros. A criança escrava na literatura de viagens. Caderno de Pesquisa, Fundação

Mas não era incomum ver crianças pequenas cuidando de outras crianças escravizadas enquanto suas mães se deslocavam para a lavoura. Na falta de alguém que cuidasse desses pequenos, eles acompanhavam suas mães tanto no trabalho no campo quanto no trabalho nas cidades.

Muitas mulheres tinham medo de serem encaminhadas para outros locais no momento do parto e ficarem à mercê das práticas médicas e dos interesses senhoriais em separá-las de seus filhos. Essas crianças poderiam ser colocadas na roda dos expostos, serem mortas ou abandonadas em lugares públicos por senhores que não podiam ou queriam ter despesas com as crias de suas escravas. A curto prazo, o aluguel das mães como amas de leite apresentava-se como um mercado muito mais lucrativo que o uso do trabalho dos ingênuos após a Lei do Ventre Livre[17].

Rachel, parda, com 23 ou 24 anos, estava com cerca de 6 meses de gravidez quando fugiu da casa de seu senhor na povoação de Boa Viagem[18]. No dia 10 de agosto de 1872, José Estáquio Veloso da Silveira procurava por sua escrava Jacintha, de 23 anos[19]. Por que essas jovens tomariam o caminho da rua num momento em que estavam tão vulneráveis e necessitavam dos laços de solidariedade que poderiam lhes garantir um parto mais seguro? As marcas de surras e a cicatriz no rosto podem nos dar pistas sobre o tratamento que a parda Jacintha recebia de seus senhores. O risco desse tipo de violência, mesmo durante a gestação, pode tê-la levado a uma

---

Carlos Chagas, São Paulo, n. 31, p.57-68, 1979. Disponível em <http://publicacoes.fcc.org.br/index.php/cp/article/view/1665/1652>. Acesso em 02 mar. 2021. p. 61.

17 TELLES, 2018. p. 235.

18 *Diario de Pernambuco*, 12 de junho de 1876.

19 *Diario de Pernambuco*, 10 de agosto de 1872.

fuga arriscada. Mesmo porque esconder-se ou achar alguém que lhe "acoitasse" no final da gestação demandava muito conhecimento das ruas.

Telles ainda chama a atenção para as vivências maternais no cotidiano da escravidão: "Essas mulheres viveram suas gestações, seus partos e as possibilidades de amamentar seus bebês, num cotidiano tenso envolvendo demandas de trabalho e as relações de maior ou menor proximidade com seus senhores[20]". Lá em Olinda, no Oitão do Amparo, numa casa grande com portão de madeira pintado de verde ao lado, parecia existir uma recém-nascida que aparentemente não tinha quem a pudesse alimentar e criar. O anúncio pedia urgência, bom leite e em grande quantidade, talvez para garantir que a pequena tivesse, por longo tempo, tudo o que lhe faltara até aquele momento. Dinheiro não parecia ser o problema, mas exigir que a mulher forra ou escrava fosse "sem filho" talvez estivesse atrapalhando o negócio[21].

A lógica escravista não conferia a essas mulheres direito aos princípios básicos da maternidade que suas ancestrais vivenciaram, como, por exemplo, o cuidado e alimentação dos filhos pequenos. Não só sua força de trabalho era negociada como também seu leite. O modelo de criação das crianças europeias, das classes mais privilegiadas, relegava às mulheres pobres o cuidado e a

---

20 TELLES. Lorena Féres da Silva. Sophia, preta, mina, trinta e tantos anos, anda ordinariamente com um filho de dois anos, de nome João: maternidade, trabalho urbano e escravidão no Rio de Janeiro (1850-1888). In: SIMPÓSIO NACIONAL DE HISTÓRIA - HISTÓRIA E O FUTURO DA EDUCAÇÃO NO BRASIL, 30., 2019. Recife, *Anais...*, Recife: Associação Nacional de História ANPUH – Brasil, 2019. Disponível em: <https://www.snh2019.anpuh.org/resources/anais/8/1563969509_ARQUIVO_Anpuh2019Trabalhocompleto.pdf>. Acesso em: 19 nov. 2020. p. 03.

21 *Diario de Pernambuco*, 13 de março de 1873.

amamentação das crianças abastadas. Aqui no Brasil, essa função foi estendida às escravizadas e em menor quantidade às livres pobres.

Imagem 1 - Mãe Preta, 1912

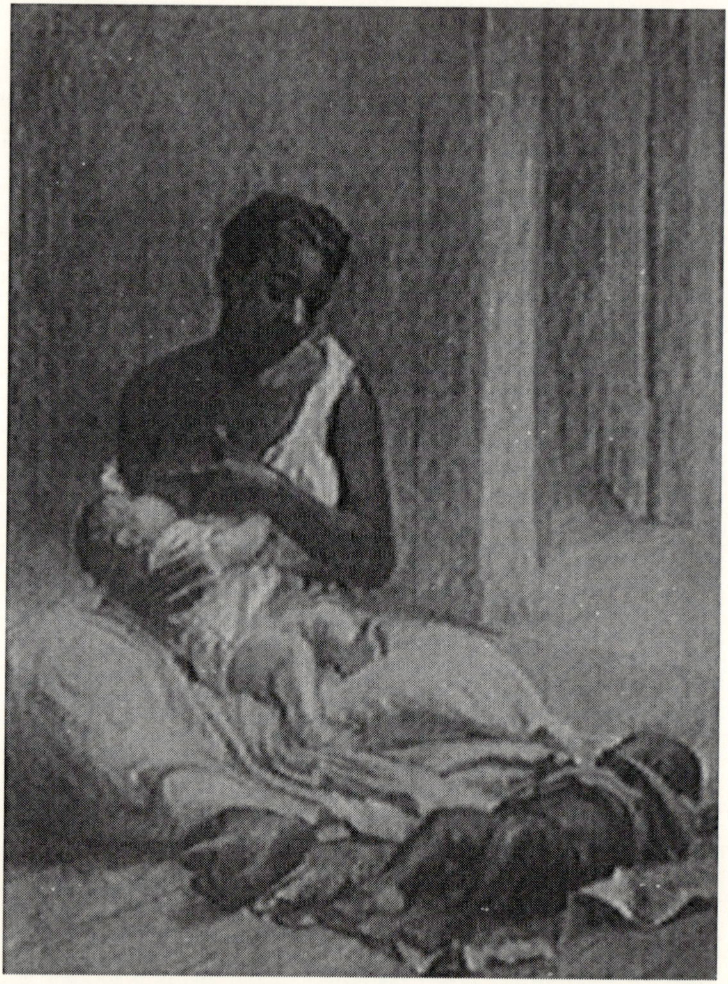

Fonte: ENCICLOPÉDIA Itaú Cultural de Arte e Cultura Brasileira[22]

22 Mãe Preta. In: ENCICLOPÉDIA Itaú Cultural de Arte e Cultura Brasileira. São Paulo: Itaú Cultural, 2022. Disponível em: http://enciclopedia.itaucultural.org.br/obra3242/mae-preta. Acesso em: 23 de setembro de 2022. Verbete da Enciclopédia.

A mulher branca era vista como um ser de pouca saúde e leite fraco, enquanto as negras eram classificadas como robustas e grandes produtoras de leite. Além disso, alugar ou comprar uma ama de leite também representava "status social e ostentação" no momento que a escravidão estava sendo questionada[23].

Mas, além de não se considerarem aptas para o aleitamento, outros motivos poderiam justificar a recusa das mulheres brancas em amamentarem seus filhos. Havia uma crença de que o líquido seminal poderia contaminar o leite materno. Dessa forma, os médicos recomendavam um período de abstinência sexual de dois a três anos, ou seja, enquanto a criança necessitasse do leite, as relações sexuais deveriam ser evitadas. Percebam como essa estratégia também evitaria uma nova gravidez durante a amamentação. Esse tipo de tabu também foi encontrado entre algumas tribos indígenas brasileiras, nações africanas e na França do século XVIII. Para as mulheres da elite, contratar os serviços de uma ama de leite parecia uma alternativa a deixar de atender às obrigações matrimoniais, já para as mulheres pobres, o tabu sexual talvez tivesse menos importância que a necessidade financeira[24].

Segundo Agnes Fine, o saber médico da passagem do século XIX para o XX classificava como leite perturbado aquele que era produzido por mulheres que passavam por situações de mudanças bruscas de temperatura, vivenciavam relações sexuais constantes ou "excessivamente fogosas" ou que estivessem menstruadas. Além de

23 TELLES, 2018, p. 216.

24 SANDRE-PEREIRA, Gilza. Amamentação e sexualidade. *Rev. Estud. Fem.*, Florianópolis, v. 11, n. 2, p. 467-491, dez. 2003. p. 473. Disponível em: <https://www.scielo.br/pdf/ref/v11n2/19132.pdf>. Acesso em 19 jan. 2021. A autora ainda cita que a concepção de infância, como fase de imperfeições, contida no pensamento de Santo Agostinho e Descartes poderia ter influenciado a forma como a elite europeia lidava com seus filhos.

não ter valor, esse leite poderia prejudicar a saúde das crianças[25]. A escravizada que se tornava mãe também se tornava responsável pela manutenção da família branca em detrimento de sua própria família. E não podemos deixar de destacar que esse tipo de pensamento era mais um argumento para o controle masculino sobre o corpo das mulheres, independentemente de sua condição econômica ou status social.

Ao analisar os casos de infanticídio no Brasil, Vera Lúcia Pinheiro destacou o papel dos médicos higienistas na criação do mito do amor materno como tentativa de manter a mulher no espaço doméstico. Através da análise da obra de Badinter sobre a maternidade na França até o século XVIII, a autora defende que o reduzido interesse das francesas em amamentarem seus filhos e na maternidade em geral mostrava que o amor materno não era de origem biológica, ou seja, não fazia parte de uma suposta natureza feminina, seria ele mais um sentimento humano com todas as suas fragilidades. O afeto dispensado aos filhos dependeria muito mais do apoio e acolhimento que as mulheres receberiam durante a gravidez do que do sentimento desenvolvido depois do parto[26].

Já sobre as africanas e crioulas, os relatos da época enfatizavam "[...] os fortes laços que uniam as mães africanas aos bebês e crianças, durante os três primeiros anos de vida, envolvendo convívio próximo e amamentação[27]." Essas mulheres utilizavam

---

25 FINE, Agnes. Leite envenenado, sangue perturbado: saber médico e sabedoria popular sobre os humores femininos (séculos XIX e XX). In: SOIHET, Rachel; MATOS, Maria Izilda S. de. (Org.) *O corpo feminino em debate*. São Paulo: Editora UNESP, 2003. p. 60-61.

26 PINHEIRO, Vera Lúcia. O infanticídio como expressão da violência e negação do mito do amor materno. In: *Rev. Estud. Fem.*, Florianópolis, v. 26, n. 1, p. 1-12, 2018. Disponível em: https://www.scielo.br/pdf/ref/v26n1/1806-9584-ref-26-01-e41476.pdf. Acesso em: 18 jan. 2021. p. 68.

27 JUNOD, 2009, p. 86-87; ENGELMANN & RODET, 1886, p. 319 *apud* TELLES, Lorena Féres da Silva. *Teresa Benguela e Felipa Crioula estavam grávidas*: maternidade e escravidão no Rio de Janeiro (século

todo seu conhecimento herdado das tradições africanas e afro-brasileiras para protegerem seus pequenos de mal olhados, feitiçarias e doenças. Estas não eram poucas, o "mal de sete dias" ou tétano neonatal, por exemplo, era uma das principais causas de morte de bebês cativos e ingênuos, como também de muitas crianças que não nasciam no cativeiro[28]. Segundo Carlos Miranda:

> No Brasil colonial, a mortalidade infantil era muito grande em todas as classes sociais. As principais doenças que atingiam as crianças eram as bronco-peneumonias, a varíola, a enterite, as convulsões provocadas pela febre alta, a meningite, o sarampo, além da desnutrição[29].

Em meados do século XIX esse quadro de saúde não era muito diferente, pois ainda existiam as epidemias, as verminoses e as doenças sexualmente transmissíveis. E se fosse uma escravizada, acrescentaríamos a essa lista a má alimentação das gestantes, o trabalho excessivo, a violência física e a desnutrição das mães e dos bebês, além do aluguel ou venda de várias mulheres como amas de leite. Essas mães viviam uma maternidade assombrada pela real possibilidade de verem seus filhos morrerem antes de chegarem aos quatro anos de idade. Não nos espanta ver que aquelas

---

XIX). 2018. 345f. Tese (Doutorado em História) – Faculdade de Filosofia, Letras e Ciências Humanas, Universidade de São Paulo. São Paulo, 2018. p. 268-269.

28 O tétano neonatal é uma infecção aguda que acomete o bebê no primeiro mês de vida. Também é conhecida como tétano umbilical e mal de sete dias, e ocorre, principalmente, pelo uso de instrumentos ou substâncias contaminados no cordão umbilical. Secretaria Estadual de Saúde de Pernambuco. Disponível em: <http://portal.saude.pe.gov.br/verbete/tetano-neonatal>. Acesso em: 08 mar. 2021. Segundo relatos de estrangeiros que estiveram no Brasil no século XIX, as escravas voltavam ao trabalho três dias após o parto e seus filhos ficavam sob os cuidados de outras escravizadas e até crianças de colo (TELLES, 2018, p. 262).

29 MIRANDA, Carlos Alberto Cunha. *A arte de curar nos tempos da colônia*: limites e espaços de cura. Recife: Fundação de Cultura da cidade do Recife, 2004. p. 418.

que experimentaram sucessivas perdas demonstrassem algum distanciamento emocional e até descuido com suas crias ou com as crianças sob seus cuidados, talvez isso fosse uma estratégia para diminuir sua dor emocional[30].

Já no anúncio de 1872, encontramos uma mãe disposta a trabalhar pela liberdade sem descuidar do bem-estar do seu filho[31]. A mulata escrava oferecia seus serviços em troca de 1:000$. Com 25 anos de idade, essa mulher devia ter muitas habilidades, pois seus serviços estavam sendo oferecidos num jornal e com um objetivo de grande importância, a sua liberdade e de seu filho ingênuo de dois meses, que ela não abria mão de levar junto. Seu filho era sadio, muito bem alimentado, e essa era a comprovação do valor do seu leite. A quantia negociada também era alta, mesmo para uma ama de leite. Talvez por isso ela destacasse que também sabia engomar, cozinhar, um pouco de costura e trabalhar com diversas qualidades de doces, habilidade que poderiam gerar uma renda extra na venda desses quitutes de "portas afora".

Além de todas essas qualidades, a mulata era uma mulher casada, o que poderia indicar que ela não estava disposta a realizar serviços sexuais e possuía boa conduta. Essa mãe não queria abrir mão da criação do seu filho, a quem ela cuidava muito bem, e pretendia se libertar e mantê-lo fora do cativeiro. Ao mesmo tempo em que procurava brechas no sistema escravista para alugar seu leite sem deixar de criar seu filho, num anúncio que omitia a existência de um intermediário ou senhor naquele negócio, numa sociedade que procurava condicionar a mulher ao espaço doméstico, o discurso

30 TELLES, *Op. Cit.*, 2018.

31 *Diario de Pernambuco*, 20 de agosto de 1872.

utilizado incorporava a mentalidade patriarcalista sobre o que se esperava de uma mulher e mãe, concluindo que aquele gesto seria visto como uma esmola.

Segundo Marcus Carvalho, apesar da rua não ser um lugar seguro principalmente para as mulheres, e de não serem bem vistas as que transitavam entre o público e o privado, havia para elas, em contrapartida, a possibilidade de auferirem ganhos financeiros, fossem elas escravizadas, libertas ou pobres livres. Os empregos domésticos nos sobrados do Recife ou as vendas nas ruas sugeriam maior autonomia em comparação ao trabalho no campo. O trabalho lado a lado com pessoas livres poderia criar condições de terem acesso à própria alforria e de sua família[32].

Para aquelas em que se esgotaram as estratégias de negociação, o caminho da rua parecia ser a alternativa mais viável. Enquanto a escravidão existiu, a fuga sempre foi uma ameaça ao domínio senhorial e uma possibilidade para os cativos. Em 1880, Magdalena, que aparentava ter entre 26 e 28 anos, fugiu da casa de seus novos senhores e levou consigo seu filho ingênuo de 5 anos. É provável que tenha sido açoitada pela irmã de sua antiga senhora, moradora na Rua Velha, mas que havia se mudado pouco antes de Magdalena fugir[33].

No dia 19 de janeiro de 1873, Teresa juntou suas filhas Rogéria, de 7 anos, e Maria, uma ingênua de 17 meses, fugiu do lugar denominado Açude do Matto, em Glória do Goitá, e seguiu na direção de Paudalho. Provavelmente, indo atrás de um outro filho seu

---

32 CARVALHO, Marcus J. M. de. *Liberdade*: rotinas e rupturas do escravismo no Recife, 1822-1850. Recife: Editora Universitária da UFPE, 1998.

33 *Jornal do Recife*, 13 de novembro de 1880.

que fora vendido no ano anterior para o Barão de Nazaré. Seu senhor acreditava que ela estaria passando por forra por causa dos filhos[34].

Joaquim e Maria fugiram levando seu filho ingênuo de um ano e meio (que descobrimos posteriormente se chamar Mariano). Como muitos outros, eles mudaram de nome para despistar quem os estivesse perseguindo e estariam se passando por retirantes da seca[35]. Fugir não era uma tarefa fácil. Era preciso ter conhecimento das estratégias que outros já haviam empregado: mudar de nome, andar calçado, levar roupas que pudessem disfarçar sua condição. Firmar laços de solidariedade dentro e fora do cativeiro. As mulheres que trabalhavam e viviam nas cidades estavam sempre em contato com pessoas que, se não eram livres, pelo menos desfrutavam de mais mobilidade no seu cotidiano.

Procurar a ajuda de parentes também se mostrava bastante eficaz nesse momento. Esse talvez fosse o caso da preta Anna, de 37 anos, que fugiu grávida e teria ido na direção da casa de um barbeiro conhecido como Manoel cadete, de quem ela já tinha filhos. Essa crioula parecia ser bastante fluente na linguagem da liberdade, tinha filhos e frequentava a casa de um crioulo que não era escravo, andava bem vestida e com anéis nos dedos e teria botado na cabeça que era forra. Para concretizar seu desejo só faltava ficar fora do alcance de seus senhores[36]. Grávida mais uma vez, Anna não estava disposta a ter mais um filho no cativeiro ou gozando de uma frágil liberdade como ingênuo.

34 *Diario de Pernambuco*, 01 de fevereiro de 1873.

35 *Diario de Pernambuco*, 19 de abril de 1881. Do mesmo engenho de onde fugiram Rufino e Maria, fugiram também, no mês seguinte, Domingos, que era mestre de açúcar e pedreiro e talvez por isso tenha levado dinheiro, e não por ser ladrão como destacou o anunciante; Rufina, de 50 anos, que tinha um filho forro no Recife; e Joaquim, casado com mulher forra. São muitos arranjos dentro de um sistema que era muito mais complexo que a simples relação senhor e escravo, escravidão e liberdade. *Diario de Pernambuco*, 28 de maio de 1881.

36 *Diario de Pernambuco*, 06 de outubro de 1879.

Como sabemos, os filhos de Anna, nascidos com a Lei do Ventre Livre, ficariam à disposição do seu senhor até os 21 anos de idade, pois a lei, apesar de não classificar a criança como escrava, deixava claro que o Estado não reconhecia o poder de mães dessas mulheres, nem a capacidade das famílias em assumirem a criação da criança. A lei, inclusive, se antecipava a um problema que estaria longe de acontecer, "[...] dando ao proprietário o direito sobre as crias [...]" das filhas de suas escravas que nasceriam de ventre livre e estariam prestando serviço[37].

Imagem 2 – Negra com o filho, Salvador, 1884.

Fonte: Brasiliana Fotográfica[38]

37 SANTOS, s.d., p. 02.
38 Disponível em: https://brasilianafotografica.bn.gov.br/brasiliana/handle/20.500.12156.1/2566. Acesso em: 23 de set. 2022.

Se a liberdade se apresentava como um projeto para toda a família, manter os filhos fora do alcance dos senhores ou tutores era mais um desafio para essas mulheres que a sociedade não reconhecia como verdadeiras mães e capazes de criar e educá-los. Utilizar os serviços dos ingênuos era mais uma tentativa para manter ativos os últimos vínculos com a escravidão. Através do trabalho, os filhos dos escravizados seriam educados para se tornarem trabalhadores obedientes e moralmente aceitos.

Segundo Vera Lúcia, ao analisar as discussões do Congresso Agrícola do Recife de 1878, havia uma preocupação com o futuro dos ingênuos, esses deveriam ser preparados para o trabalho na agricultura, o que poderia ocorrer, por exemplo, no ensino primário. Era necessário afastar essas crianças do cotidiano da escravidão, pois mesmo não nascendo escravas, compartilhavam um ambiente de servidão com suas mães ou demais trabalhadores[39]. O mesmo congresso também levantou a possibilidade da criação de dois modelos de escolas agrícolas, uma que ensinasse o trabalho na lavoura para os ingênuos e crianças pobres livres e outra que diplomasse os filhos da elite. Num ponto esses senhores tinham razão, aqueles que vivenciaram o cativeiro tinham menos chances de permanecerem no mesmo ambiente após alcançarem a liberdade.

Na impossibilidade de conseguirem negociar sua liberdade nas conversas domésticas, a luta pela alforria ganhava os tribunais de justiça. O direito de revogar a alforria foi extinto com a Lei do Ventre Livre, mesmo assim, muitos senhores encontravam maneiras

---

39 MOURA, Vera Lúcia Braga de. *Pequenos aprendizes:* assistência à infância desvalida em Pernambuco no século XIX. 2003. 171f. Dissertação (Mestrado em História) – Centro de Filosofia e Ciências Humanas, Universidade Federal de Pernambuco. Recife, 2003. Disponível em: <https://attena.ufpe.br/bitstream/123456789/7790/1/arquivo7729_1.pdf>. Acesso em: 10 fev. 2021.

de desfazer alforrias já conquistadas[40]. Foi o que aconteceu com Francisca. Em 1876 a liberta começava sua luta na justiça para mantê-la e à filha longe do cativeiro. Francisca teria sido alforriada em 1869 e mais ou menos um ano depois dera à luz a sua filha Bernardina. Entretanto, seu antigo senhor, a quem ela se referia como "dito benfeitor", teria inutilizado sua carta de liberdade e escrito outra com data muito posterior à primeira, colocando não só Francisca no cativeiro como também sua filha que teria nascido de ventre livre. As duas foram matriculadas, avaliadas e constavam no inventário do finado Antônio da Motta Silveira Cavalcante[41].

O processo levou dois anos, passou por três curadores que parece não terem se interessado pelo caso e teve como um de seus juízes municipais Pergentino Saraiva de Araújo Galvão, que atuara em outras ações de liberdade no período, sempre demostrando simpatia a favor da liberdade[42]. Nas últimas páginas do processo não encontramos referência à ação de liberdade de Francisca, seu nome só aparece para dizer que Bernardina era sua filha e que ela teria sido escrava do finado Antônio da Motta Silveira Cavalcante. Nos casos em que o escravo havia sido avaliado e inventariado, o valor da alforria seria o valor da avaliação. Esse era o caso de Bernardina. Seu curador pedia que lhe fosse passada carta de alforria

---

40 De acordo com o Artigo 4º "§ 9º Fica derogada a Ord. liv. 4º, titl 63, na parte que revoga as alforrias por ingratidão". BRASIL. *Lei 2040, de 28 de setembro de 1871*. Declara de condição livre os filhos de mulher escrava que nascerem desde a data desta lei, libertos os escravos da Nação e outros, e providencia sobre a criação e tratamento daquelles filhos menores e sobre a libertação annual de escravos. Rio de Janeiro, 1871. Disponível em: <http://legis.senado.leg.br/norma/543813/publicacao/15631093>. Acesso em: 02 mar. 2021.

41 Memorial da Justiça de Pernambuco. Comarca de Nazaré, Caixa 109. Ação de liberdade de Francisca e sua filha Bernardina.

42 Segundo a autora, nas ações de liberdade em que estava envolvido, o juiz Pergentino Saraiva frequentemente fazia explanações em favor da liberdade (COSTA, 2007).

após terem exibido a quantia pelo qual fora avaliada. Acreditamos que a menina conseguiu voltar para a sua liberdade como desejava sua mãe, mesmo sem encontrarmos o deferimento do juiz para o pedido do curador, pois, segundo a Lei do Ventre Livre:

> § 2º O escravo que, por meio de seu peculio, obtiver meios para indemnização de seu valor, tem direito a alforria. Se a indemnização não fôr fixada por accôrdo, o será por arbitramento. Nas vendas judiciaes ou nos inventarios o preço da alforria será o da avaliação.[43]

Não sabemos se Francisca morreu ou conseguiu negociar sua liberdade fora dos tribunais, o que sabemos é que ela lutou para manter sua família longe da escravidão[44]. Não temos a dimensão do número de alforrias pleiteadas na justiça, sabemos ao menos que a maioria não chegou aos tribunais, pois uma ação de liberdade demandava conhecimento da lei, relações com pessoas livres, dinheiro e paciência.

São muitas histórias de sofrimento e superação, de perdas e conquistas, mas sobretudo de esperanças. Esperanças como encontramos nas palavras de um anúncio de 1887, em que os laços maternos são usados como referência para um esperado reencontro:

> Por favor
> Quem souber dar notícias de Felismina [...] que foi

43 BRASIL. *Lei 2040, de 28 de setembro de 1871*. Declara de condição livre os filhos de mulher escrava que nascerem desde a data desta lei, libertos os escravos da Nação e outros, e providencia sobre a criação e tratamento daquelles filhos menores e sobre a libertação annual de escravos. Rio de Janeiro, 1871. Disponível em: <http://legis.senado.leg.br/norma/543813/publicacao/15631093>. Acesso em: 02 mar. 2021.

44 Através das ações de liberdade os escravizados poderiam ir à justiça, através de um curador, e requerer a sua liberdade de acordo com a legislação vigente. Para mais discussões sobre as ações de liberdade em Pernambuco, baseadas na Lei do Ventre Livre, ver COSTA, 2007.

> escrava da Sra. Meyrelles, nesta cidade, vinda para aqui no anno de 1876[...] filha de Antônia Francisca [...] escrava do Sr. Dionisio da Costa, [...] e trouxe com sigo um filho por nome José: póde endereçar qualquer informação para a Tamarineira no Arrayal, sobrado de azulejo, que sumamente grata ficará.[45]

Considerações finais

Para as mulheres escravizadas, libertas ou mesmo aquelas que estavam submetidas a uma alforria condicional, o "ser mãe" implicava na própria sobrevivência da escravidão como instituição e na luta diária para ter direito a uma família. Numa sociedade tão complexa que a simples menção ao binômio escravidão e liberdade ofuscava toda a malha de relacionamentos e disputas diárias, encontramos essas mulheres lutando não só para conseguirem a liberdade para si, mas também para os seus. Elas enfrentavam duras jornadas, seja no trabalho urbano ou no campo, de portas a dentro ou de portas afora, para terem o simples direito de alimentarem seus filhos, de levarem suas gestações até o fim, de não chorarem o desaparecimento de mais uma cria. Não bastassem as exigências do mundo escravista sobre seu corpo e seu trabalho, ainda precisavam lutar contra o discurso higienista que desqualificava sua capacidade de criar e educar as futuras gerações.

A retórica burguesa católica reforçava a cada dia os papéis sociais e de gênero, colocando uma redoma de moralidade para a mulher branca que se mantinha no lar. A rua era o lugar da violência, da sexualidade desregrada, da bebedeira, das fugas. Mas para que

45 *Jornal do Recife*, 17 de abr. de 1887.

a mãe da elite exercesse seu sagrado papel e pudesse se dedicar às obrigações do casamento, alguém precisava ocupar os espaços e realizar as tarefas incompatíveis com as fêmeas da família patriarcal.

Essas mulheres, diante de tantas adversidades, engravidaram e poderiam ter recorrido ao aborto ou infanticídio, seja por não desejarem a gravidez ou pela certeza de que seria mais um filho vivendo as agruras da escravidão. Entretanto, elas aceitaram mais essa atribuição com todos os encargos e benefícios que os laços entre mãe e filho podem gerar.

Não podemos deixar de pensar em todas as mulheres que ainda hoje constroem suas famílias e exercem a maternidade sem permissão, que têm sua sexualidade controlada, não se enquadram no modelo de mãe abnegada, ou aquelas que sofreram o racismo obstétrico. São mulheres que realizam atividades laborais que lhes obrigam a sair muito cedo e chegar muito tarde e precisam de redes de apoio para deixar os filhos com segurança. Essas mesmas mulheres realizam trabalhos que permitem que as senhoras da elite possam se auto intitularem "mães em tempo integral", enquanto sob as outras recaem as críticas quando a sociedade machista analisa a educação de seus filhos.

Comentários Bibliográficos

Quando falamos sobre família escrava, logo nos vem à mente obras que se tornaram referência sobre o assunto, como os livros de Florentino e Góes[46] e Slenes[47]. No entanto, as experiências

46 FLORENTINO, Manolo; GÓES, José Roberto, *A paz das senzalas*: famílias escravas e tráfico atlântico, Rio de Janeiro, 1790-1850. Rio de Janeiro: Civilização Brasileira, 1997.

47 SLENES, Robert Wayne. *Na senzala, uma flor:* esperanças e recordações na formação da família escrava: Brasil Sudeste, século XIX. Campinas: Editora da Unicamp, 1999.

de maternidade de africanas e crioulas receberam contribuições valiosas para pensarmos o que significava ser mãe numa sociedade escravista e a luta dessas mulheres em prol da liberdade de sua família.

O livro de Marcus Carvalho[48] nos ajuda a entender que a liberdade não tinha um conceito engessado e poderia significar a luta diária por mais autonomia, por exemplo. Ao discorrer sobre o cotidiano da escravidão urbana entre a independência do Brasil e o fim do tráfico legal, o autor descortina as redes de solidariedade que existiam desde a travessia pelo Atlântico até a formação de quilombos urbanos. Os atores dessa história são os diversos sujeitos do Recife escravista e suas relações de trabalho, família e liberdade. Ao tratar do trabalho doméstico, a obra nos mostra um olhar sobre a liberdade no universo do trabalho dentro e fora de casa e como essa proximidade com a família patriarcal surtia efeitos positivos ou negativos para as mulheres escravizadas. O livro foi publicado em 1998, mas continua com uma fonte indispensável para pensarmos na complexidade da escravidão e nos diversos significados que a liberdade poderia ter.

A dissertação de mestrado de Costa[49] apresenta um panorama da busca pela liberdade em Pernambuco através das ações de liberdade. Essas lutas judiciais se baseavam na Lei do Ventre Livre. A partir de sua análise percebemos que, mesmo contribuindo para uma abolição lenta e gradual, a lei 2040, de 1871, tão criticada por libertar as crianças nascidas com a lei e criar empecilhos para

48 CARVALHO, 1998.
49 COSTA, 2007.

o exercício dessa liberdade, possibilitou que disputas cotidianas pudessem chegar ainda mais aos tribunais.

A pesquisa de Lorena Telles[50] nos mostra como africanas e crioulas vivenciaram a gravidez, o parto e o cuidado com os filhos no cativeiro e na busca pela liberdade. A autora nos apresenta os principais impasses para a concretização da maternidade, sobretudo para as amas de leite, assim como nos mostra uma gama de estratégias criadas por essas mulheres e suas redes de sociabilidade para enfrentarem os desafios impostos pela legislação que interferia diretamente na sobrevivência da escravidão no Brasil.

O trabalho de Marina Camilo Haack[51] nos traz importantes discussões sobre as experiências das mulheres escravizadas no mundo do trabalho, na maternidade e na família, e como devemos pensar essa mulher na complexidade de sua condição como escravizada, mulher negra, mãe e trabalhadora. Destacamos principalmente o segundo capítulo, por discutir a maternidades dessas mulheres escravizadas e sua luta constante para a manutenção da família e da liberdade.

A utilização de fontes primárias é indispensável para o nosso trabalho como historiadores e enriquece a atividade docente, aproximando as pesquisas da educação básica. Graças ao aumento da digitalização das fontes primárias, mesmo os pesquisadores que não têm tempo ou possibilidade de se deslocarem para os arquivos podem ter acesso a uma rica documentação. Os jornais

50 TELLES, 2018.

51 HAACK, Marina Camilo. *Sobre silhuetas negras*: experiências e agências de mulheres escravizadas, Cachoeira do Sul, c. 1850-1888. 2019. 231f. Dissertação (Mestrado em História) – Unidade Acadêmica de Pesquisa e Pós-Graduação, Universidade do Vale do Rio dos Sinos – UNISINOS. São Leopoldo, 2019a. Disponível em: <http://www.repositorio.jesuita.org.br/handle/UNISINOS/9001>. Acesso em: 09 mar. 2021.

que utilizamos estão disponíveis na Hemeroteca Digital da Biblioteca Nacional[52], assim como centenas de outros periódicos que circulavam no país. Ainda sobre o uso da internet, podemos destacar a facilidade com a qual temos acesso a artigos, dissertações, teses e e-books que nos fornecem não só as considerações de outros pesquisadores como a indicação de fontes e bibliografias.

Proposta Pedagógica

Ação e Valorização da cultura afro: da escola para a vida lá fora[53]

"Isso dói e eles falam sem nem conhecer a pessoa, não sabe de onde é, como é a vida dela, já julgam pelo cabelo[54]."

De acordo com a Base Nacional Comum Curricular (BNCC), a escola é um espaço para discussões de temas que interferem direta ou indiretamente na vida das pessoas[55]. Dentre esses temas estão a educação das relações étnico-raciais e o ensino de história e cultura afro-brasileira, africana e indígena. Muito mais

---

52 Hemeroteca digital da Fundação Biblioteca Nacional. Disponível em: <http://bndigital.bn.gov.br/hemeroteca-digital>.

53 A proposta pedagógica está fundamentada nas ações realizadas a partir do ano de 2018 na Escola Estadual Amor Divino, localizada em Jaboatão dos Guararapes, região metropolitana de Recife - PE. Todas as ações estão de acordo com a nossa BNCC. BRASIL. Ministério da Educação. *Base Nacional Comum Curricular*. Brasília, 2018. Disponível em: <http://basenacionalcomum.mec.gov.br/images/BNCC_EI_EF_110518_versaofinal_site.pdf>. Acesso em: 11 mar. 2021. A partir de 2022, as escolas estaduais de Pernambuco começaram a utilizar o Currículo Pernambuco para o Novo Ensino Médio. Disponível em: http://www.educacao.pe.gov.br/portal/?pag=1&cat=18&art=5428. Acesso em: jun. 2022.

54 Frase proferida por uma estudante do Ensino Médio na primeira roda de conversas sobre preconceito e aceitação do cabelo crespo e cacheado da Escola Amor Divino.

55 Todas as ações estão de acordo com a nossa BNCC. BRASIL. Ministério da Educação. *Base Nacional Comum Curricular*. Brasília, 2018. Disponível em: <http://basenacionalcomum.mec.gov.br/images/BNCC_EI_EF_110518_versaofinal_site.pdf>. Acesso em: 11 mar. 2021. A partir de 2022, as escolas estaduais de Pernambuco começaram a utilizar o Currículo Pernambuco para o Novo Ensino Médio. Disponível em: http://www.educacao.pe.gov.br/portal/?pag=1&cat=18&art=5428. Acesso em: jun. 2022.

do que apenas cumprir todas as leis e pareceres que tornaram obrigatórias as discussões, tão urgentes, sobre a presença secular do racismo no Brasil, tais exigências precisam ser mais que eventos comemorativos e fotografáveis para o Ministério Público se dar por satisfeito. É preciso que seja uma prática diária, laboriosa e combativa.

Para a realização das ações necessárias para o enfreamento do racismo, a ideia inicial é escutar a opinião dos estudantes, saber se eles percebem atitudes de preconceito e discriminação dentro da escola e na comunidade e como a escola pode enfrentar a situação. Para tanto, a escola deverá:

Promover rodas de conversas em ambientes fora da sala de aula, onde os estudantes se sintam à vontade para falarem sobre sentimentos e memórias que podem remeter à dor e exclusão;

Muitos estudantes relatam que um dos motivos que os levavam ao baixo rendimento e evasão escolar era o preconceito que sofriam principalmente durante os intervalos das aulas, momentos onde não havia supervisão de um professor ou funcionário da escola, entretanto também ocorreram relatos de ofensas raciais durante as aulas na presença do docente. Ao fazer "vistas grossas", muitos professores acabam revelando sua não percepção do racismo estrutural da sociedade brasileira. Tal posicionamento é interpretado pelas vítimas de racismo como conivência da escola com essas atitudes, o que justificaria a próxima ação:

Conversar com toda comunidade escolar sobre a ocorrência de práticas racistas dentro da escola e organizar um enfrentamento coletivo;

- Promover formações para professores e funcionários

sobre respeito e valorização da nossa diversidade étnico-racial;

- Tornar o combate ao racismo uma prática cotidiana não só na sala de aula, mas em todo ambiente escolar;
- A participação dos estudantes no planejamento das ações de enfrentamento ao racismo é de vital importância para o protagonismo desses jovens dentro de sua comunidade. Dentre as ações mais valorizadas pelos estudantes estão:
- Apresentação de atividades culturais que promovam a divulgação, afirmação e valorização da história e cultura africana e afro-brasileira, elaboradas e praticadas pelos próprios estudantes;
- Criação de oficinas que promovam a divulgação, afirmação e valorização da história e cultura africana e afro-brasileira, elaboradas e praticadas pelos próprios estudantes;
- Para participar das oficinas, os estudantes devem criar fichas de inscrição com a ementa de cada uma delas e fazer a divulgação e a inscrição nos dias anteriores à realização dos eventos[56].
- Organizar salas temáticas onde o principal objetivo é promover o debate sobre a realidade dos negros na sociedade brasileira[57].

Na realização das atividades, acreditamos que o maior

---

56 As oficinas mais procuradas foram: Finalização do cabelo crespo/cacheado; Box Braids; Tranças, penteados, unhas e maquiagem; Capoeira; e Gastronomia afro.

57 As salas com maior participação foram: Exibição do filme Besouro; Exibição do filme *De que horas ela volta?*; *Já não basta ser preto, tem que ser macumbeiro?*; *O racismo entre nós e as religiões afro-brasileiras*; *Violência sexual contra a mulher negra*; *e Sistemas de cotas é racismo?*

empenho dos estudantes ocorre porque eles se sentem protagonistas, pois estão envolvidos desde a escolha dos temas até a efetiva realização das ações na escola. Principalmente com relação às oficinas, pois os temas versam sobre a realidade cotidiana desses estudantes e os desafios de serem jovens negros num país com uma prática racista velada e nem sempre percebida pelos que sofrem preconceito[58].

58 As rodas de conversa e as diversas oficinas ganharam cada vez mais adeptos e foram criadas redes de apoio dentro da escola para "proteger" os estudantes contra atitudes de racismo. Outra mudança que percebemos foi um aumento do número de meninas que passaram a usar o cabelo crespo ou cacheado. Essas jovens destacaram que ter uma professora com quem se identificavam fisicamente foi importante para esse processo de reconhecimento de sua própria beleza.

Luta intergeracional por liberdade em Feira de Santana, Bahia, 1871-1888: mulheres negras e o acesso à justiça[1]

Karine Teixeira Damasceno

Introdução

Em 1877, Joanna, cor preta, 38 anos, solteira, filha de Zeferina, de outro domínio, do serviço da lavoura juntamente com sua filha Roza, cor fula, com 9 anos, que também foi matriculada como sendo capaz de realizar serviços leves da lavoura, moradora da freguesia de Santa Bárbara, procurou o juiz municipal de Feira de Santana e disse que José Ramos da Motta Lima concedeu carta de alforria para que elas pudessem gozar de liberdade depois de sua morte com a condição de acompanhá-lo até o fim da vida.[2]

---

1 As reflexões apresentadas neste texto fazem parte da pesquisa realizada para a escrita de minha Tese de Doutorado apresentada ao Programa de Pós-Graduação em História Social da Universidade Federal da Bahia (UFBA). Consultar: DAMASCENO, Karine Teixeira. *Para serem donas de si*: mulheres negras lutando em família (Feira de Santana, Bahia, 1871-1888). Doutorado (Tese em História) – Faculdade de Filosofia e Ciências Humanas, Universidade Federal da Bahia, UFBA. Salvador, 2019.

2 Ao longo do período investigado, tanto o município quanto a cidade, que era o distrito sede, tinham o mesmo nome, isto é, Feira de Sant'Anna. No sentido de padronizar e facilitar a leitura, optei por utilizar a denominação atual, isto é, Feira de Santana, sempre que fizer referência ao distrito sede e ao município. Dito isto, aproveito para destacar que a freguesia de Santa Bárbara à época pertencia ao município de Feira de Santana.

Segundo Joanna, pouco tempo depois, o mencionado senhor faleceu, mas as duas foram impedidas de gozar da liberdade conquistada, sendo conservadas em cativeiro pelos genros e herdeiros do finado, Manoel Sabino de Lima, Pedro Pereira dos Reis Lima e Domingos Pereira Lima, sob o argumento de que a carta concedida era falsa. Por isso, por meio de uma petição, Joanna decidiu requisitar ao juiz que fosse nomeado um curador para representá-las e que intimasse os acusados a fim de que, na primeira audiência, fossem reconhecer a legalidade da carta de liberdade para que elas pudessem sair o mais rápido possível do cativeiro em que estavam presas.

Embora desde a década de 1980 parte do que constituem as mulheres negras tem sido cada vez mais reverenciada pela historiografia da escravidão com uma ampla produção, ainda predomina uma dificuldade entre historiadoras e historiadores em dar atenção a personagens como Joanna, Zeferina e Roza. Mesmo que, muitas vezes, elas pareçam gritar para serem notadas em meio a documentos dispersos nos arquivos.

Neste trabalho, busco fazer emergir o protagonismo de mulheres negras na luta intergeracional por liberdade em Feira de Santana entre 1871 e 1888. A escolha do recorte temporal se deve, por um lado, ao processo que resultou na lei emancipacionista de 28 de setembro de 1871, conhecida como Lei do Ventre Livre, uma opção pela abolição gradual da escravidão por ser considerada o caminho mais seguro para a classe senhorial. Então, ao mesmo tempo em que atendia às pressões internas, principalmente da população escravizada, do movimento abolicionista e demais adeptos da causa da liberdade, respondia também às pressões governamentais e do movimento antiescravista internacional para o fim da escravidão no Brasil, processo que oficialmente se estendeu até 13 de maio de 1888.

A análise individual e em conjunto de cartas de alforrias, ações de liberdade e inventários das últimas décadas da escravidão explicitaram que as mulheres escravizadas de Feira de Santana tinham o perfil predominante das pessoas nesta condição que conquistavam a liberdade legal no município, e certamente Joanna sabia desse potencial feminino quando procurou a justiça alegando que ela e Rosa eram libertas. Por certo, esse dado também não passou despercebido aos juízes que receberam esses apelos de liberdade.

É importante destacar que, apesar de muitas pessoas escravizadas terem passado a vida inteira perseguindo o sonho de serem livres, a maioria delas nunca conseguiu realizá-lo. A maior parte dessas histórias, provavelmente, nunca serão conhecidas, o que torna ainda mais preciosos todos os vestígios encontrados sobre o entrelaçamento da vida de mulheres negras – escravizadas, libertas e livres, especialmente na posição de autoras de ações de liberdade. Por isso, cara leitora ou leitor, lhe convido a recuar no tempo para conhecer um pouco mais de uma dentre várias histórias de luta incansável de mulheres para serem donas si mesmas e para estender esse direito a sua descendência.

Luta intergeracional por liberdade

Na segunda metade do século XIX, não foram poucas as pessoas escravizadas, especialmente mulheres, que moveram ações judiciais reivindicando a liberdade legal para si mesmas ou para alguém de sua família.[3] Era por meio de uma petição que a autora ou autor apresentava a justiça sua demanda de liberdade, como já foi possível constatar. Foi assim que as autoridades judiciais de Feira de Santana tiveram acesso ao relato que abriu este estudo e que, consequentemente, mais de um século depois, tornou possível que eu pudesse acessar esse passado e trazer a público os fragmentos que sobreviveram ao tempo. No mencionado documento, além de apresentar sua demanda de liberdade, a autora ou autor solicitava a nomeação de um curador – rábula ou bacharel em direito, geralmente, a pessoa escolhida era a mesma que escrevia a petição[4]. Trata-se de uma figura fundamental, pois as cativas e os cativos não tinham o direito de falar por si judicialmente, então o curador teria a responsabilidade de representá-los diante da justiça.[5] Na ação de liberdade movida por Joanna, o juiz nomeou como curador o advogado João Pereira de Moraes.

Outro personagem de grande relevância que também costumava ser nomeado pelo juiz era o depositário, isto é, a pessoa que deveria guardar as libertandas e os libertandos com a finalidade de garantir que seriam preservados de qualquer impedimento enquanto tentavam provar seu direito à liberdade legal nos

3 GRINBERG, Keila. *Liberata – a lei da ambigüidade*: as ações de liberdade da Corte de Apelação do Rio de Janeiro no século XIX. Rio de Janeiro: Relume-Dunará, 1994; e PEDROZA, Antonia Márcia N. *Desventuras de Hypolita*: luta contra a escravidão ilegal no sertão (Crato e Exu, século XIX). Natal: EDUFRN, 2018.

4 *Orfeu de Carapinha*, de Elciene Azevedo, apresenta pesquisa minuciosa e instigante sobre a militância de Luiz Gama, ex-escravizado, abolicionista que mesmo sem ser bacharel em direito, devido a seus conhecimentos jurídicos, atuava na área como rábula. Ver: AZEVEDO, Elciene. *Orfeu de carapinha*: a trajetória de Luiz Gama na imperial cidade de São Paulo. Campinas: UNICAMP, 1999.

5 PAES, Mariana Armond Dias. *Escravidão e direito*: o estatuto jurídico dos escravos no Brasil oitocentista (1860-1888). São Paulo: Alameda, 2019. p. 69-78.

tribunais.[6] Assim, durante a tramitação da ação de liberdade, a pessoa nomeada pelo juiz deveria entregá-las quando solicitado pela justiça. Para o caso de Joanna e Roza foi nomeado como depositário Américo dos Santos Victal.

Não consegui saber como se deram os contatos iniciais entre Joanna e esses homens, mas é possível que entre a freguesia de Santa Barbara e a sede do município, Feira de Santana, para onde ela se dirigiu à procura da justiça, contasse com a solidariedade de outras pessoas que podem ter ajudado na aproximação com esses homens fundamentais para o duelo que pretendia travar contra seus supostos novos proprietários. Além de Roza, Joanna também era mãe de Firmina, de cor preta, com 6 anos e que, assim como a irmã mais velha, era capaz de qualquer trabalho leve da lavoura. Esta última não fora mencionada entre as libertas e, provavelmente, não pôde acompanhar a mãe e a irmã para o depósito.

Naqueles anos cruciais de luta por liberdade, além de Joanna, várias outras pessoas escravizadas demonstravam estar dispostas a travar um duelo judicial contra integrantes da classe senhorial na província da Bahia. Ao observar o perfil das pessoas que decidiram mover ações de liberdade em primeira instância em Feira de Santana, que posteriormente tramitaram em segunda instância junto ao Tribunal da Relação da Bahia, localizado em Salvador, capital da província da Bahia, encontrei dez ações de liberdade movidas entre o período de 1876 e 1887. Destas, apenas uma não teve mulheres escravizadas ou libertas entre as pessoas que tomaram a ousada iniciativa de recorrer à justiça para reivindicar a própria

6 GRINBERG, K. *Liberata – a lei da ambiguidade*. p. 63-70; e PAES, M. A. D. Escravidão e direito. p. 93-102.

liberdade ou de alguma pessoa de sua família, especialmente de suas filhas e filhos.

Nas ações judiciais analisadas, observei que, assim como Joanna, várias autoras reivindicaram a manutenção da liberdade alegando terem sido alforriadas por meio de carta de liberdade. Mas, ainda que por diferentes alegações, nem sempre essas cartas eram apresentadas em juízo. Afirmar ter recebido esse documento era algo plausível de ser crível pelos juízes, pois não foram poucas as pessoas escravizadas que conquistaram tão importante prova de liberdade.

Ao analisar os livros de notas do tabelião de Feira de Santana, buscando levantar registros entre 1871 e 1888, encontrei 315 cartas de liberdade referentes a 342 pessoas. Se analisadas por sexo, essas cartas explicitam que 191 delas foram concedidas a mulheres, isto é, elas representavam 56% das pessoas alforriadas, enquanto que 100 delas, 29%, foram concedidas a homens, o que demonstra que elas foram mais bem-sucedidas em seus processos de negociação "amigável" da alforria com suas senhoras ou senhores.[7]

No conjunto de registro infantil de 51 crianças, 32 meninas representaram 9,3% das pessoas alforriadas, enquanto os 19 meninos atingiram a porcentagem de 5,5% das pessoas libertas.[8] Embora desde muito cedo as crianças já recebessem os primeiros ensinamentos para a vida em cativeiro, também era nessa fase da vida que começavam os primeiros ensinamentos dos integrantes mais velhos da comunidade negra para negociar a liberdade legal.[9]

---

7 DAMASCENO, K. T. *Para serem donas de si*. p. 130-147.

8 DAMASCENO, K. T. *Para serem donas de si*. p. 130-147.

9 GRAHAM, Sandra Lauderdale. Uma carta de liberdade. In: XAVIER, Giovana; FARIAS, Juliana Barreto; GOMES, Flávio (Org.). *Mulheres negras no Brasil escravista e do pós-emancipação*. São Paulo: Selo Negro, 2012, p. 134-138.

Por isso, atribuo suas alforrias ao empenho desses familiares, especialmente de suas mães, com as quais muitas crianças foram libertas da escravidão ou tiveram a referência materna explicitada nas cartas de liberdade. Em outro trabalho analisei ainda registros de compra e venda de pessoas escravizadas, procurações, assentos de batismos e atestados de óbitos, nos quais pude verificar a mesma recorrência, isto é, quando era feita referência a alguma pessoa da família, era a mãe a citada[10].

É importante destacar que a predominância de mulheres entre as pessoas alforriadas não foi uma exclusividade apenas do município de Feira de Santana. Trata-se de uma constatação verificada por quase toda a produção historiográfica que se dedicou a investigar a luta por liberdade durante tudo o período escravista em várias partes do Brasil.

Em sua investigação sobre Salvador, Rio de Janeiro e Parati, Kátia de Queirós Mattoso, uma das pioneiras nesse debate, chama a atenção para o fato de que as mulheres viviam na intimidade da família senhorial ou exerciam ofício de vendedoras ambulantes. Ainda, por terem um valor de mercado menor, conseguiam a liberdade mais rápido que os homens. Além disso, ela argumentou que, na região em que pesquisou, contava a favor das mulheres o fato de que envelheciam mais rápido do que os homens, tornando-se um peso para os senhores, que, por sua vez, preferiam alforriá-las.[11]

Sem aprofundar na discussão, Mary C. Karasch pondera acrescentando que, no Rio de Janeiro, se por um lado especialmente as mais velhas custavam menos e, consequentemente, tinham que

10 DAMASCENO, K. T. *Para serem donas de si.*

11 MATTOSO, Kátia de Q. *Ser escravo no Brasil.* São Paulo: Brasiliense, 2003. p. 183-186.

economizar menos para comprar a alforria, por outro, elas também ganhavam menos do que os homens, de modo que, para muitas delas, era preciso mais tempo para acumular o dinheiro suficiente para a compra da liberdade.[12] No entanto, especialmente no caso das africanas minas, Sheila de Castro Farias e Juliana Barreto Farias observaram que muitas se destacaram realizando o pequeno comércio de produtos. Chegando, inclusive, a enriquecer e a possuir, especialmente, escravizadas que recorrentemente eram declaradas suas herdeiras, assim como as filhas e filhos destas.[13]

Já para Kátia Lorena Novais Almeida, a predominância das mulheres entre as pessoas que obtinham carta de liberdade em Rio de Contas, região da província da Bahia atualmente conhecida como Chapada Diamantina, tinha a ver com vários fatores. Ao observar o sexo, a origem e a cor das pessoas alforriadas, ela notou que, especificamente, os homens crioulos conquistavam a carta de liberdade quase na mesma proporção que as mulheres do mesmo grupo, mas ainda com uma pequena vantagem para elas. Almeida levanta ainda a hipótese plausível de que o maior número de mulheres libertas tinha relação com o fato de que, do ponto de vista senhorial, as mulheres eram vistas como subalternas e, por isto, é possível que eles não as vissem como ameaça à ordem senhorial

---

12 KARASCH, Mary C. *A vida dos escravos no Rio de Janeiro (1808-1850)*. São Paulo: Companhia das Letras, 2000. p. 452-453.

13 FARIAS, Juliana B. *Mercados Minas*: africanos ocidentais na praça do mercado do Rio de Janeiro (1830-1890). Rio de Janeiro: Arquivo Geral da Cidade do Rio de Janeiro/Casa Civil/Prefeitura do Rio de Janeiro, 2015, p. 23, 225 e 233-235; e FARIA, Sheila de C. Damas mercadoras: as pretas minas no Rio de Janeiro (século XVII a 1850). In: SOARES, Mariza de C. (Org.) *Rotas Atlânticas da diáspora africana*: da Baía do Benim ao Rio de Janeiro. Niterói: EdUFF, 2007, p. 117-129. Sobre a realização do pequeno comércio de produtos na Bahia do século XIX, ver: SOARES, Cecília M. Ganhadeiras: mulher e resistência negra em Salvador no século XIX. *Afro-Ásia* – Centro de Estudos Afro-Orientais, n. 17, 1996.

como os homens libertos poderiam significar e, assim, conseguiam obter mais cartas de liberdade.[14]

As várias interpretações para esse fenômeno, na maior parte das vezes, são complementares, mas é preciso prestar mais atenção para a capacidade das mulheres de atuarem como as principais protagonistas de seu próprio processo de libertação e, consequentemente, de interferir de forma decisiva sobre os rumos da vida de suas filhas, filhos e demais integrantes da extensa e complexa família negra, que teciam juntos sonhos e projetos de liberdade.[15] Descortinar esse protagonismo não significa negar, invalidar ou reduzir a importância da solidariedade de outros sujeitos sociais, bem como das várias aliadas e aliados que essas mulheres foram capazes de conquistar ao longo do tempo. Diferentemente disso, revela experiências fundamentais para o conhecimento de aspectos da vida das pessoas que viveram o cativeiro e lutaram pela liberdade no Brasil.

Durante todo o período escravista, a experiência de escravidão feminina esteve entrelaçada aos valores de subalternidade próprios de uma sociedade patriarcal e escravista que as colocavam numa posição de desvantagem em relação a todos os outros grupos sociais, sejam homens e mulheres brancas ou homens negros de mesma origem e condição que elas.[16] Desse modo, acredito que a

---

14 ALMEIDA, Kátia Lorena. *Alforrias em Rio de Contas:* Bahia, século XIX. EDUFBA: Salvador, 2012. p. 126-135.

15 Sobre o conceito de família negra, consultar: REIS, Isabel Cristina Ferreira dos. *A família negra no tempo da escravidão*: Bahia, 1850-1888. Tese (Doutorado em História) – Instituto de Filosofia e Ciências Humanas, UNICAMP. Campinas, 2007.

16 DAVIS, Angela. *Mulheres, raça e classe*. São Paulo: Boitempo, 2016. p. 15-41; GONZALEZ, Lélia. *Primavera para as Rosas Negras*: Lélia Gonzalez em primeira pessoa. Diáspora Africana: Filhos da África, 2018; e HOOKS, bell. *E eu não sou uma mulher?* Mulheres negras e feminismo. Rio de Janeiro: Rosa dos Tempos, 2019.

predominância das mulheres na conquista da carta de alforria, aliada ao fato de que eram elas que mais optavam por mover ações de liberdade, demonstra que a insistência feminina nessa possibilidade de conquistar a liberdade se dava por entenderem que, para elas próprias e suas crianças, a liberdade legal nas últimas décadas da escravidão se apresentava como a alternativa com maior probabilidade de sucesso em Feira de Santana, especialmente diante da opção de não deixar suas filhas e filhos para trás. Além disso, tendo em vista a precariedade estrutural da liberdade, elas consideravam a liberdade legal mais segura em um tempo de tanta instabilidade.[17]

A construção das condições para uma perspectiva de serem donas de si mesmas a todo o momento precisava contar com uma ampla rede de solidariedade. E não foram poucos os casos em que foi possível notar a capacidade das mulheres em reunir pessoas em torno desses projetos. Além disso, em condições tão adversas como aquelas vivenciadas por elas durante o cativeiro, a solidariedade não era uma questão de escolha. Antes, era uma necessidade inerente à sobrevivência física e psicológica das mulheres e homens que tiveram suas vidas marcadas, direta ou indiretamente, pela experiência da escravidão enquanto perseguiam uma vida em liberdade.[18]

O caminho a ser trilhado até conseguir a alforria, na maior

---

17 Sobre precariedade estrutural da liberdade durante a escravidão, ver: CHALHOUB, Sidney. Precariedade estrutural: o problema da liberdade no Brasil escravista século XIX. *História Social* – Revista dos pós-graduandos em História da UNICAMP, Campinas, n. 19, p. 33-62, 2. sem. 2010; CHALHOUB, Sidney. *A força da escravidão*: ilegalidade e costume no Brasil oitocentista. São Paulo: Companhia das Letras, 2012; e MACHADO, Maria Helena P. T. Corpo, gênero e identidade no limiar da abolição: a história de Benedicta Maria Albina da Ilha ou Ovídia, escrava (sudeste, 1880). *Afro- Ásia* – Centro de Estudos Afro-Orientais, n. 42, Salvador, 2010. p. 157-193.

18 Para conhecer uma abordagem atenta também aos aspectos psicológicos da escravidão, consultar: TAYLOR, Nikki M. *Driven Toward Madness*: the fugitive slave Margaret Garner and tragedy on the Ohio (New Approaches to Midwestern History). Ohio: Ohio University Press, 2016.

parte das vezes longo, exigia das pessoas escravizadas um grande investimento para convencer suas senhoras e senhores de que, sob a ótica senhorial, eram merecedoras da alforria. Mas a conquista da carta de liberdade não era a garantia da concretização da liberdade. Certamente, muitas pessoas escravizadas amargaram a frustração de serem libertas e se verem novamente "reduzidas" à escravidão por senhoras e senhores arrependidos ou por seus herdeiros, como no caso de Joanna e Roza.

Além disso, mover uma ação de liberdade exigia condições mínimas que, necessariamente, não estavam à disposição da maioria das pessoas em cativeiro e nem mesmo de seus familiares, sobretudo para aquelas que viviam nas regiões mais afastadas das áreas mais urbanizadas. Assim, dificilmente saberemos quantas pessoas escravizadas se viram em "cativeiro injusto" e passaram suas vidas sem conseguir acionar esse mecanismo jurídico.

E segue o jogo judicial

Embora a carta de liberdade que Joanna disse existir, documento em que foi baseada a ação judicial, tenha sido anexada aos autos, não foi viável fazer a leitura de seu conteúdo por encontrar-se ilegível. Entretanto, juntando os fragmentos legíveis da carta apresentada a outras peças que compunham a ação de liberdade, consegui saber que sua escrita foi atribuída a um certo José Ambrosio de Sant'Anna Lima, também já falecido.

Os réus alegaram que, no período em que Joanna disse que o documento havia sido escrito, José Ramos da Motta Lima ainda escrevia de próprio punho, não precisando pedir a alguém para escrever em seu lugar caso realmente tivesse interesse de conceder a liberdade alegada.[19] Portanto, além de questionarem a veracidade da carta de liberdade, postura muito comum por parte de herdeiros nesse tipo de situação, apresentaram à justiça outro documento com o objetivo de provar definitivamente o direito à propriedade sobre mãe e filha.

> Atestado
> Eu, abaixo assinado dr. em medicina pela Faculdade da Bahia. 1ª cirurgião reformado do corpo de Saúde do Exército, e Cavaleiros das Imperiais Ordens da (ilegível) de Christo, [...] M. a Imperador.
> Atesto que o Senhor José Ramos da Motta Lima sofre de = alienação mental a cerca de dois anos, não podendo por tal motivo designar-se por si, e nem estar em casa sem ser constantemente acompanhado por pessoa de confiança a fim de evitar-se qualquer conseqüência funesta a tão freqüentes casos idênticos.
> [...]
> Feira de Sant'Anna, 14 de março de 1876. Dr. Alegario [...] C.[20]

De acordo com o atestado médico, o senhor José Ramos da Motta Lima não tinha saúde mental nem sequer para estar em casa desacompanhado e muito menos tinha condições para tomar decisões tão definitivas como, por exemplo, a de alforriar as escravizadas. A observação de que ele deveria ser acompanhado por

19 Tribunal de Relação da Bahia. Autoras, Joanna e Roza (escravizadas); Réus, Manoel Sabino de Lima e outros. Feira de Santana, 1877. APEB. Sessão Judiciária, 82/2941/03.

20 Tribunal de Relação da Bahia. Autoras, Joanna e Roza (escravizadas); Réus, Manoel Sabino de Lima e outros. Feira de Santana, 1877. APEB. Sessão Judiciária, 82/2941/03.

pessoas de confiança sugere que, aos olhos dos herdeiros, Joanna e Roza não faziam parte desse grupo seleto.

No entanto, diante da saúde precária do senhor, o mais provável é que, mais do que nunca, ele precisasse ter à sua disposição cativas do serviço doméstico. Então, não é difícil que essa fosse uma das atribuições de Joanna, que, embora tivesse sido matriculada como capaz de realizar qualquer trabalho da lavoura dentro de um universo tão pequeno de cativas, como poderá ser verificado mais à frente, ela, ou até mesmo todas as mulheres, desempenhasse mais de uma atividade em seu cotidiano. Desse modo, imagino que Joanna tivesse como atribuições não só os cuidados com a lavoura, a exemplo do preparo da terra para plantio, plantação, colheita e a venda dos produtos cultivados, mas, ainda, os serviços domésticos e os cuidados especiais de que o doente certamente necessitava.

Ao cruzar as informações da ação de liberdade movida por Joanna contra os herdeiros e o inventário de José Ramos da Motta Lima, foi possível constatar que ela morava em uma fazenda denominada Candeias. Ademais, ele não era um proprietário de muitos escravizados, ou seja, tratava-se de uma pequena propriedade rural localizada na freguesia de Santa Bárbara, como indicou a relação de pessoas cativas que ele matriculou em 1872.[21]

---

21 Tribunal de Relação da Bahia. Partilha amigável – Inventariado, José Ramos da Motta Lima; inventariante, Pedro Pereira dos Reis Lima e outros. Feira de Santana, 1877-1878. APEB. Sessão Judiciária, *Inventário*. 03/240/446/02, fl. 4. Verificar a Lei 2.040 de 28 de setembro de 1871, especialmente o artigo 8º, no qual o governo determinou que proprietárias e proprietário fizessem a "matrícula especial de todos os escravos existentes do Império, com declaração do nome, sexo, estado, aptidão para o trabalho e filiação de cada um, se for conhecida". Disponível em: http://www4.planalto.gov.br/legislacao/legislacao-historica/leis-do-imperio-1. Acesso em 04 de fevereiro de 2021. Ver ainda: o Decreto nº 1.695, de 15 de setembro de 1869, que proibiu a separação por venda de casais escravizados e de suas filhas e filhos menores de 15 anos. Disponível em: https://www2.camara.leg.br/legin/fed/decret/1824-1899/decreto-1695-15-setembro-1869-552474- publicacaooriginal-69771-pl.html. Acesso em 04 de fevereiro de 2021.

Na ocasião da referida matrícula, além de Joanna e suas duas filhas, ele ainda era proprietário de João, cor fula, de 40 anos; de Maria, cor fula, também de 40 anos; de outra Joanna, essa de cor preta, de 10 anos; e de Francisco, cor fula, de 7 anos. Essas duas crianças eram filhas de Maria.[22] De acordo com a matrícula realizada na ocasião, o finado também era proprietário de Victoria, de cor preta, de 8 anos, filha da escravizada Romana, de outro domínio.[23]

Além do mais, o documento de registro de propriedade ainda informou que, a julgar pela separação de Victoria e sua mãe, ambas pertenciam a domínios diferentes. Assim, é verossímil acreditar que, diante da decisão de se desfazer de suas propriedades, o finado não se deixava deter pelos apelos de mães e filhas para que não fossem separadas. Além disso, a julgar pelas idades, as crianças mencionadas não puderam ser beneficiadas pela lei de n° 2.040, de 28 de setembro de 1871, que, dentre outras coisas, proibia a separação de crianças ingênuas, menores de 8 anos, de suas mães escravizadas.[24] Infelizmente, não foi possível saber se elas puderam continuar em domínios próximos, de modo que a mãe da pequena pudesse acompanhar seu crescimento e tentar protegê-la de alguma maneira.

Ao analisar a lista de matrícula de pessoas escravizadas pelo antigo senhor de Joanna, José Ramos da Motta Lima, foi possível depreender que ele tinha preferência por adquirir mulheres: tratava-se de um grupo majoritariamente feminino. Além disso, o registro

22 Tribunal de Relação da Bahia. Autoras, Joanna e Roza (escravizadas); réus, Manoel Sabino de Lima e outros. Feira de Santana, 1877. APEB. Sessão Judiciária, 82/2941/03.

23 Tribunal de Relação da Bahia. Autoras, Joanna e Roza (escravizadas); réus, Manoel Sabino de Lima e outros. Feira de Santana, 1877. APEB. Sessão Judiciária, 82/2941/03. *Ação de liberdade de Joanna.*

24 Disponível em: <http://www2.camara.leg.br/legin/fed/decret/1824-1899/decreto-1695-15-setembro-1869-552474-publicacaooriginal-69771-pl.html> Acesso em: 05 dez. 2018.

informa que, com 8 pessoas escravizadas, o finado realmente era um pequeno proprietário rural e todas elas tinham aptidão para os trabalhos da lavoura, inclusive as crianças que, como destacou, eram aptas para o "trabalho leve da lavoura". Tal informação reforça a suspeita de que, embora na matrícula as escravizadas fossem direcionadas aos trabalhos na roça, pelo menos uma das mulheres e algumas meninas, além dessa ocupação e de vender os produtos cultivados na feira livre, se dedicassem aos trabalhos domésticos e aos cuidados com o doente. Assim, é possível que esse fosse o caso de Joanna e de suas filhas.

Com efeito, para compreendermos os sentidos das escolhas das mulheres pesquisadas, bem como da classe senhorial, é preciso considerar a existência da cultura do cuidado, segundo a qual eram tradicionalmente atribuídos às mulheres de uma maneira geral papéis no âmbito do cuidado, que no caso das escravizadas significava a sobreposição de responsabilidades.[25] A essas mulheres cabiam os trabalhos relacionados ao âmbito doméstico, criação e educação das crianças, cuidados com doentes e velhos e ainda com o bem-estar das pessoas da comunidade negra. Além dessas responsabilidades com as suas e os seus, as mulheres escravizadas ainda precisavam se dedicar a cuidar do bem-estar da família senhorial, executando tarefas domésticas mais pesadas e aquelas consideradas inapropriadas para as mulheres da classe senhorial, como, por exemplo, lavar roupa e fazer compras.

No caso das mulheres escravizadas, o papel de cuidar das

---

25 Para conhecer mais sobre o conceito cultura do cuidado, ver: DAMASCENO, K. T. *Para serem donas de si*: mulheres negras lutando em família (Feira de Santana, Bahia, 1871-1888). Doutorado (Tese em História) – Faculdade de Filosofia e Ciências Humanas, Universidade Federal da Bahia, UFBA. Salvador, 2019.

pessoas e da casa influenciava, inclusive, no tipo de alforria que elas obteriam. Era comum, especialmente entre as cativas de pequenos proprietários, como Joanna, que recebessem cartas de liberdade condicionais e que a condição fosse acompanhar a senhora ou o senhor até o fim de suas vidas para, somente depois, poderem viver como "se de ventre livre tivessem nascido". Dentro dessa lógica, certamente cabia à Joanna e às demais mulheres escravizadas os principais cuidados diários com o doente e com a casa.

Rosa, aos 9 anos, já estava na idade em que as meninas começavam a ser preparadas para desempenharem o papel determinado para elas na sociedade escravista. Ela, possivelmente, ajudava a mãe realizando alguns trabalhos domésticos "leves", como varrer a casa, tirar poeira dos móveis e lavar pratos. No alto de seus 6 anos, a pequena Firmina dificilmente escaparia de ter sua infância interrompida para ajudar a mãe, realizando outros pequenos serviços. Era nessa fase da vida que começavam os próprios ensinamentos para o lugar de subalternidade reservado para as meninas e mulheres negras, notadamente relacionado às atribuições domésticas.

Em que pesem os riscos aos quais as mulheres escravizadas estavam expostas dentro da casa senhorial, como violência sexual e outras agressões que podiam ser praticadas pelas senhoras, senhores e também por seus filhos, sempre que possível elas usavam a favor de seus projetos familiares de liberdade as pequenas brechas que lhes permitiam negociar a liberdade que a convivência na intimidade dessas famílias oferecia. Como mencionei acima, Joanna e Roza tinham o perfil mais comum das pessoas escravizadas que eram alforriadas em Feira de Santana: eram do sexo feminino e, ainda, mãe e filha. Evidentemente, Joanna teria conseguido negociar as alforrias possíveis e, como aconteceu com outras famílias, parte foi alforriada, ainda que condicionalmente, enquanto que a outra foi mantida em cativeiro sem qualquer perspectiva de liberdade. Ao fazer isso, é possível que a intenção do falecido fosse a de manter Joanna e até mesmo Roza atreladas à sua família mesmo depois que fossem libertas.

Portanto, a alegria de Joanna por ter conquistado pelo menos uma perspectiva de vir a ser livre para si mesma e para Roz, certamente fora ofuscada diante das incertezas quanto ao futuro da filha mais nova. É importante destacar que uma das maiores preocupações das pessoas escravizadas era com o que poderia acontecer após a morte do senhor, uma vez que, a partir desse momento, elas estariam sujeitas aos riscos de serem enviadas para longe e obrigadas a se afastarem de vínculos construídos em cativeiro. Desse modo, Firmina estaria sujeita a se ver separada definitivamente de sua mãe e irmã, libertas, e até mesmo de outros familiares que vivessem próximo delas, a exemplo, sua avó Zeferina, que não era exatamente uma personagem coadjuvante nas escolhas que resultaram nesse duelo travado nos tribunais.

O depoimento do major José Antonio Simões, de 78 anos, viúvo, natural da capital da Bahia, morador na sede do município, isto é, na "Cidade da Feira", como Feira de Santana era conhecida, que, como afirmou, vivia de seus bens, foi bastante sugestivo. Ao explicar como se deu sua participação para o registro da carta de liberdade apresentada à justiça pelo curador das autoras dessa ação de liberdade, o major afirmou que, certa noite, numa data da qual não se recordava, Zeferina, que no passado tinha sido do domínio de

José Ramos da Motta Lima, lhe apresentou uma carta de liberdade que conferia alforria a sua filha Joanna e a uma de suas netas, Roza.

Nesse sentido, é preciso explicitar que Maria Joaquina de Lima herdara a cativa Zeferina provavelmente por parte de sua mãe, visto que em 1872, quando fora realizada a matrícula de suas propriedades escravizadas, seu pai, José Ramos da Motta Lima, ainda era vivo. Evidentemente como usual na época, por ser casada, ela era representada em seus negócios por seu marido, Pedro Pereira dos Reis Lima, aliás, um dos réus dessa ação de liberdade.[26] A mencionada matrícula descreveu Zeferina como de cor preta, de 60 anos, solteira, de filiação desconhecida, capaz de qualquer serviço leve da lavoura, nascida em Santa Bárbara e de condição liberta.[27] Não foi possível saber como ela conseguiu sua liberdade, mas não há dúvidas de que foi enquanto liberta que ela se mobilizou para apoiar sua filha e netas em busca da alforria.

Segundo o major José Antonio Simões, Zeferina teria pedido para que ele mandasse passar a carta de liberdade em notas no tabelião.[28] Em seu depoimento, ele ainda acrescentou que somente depois de um tempo soube que a carta era falsa. Segundo ele, Zeferina teria se aproveitado de sua idade avançada e do fato de que ele não enxergava bem, então seria fácil enganá-lo, pois não usava

---

26 Conforme o Código Filipino Português, adotado no Brasil durante o período colonial e ainda em vigor nesta época, que demarcava a desigualdade de direitos entre os sexos, isto é, assim como os deficientes mentais, mendigos, menores e indígenas, as mulheres casadas continuaram sendo consideradas incapazes enquanto os homens eram considerados "a cabeça do casal", o que significava que, a eles cabia decidir sobre a vida e os bens da esposa. Sobre as Ordenações Filipinas, ver: GRINBERG, Keila. *Código Civil e cidadania*, Rio de Janeiro: Zahar, 2008.

27 Tribunal de Relação da Bahia. Partilha amigável – Inventariado, Pedro Pereira dos Santos Lima; Inventariante, Maria Joaquina de Lima, Feira de Santana, 1878-1895. APEB. Sessão Judiciária, *Inventário*. 1/236/357/02, fls. 12.

28 Tribunal de Relação – Autoras, Joanna e Roza (escravizadas); réus, Manoel Sabino de Lima e outros. Feira de Santana, 1877. APEB. Sessão Judiciária, 82/2941/03, fls. 19-19v.

óculos, como era de conhecimento de todos na cidade.[29] Nesse caso, Zeferina apareceu como a grande responsável por essa trama feminina. Mas em nenhum momento fora ouvida pelas autoridades judiciais sobre o caso. De acordo com os peritos, a carta de liberdade era falsa e, por isso, é inevitável se perguntar: se a alforria coletiva era algo comum em Feira de Santana, bem como a prática de alforriar parte da família, deixando a outra em cativeiro, por que Zeferina e Joanna forjariam uma carta de liberdade deixando a pequena Firmina em cativeiro?

Tradicionalmente, independente das escolhas de luta pela liberdade que eram adotadas pelas mulheres escravizadas, as crianças estavam incluídas nela. Isso porque, conforme a cultura do cuidado imposta às mulheres de uma maneira geral e, ao mesmo tempo, na maior parte das vezes compartilhada por elas, uma vez que se tornavam mães, as mulheres escravizadas dificilmente deixavam suas filhas e filhos para trás. Por isso, acho difícil que Zeferina ou Joanna tomassem essa decisão.

De qualquer maneira, a participação de Zeferina no processo de construção de pelo menos uma perspectiva de liberdade para a filha e uma de suas netas leva a pensar que o fato de pertencer a outro senhor e depois conseguir a própria liberdade não significou uma ruptura da relação familiar. Pelo contrário, avó, mãe, netas e, talvez, outros familiares provavelmente tramavam juntos para conquistar a liberdade possível para integrantes da família até que todas elas fossem libertas.

---

29 Tribunal de Relação – Autoras, Joanna e Roza (escravizadas); réus, Manoel Sabino de Lima e outros. Feira de Santana, 1877. APEB. Sessão Judiciária, 82/2941/03. Ação de liberdade de Joanna e Roza, fl. 19v.

A documentação não permitiu conhecer detalhes a respeito da vida sexo-afetiva de Zeferina ou Joanna, mas foi possível saber que ambas eram mães de filhas naturais, isto é, fruto de uniões que não eram reconhecidas pela Igreja Católica. É possível que esses companheiros ou ex-companheiros pudessem estar por perto e contribuindo com a construção desses projetos de liberdade, ainda que na busca da liberdade legal travada por essas duas mulheres em nenhum momento tenham aparecido na documentação.

O auto de exame feito para verificar a veracidade da carta de alforria apresentada à justiça e anexa aos autos declarou que esse documento era falso, reforçando a versão dos réus.[30] Contudo, ainda que a carta não fosse considerada falsa, ela não teria nenhuma validade diante da justiça devido ao atestado de insanidade apresentado pela família do falecido. Joanna e Roza perderam a ação de liberdade tanto em primeira quanto em segunda instância.

Enquanto a ação de liberdade tramitava, o réu mais citado nesse caso, Pedro Pereira dos Santos Lima, genro do finado senhor de Joanna e das crianças, também foi a óbito, informação que interessou para essa investigação, pois na lista de bens de seu inventário Joanna apareceu avaliada em 300 mil-réis e sem suas meninas. Isto é, embora fosse possível que as duas crianças tivessem permanecido juntas, ao que parece ambas foram separadas da mãe antes mesmo do desfecho do caso, visto que a ação judicial ainda corria em segunda instância.[31] Pelo menos foi o que os herdeiros

30 Tribunal de Relação – Autoras, Joanna e Roza (escravizadas); réus, réus, Manoel Sabino de Lima e outros. Feira de Santana, 1877. APEB. Sessão Judiciária, 82/2941/03, fls. 21-23.

31 Tribunal de Relação da Bahia. Partilha amigável – Inventariado, Pedro Pereira dos Santos Lima; Inventariante, Maria Joaquina de Lima, Feira de Santana, 1878-1895. APEB. Sessão Judiciária, *Inventário*. 1/236/357/02, fls. 9-14 e 36v.

decidiram amigavelmente, parecendo estarem certos de que a nova sentença também seria contra a liberdade das autoras da ação de liberdade. E foi o que aconteceu, ou seja, uma nova separação da família pôde ser confirmada judicialmente. Embora em caso de partilha sempre fosse algo possível de acontecer, diante da audácia de Zeferina e Joanna de levá- los aos tribunais, do ponto de visto senhorial, separar ainda mais a família talvez fosse o pior dos castigos que poderiam lhes aplicar.

A capacidade de mãe e avó para construir uma história de liberdade plausível gerou ensinamentos em busca de liberdade passados para as mais novas, Roza e Firmina, bem como para os demais integrantes da comunidade negra para a qual elas inevitavelmente seriam referência. Até onde foi possível acompanhar na documentação, a vigilância e a distância não conseguiram impedir essa mobilização intergeracional envolvendo três gerações de escravizadas de uma mesma família que lutavam juntas pelo direito de serem donas de si mesmas e, ao mesmo tempo, conquistarem esse direito para a sua descendência.[32] Certamente, essa família de mulheres continuaria lutando para voltarem a estar juntas e por liberdade, cada vez mais atentas para a importância de interpretarem os efeitos de suas ações e das escolhas de outras pessoas escravizadas no modo pelo qual os homens da lei reelaboravam as pressões que faziam para o fim da escravidão no Brasil.

---

32 Sobre a existência de linhagens geralmente femininas intergeracionais no Recôncavo sul da Bahia, ver: BARRETO, Virginia Q. *Fronteiras entre a escravidão e a liberdade*: histórias de mulheres pobres livres, escravas e forras no Recôncavo Sul da Bahia (1850-1888). Tese (Doutorado em História Social) – Faculdade de Filosofia, Letras e Ciências Sociais, USP. São Paulo, 2016, p. 106-109. Para São Paulo do século XIX, consultar: DIAS, Maria Odila L. S. *Quotidiano e poder em São Paulo no século XIX*. São Paulo: Brasiliense, 1995.

Considerações finais

A história de luta aqui contada apresentou mulheres negras no centro da trama para a conquista da liberdade legal para si mesmas e para suas filhas, explicitou as diferentes maneiras encontradas por elas para conquistar esse objetivo e permitiu, ao mesmo tempo, conhecer um pouco de sua paciência, insurgência e persistência para a construção de projetos de liberdade em família. Ingredientes que naqueles anos foram determinantes para que mulheres e homens conquistassem a liberdade legal, seja por meio de uma negociação "amigável" ou de um confronto explícito nos tribunais.

Em todo o Brasil Império mulheres negras que, na maior parte das vezes, não tinham a possibilidade de dizer não às determinações senhoriais, enfrentaram o poder desses homens na justiça e, por vezes, foram vitoriosas. A despeito da disputa judicial travada em família por Zeferina, Joanna, Roza e Firmina, assim como outras tantas naqueles anos que receberam sentenças contra a liberdade, do ponto de vista histórico, a insubordinação dessas mulheres e de suas pequenas aprendizes da luta pelo direito de serem donas de si mesmas noticiam o potencial demolidor que cada uma dessas personagens tinha ao acionar a justiça de um Estado que, até pouco tempo, só arbitrava em torno de leis para reforçar a dominação senhorial. Isto é, elas contribuíram para que as gerações que viessem depois delas pudessem nascer e vislumbrar um tempo de liberdade.

Comentários bibliográficos: principais livros e fontes utilizados para a escrita do texto

A partir da década de 1980, período em que historiadoras e

historiadores passaram a querer conhecer mais de perto o ponto de vista das pessoas escravizadas, cada vez mais se interessaram em saber como pensavam. Quais eram as condições de alguém em cativeiro de interferir nos rumos da própria vida? Como era a relação entre senhores e cativos? Qual era o sentido da liberdade para essas pessoas? Evidentemente, esta produção não pode ser avaliada desconectada do contexto em que foram escritas, quando a historiografia tradicional, de viés predominantemente econômico, vinha sofrendo críticas dos próprios historiadores, buscando novas fontes e novas abordagens.[33] Além da expansão e da consolidação dos cursos de pós-graduação, o Brasil passava por um processo de redemocratização. Os movimentos sociais se reorganizavam e, especialmente, o movimento negro, desde a década anterior, trazia como pauta principal a denúncia do mito da democracia racial.[34]

Nesse sentido, destaco a contribuição de Lélia Gonzalez, cuja obra ainda é pouco conhecida na História, mas que, desde o final da década de 1970, vem chamando atenção para a "tripla" ou a "tríplice" exploração das mulheres negras, como preferia se referir à combinação das opressões de classe, gênero e raça enfrentadas por elas na sociedade brasileira. Além da importância do cruzamento entre essas categorias de análise, Gonzalez ainda contribuiu para a reconstituição desse passado ao chamar a atenção para o acúmulo

33 LARA, Silvia H. Blowin in the wind: E. P. Thompson e a experiência negra no Brasil. *Projeto História* – Revista do Programa de Estudos de Pós-Graduados de História, v. 12, out. 1995.

34 CASTRO, Hebe. História Social. In: CARDOSO, Ciro F; VAINFAS, Ronaldo (Org.). Domínios da História: ensaios de teoria e metodologia. Rio de Janeiro: Elsevier, 1997; CARDOSO, Marco Antônio. *O movimento negro em Belo Horizonte*: 1978-1998. Dissertação (Mestrado em História) – Faculdade de Filosofia e Ciências Humanas, Universidade Federal de Minas Gerais, UFMG. Belo Horizonte, 2001; e MOVIMENTO NEGRO UNIFICADO. *1978-1988. 10 anos de luta contra o racismo*. São Paulo: Confraria do Livro, 1988.

de atribuições das mulheres negras durante o período escravista no Brasil.[35]

Embora ainda persista uma dificuldade de encontrarmos estudos em que mulheres negras apareçam no centro das análises, ao ampliar as possibilidades de fontes e fazer novas perguntas aos antigos documentos, essas personagens que, por vezes, parecem gritar para serem ouvidas nas ações de liberdade, nas cartas de alforrias, nos inventários, nos registros de compra e venda de pessoas escravizadas, nos assentos de batismos e nos atestados de óbitos, enfim, estão sendo ouvidas e reverenciadas pela historiografia.

No sentido, é importante destacar o pioneirismo do estudo realizado por Maria Odila Leite da Silva Dias. Esta, ao reconstituir o cotidiano de mulheres pobres, forras e escravizadas em São Paulo no século XIX, buscando seus vestígios em uma documentação geralmente dispersa, explicitou o cotidiano das famílias chefiadas por mulheres.[36] Do mesmo modo, Cecília Soares Moreira enfatizou em seu estudo sobre as mulheres negras durante o século XIX que, embora muitas escravizadas trabalhassem no ganho, a maior parte delas podia ser encontrada nos serviços domésticos, enquanto as libertas predominavam no trabalho de ganho em Salvador[37].

Ao analisar ações de liberdade que correram na Corte de Apelação do Rio de Janeiro no século XIX, Keila Grinberg explicitou os caminhos das pessoas escravizadas para mover

35 GONZALEZ, Lélia. A mulher negra na sociedade brasileira. In: LUZ, Madel T. (Org.). *O lugar da mulher*: estudos sobre a condição feminina na sociedade atual. Rio de Janeiro: Graal, 1982. p. 87-105; e GONZALEZ, Lélia. *Primavera para as Rosas Negras*: Lélia Gonzalez em primeira pessoa... Diáspora Africana: Filhos da África, 2018.

36 DIAS, Maria Odila Leite da Silva. *Quotidiano e poder em São Paulo no século XIX*. São Paulo: Brasiliense, 1995.

37 SOARES, Cecilia Moreira. *Mulher Negra na Bahia no século XIX*. Salvador: EDUNEB, 2007.

uma ação de liberdade, bem como os vários sujeitos envolvidos, como a dvogados, curadores e juízes. Essa autora apresentou os componentes de uma ação de liberdade desde a tramitação em primeira instância ao mesmo tempo em que descortinou a trajetória da escravizada Liberata. Esta, na segunda metade do século XIX, contestou na justiça a legitimidade do domínio senhorial.[38]

A coletânea organizada por Giovana Xavier, Juliana Barreto Farias e Flávio Gomes sobre mulheres negras, desde que foi publicada, tornou-se obra obrigatória para os estudos sobre escravidão no século XIX, uma vez que trata da reunião de estudos que trazem vários aspectos da vida de mulheres negras em várias partes do país, com ênfase no período escravista e na pós-emancipação.[39] Outra coletânea importante foi organizada por Iamara Viana, Maria Helena Machado, Luciana Brito e Flávio Gomes, na qual foram reunidos trabalhos que, tomando como ponto inicial a discussão acerca da Lei 28 de setembro de 1871, conhecida como Lei do Ventre Livre, descortinaram os desafios enfrentados por mulheres negras com o firme propósito de vivenciar a maternidade a seu modo em tempos de escravidão e lutar por liberdade no Brasil, assim como em outras sociedades escravistas do mundo Atlântico.[40]

Do mesmo modo, busquei contribuir com esse conhecimento trazendo a tona especificidades da escravidão e da liberdade feminina. Além da capacidade das mulheres negras – escravizadas,

38 GRINBERG, Keila. *Liberata – a lei da ambigüidade*: as ações de liberdade da Corte de Apelação do Rio de Janeiro no século XIX. Rio de Janeiro: Relume-Dumará, 1994.

39 XAVIER, Giovana; FARIAS, Juliana Barreto; GOMES, Flávio (Org.). *Mulheres negras*: no Brasil da escravatura e do pós-emancipação. São Paulo: Selo Negro, 2012.

40 MACHADO, Maria Helena P. T.; BRITO, Luciana da Cruz; VIANA, Iamara da Silva; GOMES, Flávio dos Santos (Org.). *Ventres livres?*: Gênero, maternidade e legislação. São Paulo: Editora Unesp, 2021.

libertas e livres – de canalizar relações para a construção de melhores condições de vida e de conquista da liberdade legal para elas próprias e para seus familiares, especialmente suas filhos e filhas pequenos.

Enfim, a despeito do mundo das mulheres negras durante a escravidão ainda ser em grande parte desconhecido, tais obras têm conseguido visibilizar seu protagonismo na luta para a conquista da própria liberdade, de suas filhas e filhos, bem como de outros integrantes da comunidade negra. Isso é fundamental para que possamos perceber permanências e mudanças que nos permitam Brasil, além de poder nos ajudar a compreender o que somos enquanto sociedade nos dias atuais.

Uma proposta pedagógica para uso do professor

A petição acima escrita em nome de Joanna e sua filha Roza dera início à ação de liberdade movida por ambas contra os herdeiros de seu finado senhor. Desse modo, sugiro como atividade que a professora ou professor solicite às alunas e alunos as propostas a seguir:

1. Leia com atenção:

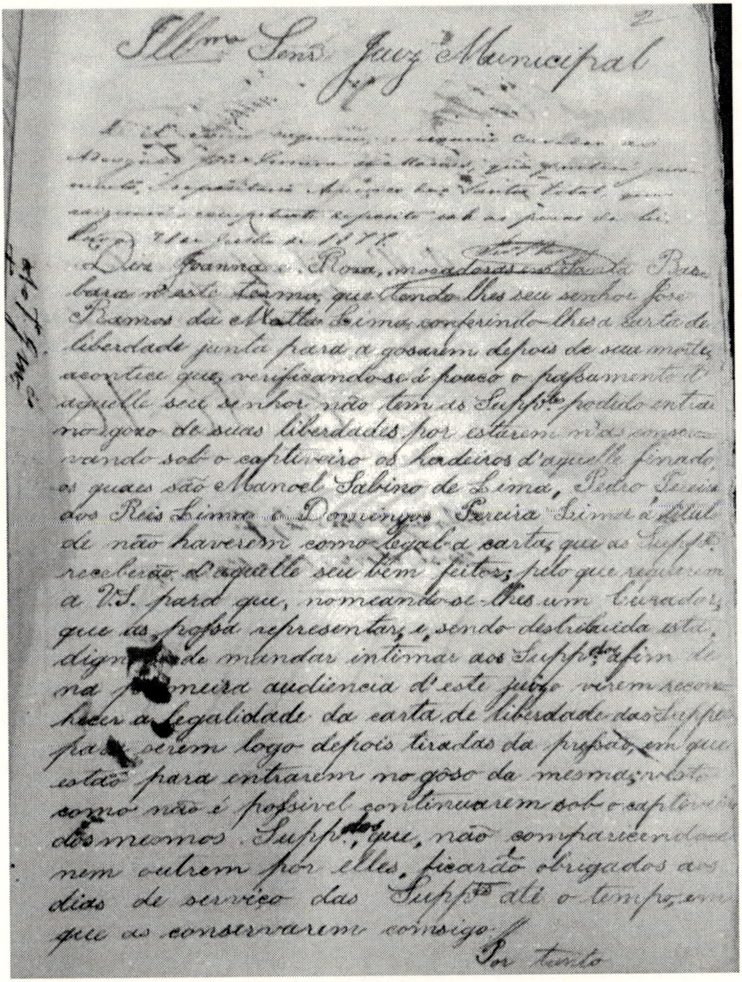

Illmo. Senr. Juiz Municipal

Diz Joanna e Roza, moradoras em Santa Bar-
bara n'este termo, que tendo lhes seu senhor José
Ramos da Motta Lima, conferindo-lhes a carta de
liberdade junta para a gozarem depois de sua morte,
acontece que, verificando-se á pouco o fallecimento d'
aquelle seu senhor não tem as Supptes. podido entrar
no gozo de suas liberdades por estarem n'as conser-
vando sob o captiveiro os herdeiros d'aquelle finado,
os quaes são Manoel Sabino de Lima, Pedro Ferreira
dos Reis Lima e Domingos Ferreira Lima á pretexto
de não haverem como legal a carta, que as Suppts.
receberão d'aquelle seu bem feitor; pelo que requerem
a V.S. para que, nomeando-se-lhes um Curador,
que as possa representar, e, sendo destribuida esta,
digne-se de mandar intimar aos Suppdos. afim de
na primeira audiencia d'este juizo virem reco-
nhecer a legalidade da carta de liberdade das Suppes.
para serem logo depois tiradas da prisão, em que
estão para entrarem no gôso da mesma; visto
como não é possivel continuarem sob o captiveiro
dos mesmos Suppdos. que, não comparecendo-se
nem outrem por elles, ficarão obrigados aos
dias de serviço das Suppts. até o tempo, em
que as conservarem comsigo.

Por tanto

Petição

Diz, Joanna e Roza, moradoras de Santa Barbara neste termo, que tendo lhes seu senhor José Ramos da Motta Lima conferindo-lhes a carta de liberdade juntas para a gozarem depois de sua morte, acontece que, verificando-se a pouco o falecimento daquele seu senhor não tem as suplicantes podido entrar no gozo de suas liberdades por estarem as conservando sob o cativeiro os herdeiros daquele finado os quais são Manoel Sabino de Lima, Pedro Pereira dos Reis Lima e Domingas Pereira Lima, Pedro Pereira dos Reis Lima a título de não haverem como legal a carta, que as suplicantes receberam daquele seu bem feitor; pelo que requerem a vsa. para que, nomeando-se-lhes um curador, que as possa representar, e, sendo distribuída esta digno de mandar intimar aos Suplicados a fim de na primeira audiência deste juízo virem reconhecer a legalidade da carta de liberdade das Suplicantes para serem logo depois tiradas da prisão, em que estão para entrarem no gôzo da mesma; vista como não é possível continuarem sob cativeiro dos mesmos. Suplicados que não comparecendo e nem outrem por eles ficarão obrigados aos dias do serviços das suplicantes até o tempo em que a[s] conservarem consigo.

Fonte: Tribunal de Relação da Bahia. Autoras, Joanna e Roza (escravizadas); Réus, Manoel Sabino de Lima e outros. Feira de Santana, 1877. APEB. Sessão Judiciária, 82/2941/03. f. 2

A. Na petição inicial as autoras da ação judicial alegaram terem recebido uma carta de liberdade. Considerando que principalmente as mulheres escravizadas desenvolviam atividades relacionadas ao trabalho doméstico, como cuidado com crianças, limpeza da casa e cozinhar, quais os riscos implicados na convivência com a família senhorial? Quais as possibilidades de uma mulher escravizada conseguir ser bem-sucedida na negociação da alforria "amigável" com sua senhora ou senhor?

B. Compare as condições de uma pessoa escravizada que entrava na justiça contra proprietários, reivindicando a liberdade legal, com as condições das trabalhadoras e trabalhadores assalariados no Brasil atual ao acionar a justiça contra seus patrões.

Astúcias de mulheres fugitivas no Brasil escravista: narrativas (em busca) de liberdade na Paraíba do Norte Imperial

Maria da Vitória B. Lima e Solange P. Rocha

> Ausentou-se do sítio abaixo assignado, no sábado 25 do corrente, a preta escrava Mariana, de nação africana, com 80 anos, pouco ou mais [...]; o estado de caduquice da escrava fez com que não se dêsse importancia ao seu dito [...]. Cruz do Peixe/Parahyba.[1]

Mariana esperou o momento certo para evadir-se, apesar dos seus 80 anos. Os jornais do Brasil imperial, sobretudo na segunda metade do século XIX, estão repletos de notícias de fugas de pessoas escravizadas, uma forma cotidiana de resistência à escravidão. Esse tema também é/foi abordado pela literatura. Anos depois da abolição da escravatura no Brasil, extinta em 13 de maio de 1888, Machado de Assis (1839-1908), renomado escritor brasileiro, publicou o conto "Pai contra mãe", no qual apresenta figuras da ficção que viveram no tempo do cativeiro (mulheres e

1 O PUBLICADOR, 26 ago. 1866, p. 4. *BN Digital Brasil/DocPro*, s.d. Disponível em: http://memoria.bn.br/DocReader/docreader.aspx?bib=215481&pasta=ano%20186&pesq=&pagfis=2965. Acesso em: 12 fev. 2021.

homens escravizados, brancas(os) pobres, indivíduos das camadas médias, "pretos" livres e gente da elite), suas relações de trabalho, as violências da época e as resistências à escravização, como as fugas. Nesse gênero literário, cuja particularidade é uma narrativa curta, o literato nos transmite com maestria reflexões críticas sobre o regime escravista por meio dos comportamentos humanos de vários personagens que vivenciaram os últimos anos desse regime produtivo e social.

Um enfoque presente no conto machadiano que nos interessa refere-se à resistência, sobretudo de mulheres escravizadas, por meio da fuga, a exemplo de Arminda, uma mulher-fugitiva que, na inventividade ficcional, fracassou ao rebelar-se contra o regime escravista. Para além disso, a narrativa de Machado nos proporciona um conhecimento a respeito de parte do universo da cidade e de seus moradores (cativos e livres) e dos instrumentos de castigo ("ferro ao pescoço"), utilizados pela classe senhorial para demarcar a "punição de fujões", mas também mostrar que pessoas escravizadas se insurgiram contra a escravatura.[2]

Essa ação de transgressão à escravidão, nas circunstâncias históricas da época, era exequível. Muitas das fugas resultaram na formação de quilombos, um dos principais símbolos da resistência negra existentes em todo o período do Brasil escravista. São muitos os estudos históricos que se dedicam a investigar as experiências concretas de mulheres escravizadas do século XIX.[3] Neste capítulo

---

2 Gomes (1996) realiza uma análise mais densa do mesmo conto de Machado de Assis. Confira o artigo "Jogando a rede, revendo as malhas: fugas e fugitivos no Brasil escravista". *Tempo*: Rio de Janeiro, v. 1, p. 67-93, 1996.

3 A historiografia sobre as mulheres negras na diáspora é bastante extensa. Destacamos aqui a coletânea que nos fornece um painel histórico sobre as mulheres negras: XAVIER, Giovana; FARIAS, Juliana B.; GOMES, Flávio (Orgs.). *Mulheres negras no Brasil escravista e do pós-emancipação*. São Paulo: Selo Negro, 2012.

em específico analisaremos fugas ocorridas na capitania/província da Paraíba do Norte, com destaque para as mulheres, as quais nos deixaram fragmentos de suas vivências no mundo social (trabalho, família, amizade etc.) e uma memória de resistência em busca da liberdade numa sociedade complexa e demarcada por exclusões, hierarquias e limites estruturais.

Além de esquadrinharmos algumas experiências de mulheres escravizadas da Paraíba durante o período imperial, ao fim do capítulo iremos sugerir duas Propostas Didáticas para docentes da Educação Básica (8º ano), podendo ser adaptadas para outros níveis de formação. Nas práticas pedagógicas, indicaremos um diálogo entre História e Literatura, posto que, em nossa compreensão, a linguagem literária pode favorecer uma aprendizagem significativa da história, sendo a mediação docente crucial para demonstrar a complexidade e nuances de um (longo) período histórico-social, como o fenômeno da escravidão africana.

Na segunda Proposta Pedagógica, recomendaremos uma ativadade que propicia reflexões sobre as continuidades históricas de resistência das mulheres negras, resultando na atualidade, com o reconhecimento oficial das lutas femininas e a criação de um dia nacional (25/07) com homenagem a uma personagem histórica/fugitiva (Tereza de Benguela) e às mulheres negras brasileiras. Nas duas Sugestões Didáticas apontaremos como o uso de tecnologias digitais pode ser um dos recursos didáticos no processo de aprendizagem.

Nosso intuito com a narração de histórias de fugas de mulheres cativas e as propostas didática é colaborar com a formação crítica de estudantes, assegurando um diálogo permanente para a compreensão da diversidade sociocultural e para que o ensino de história "seja uma experiência gratificante" para estudantes e professoras/es.[4] Nesse sentido, os textos (literários e históricos) podem ser promissores para o aprendizado do passado, ou seja, o ensino da história pode incrementar um diálogo entre áreas na exposição de um fenômeno histórico, pois acrescenta-se a imaginação numa dada realidade e possibilita diálogos entre as temporalidades históricas.

Mulheres fugitivas na Paraíba escravista (1800-1888)

Desde os tempos coloniais, o território da Paraíba (1585-1822) teve a sua economia assentada na agricultura de exportação e de subsistência, na pecuária e no predomínio do latifúndio, tendo a força de trabalho da pessoa escravizada como o "sustentáculo da economia paraibana", que, em geral, apresentava precariedade (técnicas e instrumentos agrários ineficientes, falta de mão de obra especializada, meios de transportes pouco eficientes, escasso capital financeiro etc.). Além de uma classe dirigente com visão de mundo aristocrática, patriarcal e escravista. Mantendo regularmente a exploração de mulheres, crianças e homens escravizados e a dependência regional, sobretudo de Pernambuco, e externa (Europa) como força de trabalho por mais de três séculos. No entanto, houve a "abastança" das elites socioeconômicas e políticas e,

4 SILVA, Marco Antônio da; FONSECA, Selva G. Ensino de História hoje: errâncias, conquistas e perdas. *Revista Brasileira de História*, v. 30, n. 60, São Paulo, 2010. Disponível em: https://www.scielo.br/scielo.php?pid=S0102-01882010000200002&script=sci_arttext. Acesso em: 06 fev. 2020.

ao longo do tempo, ocorreu o crescimento das unidades produtivas (engenhos de açúcar, fazendas, engenhocas etc.).[5]

Por mais de três séculos, a Paraíba persistia como uma província de pequeno porte localizada na atual Região Nordeste e, como as outras do Brasil Imperial, continuava a participar do sistema capitalista e escravista no decorrer da diáspora africana nas Américas, cujas águas do "atlântico negro" asseguraram mobilidades transoceânicas e a (re)configuração cultural e política de sujeitos diaspóricos.[6] O processo de sua formação (iniciado em 1574) resultou na apropriação (violenta) do espaço físico (1585) pertencente aos povos originários, no repovoamento do território com uma economia agroexportadora e de subsistência para satisfazer os interesses de colonizadores ibéricos (portugueses e espanhóis) e outros que disputavam essa localidade.[7]

Desde então, o complexo produtivo e as relações sociais estiveram firmados no escravismo, na exploração do trabalho de africanos, de seus/suas descendentes e de povos indígenas, portanto, podemos assinalar que essa localidade foi forjada em "costas negras e indígenas". No Mapa 1, podemos observar a posição

---

5 GALLIZA, Diana S. de. *O declínio da escravidão na Paraíba*, 1850-1888. João Pessoa: Universitária/UFPB, 1979; e MARIANO, Serioja. *Gente opulenta e de boa linhagem*: família, política e relações de poder (1817-1824). João Pessoa: Editora Universitária da UFPB, 2010.

6 Sobre o "atlântico negro", escravidão e capitalismo, confira GILROY, Paul. *O Atlântico Negro*: modernidade e dupla consciência. Tradução Cid Knipel Moreira. São Paulo/Rio de Janeiro: Editora 34/Centro de Estudos Afro-Asiáticos/UCAM, 2001. A respeito do "comércio de africanos" na Paraíba, uma área periférica do capitalismo, consultar GUIMARÃES, Matheus Silveira. *Diáspora africana na Paraíba*: trabalho, tráfico e sociabilidade na primeira metade do século XIX. João Pessoa: Editora do CCTA, 2018. (Versão online).

7 GONÇALVES, Regina C. *Guerras e açúcares*: política e economia na capitania da Parayba, 1585-1630. Bauru: Edusc, 2007; ROCHA, Solange P.; GUIMARÃES, Matheus S. O mundo do trabalho na sociedade escravocrata brasileira: um panorama sobre a Paraíba escravista. In: OLIVEIRA, Tiago Bernardon de (Org.). *Trabalho e Trabalhadores no Nordeste*: análises e perspectivas de pesquisas históricas em Alagoas, Pernambuco e Paraíba. Campina Grande: Ed. UEPB, 2015, p. 23-56. (Versão online).

do território paraibano e de suas principais cidades e vilas no extenso Brasil imperial. Locais em que estavam presentes trabalhadoras e trabalhadores escravizados que desempenhavam variados ofícios na zona rural (nas culturas de açúcar, algodão, criação de animais etc.) e na urbana (pequeno comércio, atividades domésticas, carregadores de diversos produtos etc.) para usufruto de uma pequena parcela populacional, qual seja, o segmento que detinha a posse de terras, de pessoas cativas e do poder político.

Mapa 1 - Localização da Província da Paraíba do Norte (1872)

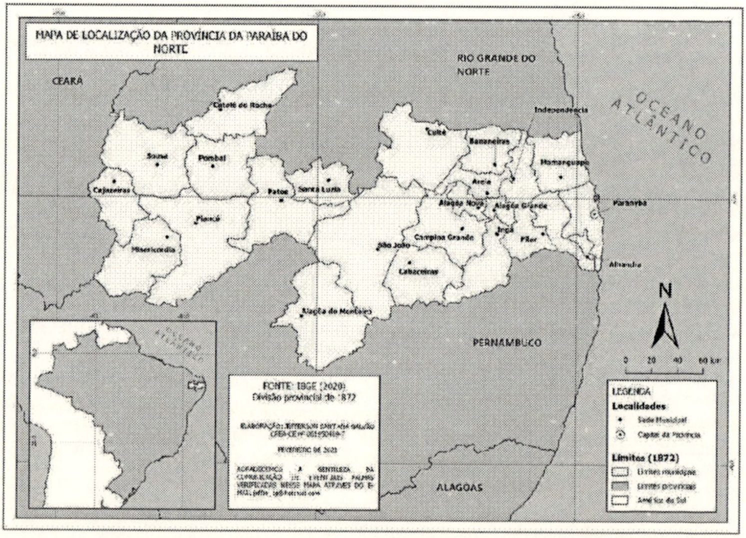

Fonte: IBGE. Recenseamento Geral do Brasil em 1872 – Paraíba. Elaboração de Jefferson Santana Galvão (Geógrafo, 2021).

No decorrer do século XIX, as cidades brasileiras passaram por mudanças, contudo, mantinha-se o escravismo, e as pessoas escravizadas não deixaram de tensionar o regime com as fugas, como as protagonistas deste texto, mulheres fugitivas. Elas escapavam do poder senhorial mesmo idosas, como a personagem que principia este estudo: Mariana, uma escravizada estrangeira ("nação africana") com cerca de 80 anos, que se fazia de "caduca" e que num determinado dia de agosto de 1866 abandonou o cativeiro no sítio Cruz do Peixe, na época uma área periférica da capital da Paraíba do Norte, cuja cidade era homônima da província, aqui grafada como cidade da Parahyba ou apenas Parahyba para diferenciar da capitania/província da Paraíba.[8]

Outras fugiam sozinhas ou acompanhadas, conforme podemos identificar nos vestígios históricos obtidos em documentação incompleta e descontínua de registros de suas evasões, mas que proporciona uma análise em relação ao sexo, à idade, origem de nascimento, mobilidade geográfica e às estratégias utilizadas por mulheres e por homens escravizados para manterem-se distantes do mando (e exploração) de seus proprietários/as e, em alguns casos, para o reencontro de seus familiares. Isso ocorria durante os anos finais do período colonial e todo o período imperial, ou seja, de 1800 a 1888.

Nesse período, a população escravizada da Paraíba diminuía a cada década. Em 1811 eram cerca de 17.633 (14,4%), num total de 122.407 habitantes; em 1851, o percentual estava por volta de 13,4% (28.546 cativos/as), numa maioria de indivíduos livres (183.920); e no auge da crise do escravismo, em 1872, apenas 5,7% (21.526) eram pessoas escravizadas num total de 376.226 residentes na província paraibana.[9] Um ano antes da extinção da

8 *O Publicador*, 28 de agosto de 1866, p. 4.

9 Para mais informações sobre a população escravizada na Paraíba consulte ROCHA, Solange P. *Gente*

escravidão, em 1887, um total de 9.108 indivíduos (5.039 do sexo feminino e 4.069 do masculino) foram distinguidos no território do então Norte do Brasil.[10]

Com a documentação referida, conseguimos elaborar o Quadro 1, em que está exposta a quantidade estimada de mulheres e homens fugitivos na Paraíba escravista, um total de 279 indivíduos. Sendo uma minoria dita como africano/africana: apenas 12, constituídos por 11 Angolas e 1 Benguela. Portanto, entre os/as que escapavam estavam "crioulos/as", ou seja, os indivíduos nascidos no território designado de Brasil.

Quadro 1 - Quantificação das fugas por idade e por sexo de pessoas escravizadas e fugitivas na Paraíba (1800-1888)

Grupo etário	Masculino	**Feminino**	**Total conhecido**
Conhecido	76	23	99
01 – 14	12	2	14
15 – 35	50	16	66
36 – 59	12	4	16
60 – 80	2	1	3
Desconhecido	**141**	**39**	**180**
Soma total	**217**	**62**	**279**

Fonte: Correspondência de particulares do governo da Capitania/Província e Chefia de Polícia; Jornais; Inventários. Localização: AHPB, NDIHR/UFPB, IHGP, FCJA, SEDIHR/UFCG; HDBN/RJ.[11]

negra na Paraíba oitocentista: população, família e parentesco espiritual. São Paulo: Unesp, 2009; e LIMA, Luciano Mendonça. Cativos da *"Rainha da Borborema"*: uma história social da escravidão em Campina Grande – século XIX. Recife: Editora da UFPE, 2009, dentre outros.

10 SILVA, Lucian Souza da. *Nada mais sublime que a liberdade*: o processo da abolição na Parahyba do Norte (1870-1888). Dissertação (Mestrado em História) – Centro de Ciências Humanas, Letras e Artes, Universidade Federal da Paraíba. João Pessoa, 2016. (Versão *online*).

11 As abreviaturas referem-se a vários acervos, a saber: AHPB (Arquivo Histórico da Paraíba), NDIHR/

Constatamos, ainda, que os homens fugiam mais que as mulheres, como revela o Quadro 1. Foram registrados 62 casos de fugas para o sexo feminino e 217 para o masculino. As razões para o baixo número de fugas de mulheres cativas podem estar relacionadas à construção de outras formas de insubmissão ou devido à maternidade, que tendia a dificultar a evasão das mulheres. Em alguns casos, a mãe escravizada esperava que seu filho/sua filha tivesse condições de acompanhá-la na fuga. Como os anúncios que seguem nos deixam apreender nas situações vivenciadas por Margarida e Dionísia, respectivamente:

> Fugirão do poder do abaixo assignado os escravos agrícolas, criôla, de 30 anos, e seu filho Manoel, de 10 anos, côr fula, e Themoteo, pardo, com 16 annos, filho de *Margarida*, todos pertencentes a Francisco Manoel Carneiro da Cunha [...][12] (Grifo nosso).

Em seguida, temos a história de Dionísia, jovem mãe cativa de Fernando:

> Na noite do dia 10 da corrente desappareceu do engenho Jardim, d'esta comarca de Bananeiras, a escrava *Dionísia*, preta gorda; estatura regular, feições grosseiras, olhos apertados, matriculada neste município em 1872 com a idade de 25 annos; um *filho* da mesma escrava de nome *Fernando*, cabra escuro, cabellos carapinhos, nariz

UFPB (Núcleo de Documentação e Informação Histórica da Paraíba/Universidade Federal da Paraíba), IHGP (Instituto Histórico e Geográfico Paraibano), FCJA (fundação Cultural José Américo de Almeida), SEDIHR/UFCG (Setor de Documentação Histórica e Regional/Universidade Federal de Campina Grande) e já mencionada Hemeroteca Digital Biblioteca Nacional - Rio de Janeiro/HDBN/RJ.

12 JORNAL DA PARAHYBA, ano XIII, 9 jul. 1874, p. 4. Acervo: Núcleo de Documentação e Informação Histórica Regional – NDIHR/UFPB (João Pessoa/PB).

> muito chato, gago, com uma cicatriz de queimadura que apanha do estomago ao meio das costellas. [...]. Engenho Jardim, 28 de outubro de 1881. Felinto Florentino da Rocha.[13] (Grifos nossos).

As mulheres escravizadas fugitivas detinham o seguinte perfil: crioulas, solteiras, de 20 a 35 anos de idade; e, enquanto os homens escapavam do cativeiro, em geral, sozinhos, elas eram acompanhadas de suas crianças, de seu marido ou de outro parente. Essas crianças, possivelmente, tiveram os mesmos motivos dos fugitivos mais velhos, isto é, buscavam a reconstituição de pelo menos uma parte da família, fosse o pai, a mãe ou qualquer outro com quem teriam parentesco sanguíneo ou espiritual e também para livrarem-se da exploração de escravizadores.[14]

Os anúncios de fugas publicados nos jornais oitocentistas disponibilizam conhecimentos acerca da roupagem das cativas, como vestidos feitos com chita, um tecido popular, e mantos, como os xales. Ao fugir, Vicência, de 22 anos, levava consigo "[...] vestido preto de chita e chalés [sic] também preto".[15] Um ano depois, Anna, com cerca de 33 anos, também dispunha entre seus pertences xales de chita. Essa última escravizada possuía em seu corpo explícitos sinais da violência escravista, constava no anúncio de sua fuga que havia "algumas marcas de chicote", adiante vamos ampliar esse

---

13 JORNAL DA PARAHYBA, ano XX, nº 2201, 23 nov. 1881, p. 3. Acervo: Núcleo de Documentação e Informação Histórica Regional – NDIHR/UFPB (João Pessoa/PB).

14 Na pesquisa de Lima (2013), especialmente no capítulo quatro, há vários casos de fugas de crianças. Confira LIMA, Maria da Vitória Barbosa. *Liberdade Interditada, Liberdade Reavida*: escravos e libertos na Paraíba escravista (século XIX). Brasília: Fundação Cultural Palmares, 2013.

15 O TEMPO, ano II, nº 110, 14 dez. 1865, p. 4. Acervo: Núcleo de Documentação e Informação Histórica Regional – NDIHR/UFPB (João Pessoa/PB).

tema. Ela deixou a capital de Pernambuco em direção à Paraíba, onde tinha um "irmão de nome Henrique".[16]

Evadir-se com apenas as roupas do corpo indicava que houve pouco planejamento por parte das escravizadas. Por sua vez, com várias peças de vestuário, poderiam trocar-se pelo caminho para confundir as forças repressivas (públicas e privadas) que, porventura, estivessem à sua procura. Corriam menos riscos de serem recapturadas, e assim manter-se em liberdade por um tempo duradouro e mesmo alcançar o resultado esperado, qual seja, livrarem-se do controle senhorial. Outra parte dos trajes utilizados na tentativa de êxito na fuga passava pelo uso de sapatos, um bem que mostrava o *status* social e, geralmente, fazia parte da indumentária de pessoas livres e libertas.

Como dito, nos anúncios de fuga também estão disponíveis as marcas de violências não só nos corpos negros, mas também em suas subjetividades, com a divisão familiar, posto que, além dos maus tratos físicos, "castigos imoderados", as fugas estavam relacionadas à separação da família. Conforme notícias da evasão de Vicência (1865) e Josepha (1877), ambas residentes na capital, cidade da Parahyba, que buscavam reencontrar parentes no interior da província, de onde eram naturais:

> Fugio no dia 7 de dezembro corrente da casa do abaixo assignado a *escrava* parda de nome *Vicência,* de idade de 22 annos pouco mais ou menos com os signaes seguintes: altura regular, côr *parda clara,* secca de corpo, *cabellos carapinhos,* rosto redondo, bocca regular, com

16 JORNAL DA PARAHYBA, ano III, 1864, p. 4. Acervo: Núcleo de Documentação e Informação Histórica Regional – NDIHR/UFPB (João Pessoa/PB).

todos os dentes da bocca. Levou vestido *preto de chita e chalés* tambem preto. Roga-se as pessoas que d'ella tiverem conhecimento farão o favor mandá-la prender, e levar à casa do abaixo assignado que recompensará o trabalho com generosidade. Previne-se que talvez esteja n'esta *capital* ou em seus *subúrbios*, ou então que tenha tomado o caminho de *Itabaiana*, ou de *Campina Grande* d'onde é *natural* e tem *parentes*.[17] (Grifos nossos).

Alguns anos depois, o jornal anunciava que uma mulher com traços afro-indígenas:

> Acha-se fugida a escrava mulata *acabocolada "Josepha"* altura regular, cheio do corpo, cabellos um pouco estirados, e suppõe ter falta de um dente na frente. Segundo informações recebidas, consta que ella se acha na villa do *Pillar*, d'onde é *natural*. Roga-se sua captura, a qual será recompensada, podendo ser entregue na *cidade da Parahyba* ao Sr. Augusto Gomes e Silva.[18] (grifos nossos).

Em momentos como o da partilha de riqueza entre os herdeiros e as herdeiras dos inventariados/as, comumente ocorria também a dissolução da família de escravizados, o que levava as mães (ou pais) a buscarem maneiras de reatar algum laço com seus parentes. No ano de 1842, Luiza, crioula, com 23 anos, escravizada de Ana Escolástica, foi separada de sua filha. A partir desse acontecimento, a cativa passou a ter um comportamento,

---

17 O TEMPO, ano II, nº 110, 14 dez. 1865, p. 4. Acervo: Núcleo de Documentação e Informação Histórica Regional – NDIHR/UFPB (João Pessoa/PB).

18 A OPINIÃO, ano I, nº 61, 29 nov. 1877, p. 4. Acervo: Núcleo de Documentação e Informação Histórica Regional – NDIHR/UFPB (João Pessoa/PB).

na perspectiva senhorial, de "reprovação" e "incorrigível conduta", pois vivia constantemente "deserdada de casa" e sem "préstimo ao serviço doméstico", porquanto fugia constantemente.[19] É possível que ela estivesse procurando rever a filha que lhe fora arrancada dela ainda criança. O mesmo evento se constatou com o "escravo" Vicente, de 20 anos de idade. Ele fugiu da casa de seu "senhor" e foi visto pelo caminho que ia para Ingá, pois era nesse município que tinha pai e mãe.[20]

Joaquina, crioula de 50 anos de idade, fugiu de seu escravizador de nome Minervino Ribeiro Pessoa Lins, morador na cidade da Parahyba, com destino à província de Pernambuco, que se limita ao sul com o espaço paraíbano. Assim, em outubro de 1874, ela:

> Fugio do abaixo assignado a 25 de outubro de 1874, *Joaquina*, com *50 annos*, crioula, côr preta, estatura baixa, corpo franzino, rosto magro, nariz chato, com falta de alguns dentes na frente, cabellos carapinhos e já pintados com alguns brancos, alegre e risonha quando falla, andar apressado, uma cicatriz em cima da pá do hombro direito proveniente de um antraz, e outras pequenas pela costa. Presume-se que tenha ido para *Pernambuco*, donde é *natural*. Quem apreendel-a e entregar ao mesmo abaixo assignado, em sua casa á rua da Ponte desta capital, será bem recompensado. Minervino Ribeiro Pessoa Lins.[21] (Grifos nossos).

---

19 COSTA, José Luiz Pereira da. Partilha de bens. In: *Inventário de Ana Escolástica do Rego*, 1844. Acervo: Setor de Documentação e Informação Histórica Regional – SEDIHR/UFCG (Campina Grande).

20 O LIBERAL PARAHYBANO, ano V, nº 188, 24 nov. 1883, p. 4. Acervo: Núcleo de Documentação e Informação Histórica Regional – NDIHR/UFPB (João Pessoa/PB).

21 JORNAL DA PARAHYBA, ano XIV, nº 1347, 26 fev. 1875, p. 3. Acervo: Núcleo de Documentação e Informação Histórica Regional – NDIHR/UFPB (João Pessoa/PB).

Outra razão inscrita nos jornais por meio do discurso senhorial era a fuga de escravizadas por conta da "sedução da liberdade". Para explicar melhor, apresentaremos brevemente os casos de Felipa e Maria. Segundo seu proprietário, Ignácio Joaquim da Silva, Felipa fugira de sua companhia "por ilusões de certas pessoas moradoras dessa cidade", o que equivale a dizer que a convenceram para ir a Recife, Pernambuco, onde teria liberdade. Contudo, foi capturada pelo capitão de campo José Ximendes, que a levou de volta à Paraíba.[22] Por sua vez, a cativa Maria, que se evadiu para um engenho pernambucano, também não teve desfecho planejado, uma vez que foi encontrada e entregue na capital paraibana ao seu escravizador, Ricardo Rogers. Segundo relato deste, a cativa foi "desencaminhada do seu poder" sob falsas alegações de liberdade possível com a fuga para outra província.[23]

Quaisquer que fossem as motivações das fugas, depois de realizadas, as escravizadas procuravam manter-se distantes dos seus escravizadores e da sua apreensão por parte das autoridades de segurança. O Quadro 2 fornece-nos uma amostragem para apreciação acerca de alguns casos de cativas/cativos capturados, revelando o local da origem da fuga e do apresamento, assim como das suas mobilidades geográficas.

Quadro 2 - Deslocamento de mulheres e homens escravizados fugitivos e capturados na Paraíba (1800-1888)

---

22 SILVA, Ignácio Joaquim da: Requerimento pedindo que seja solta a sua escrava de nome Felipa. [Ant. 28 de março de 1803]. [fl. 1]. *Arquivo Histórico da Paraíba*, Caixa: 02, Ano: 1800-1804.

23 HENRIQUES, João Antonio d'Araujo Freitas. Ofício de João Antonio d'Araujo Freitas Henriques, chefe de polícia, ao chefe de polícia da província de Pernambuco. Cidade da Parahyba, 1855. *Secretaria de Polícia*: correspondência expedida, 1855. fl. 152v.

ORIGEM DA FUGA (Quantidade de fugitivos/as)	LOCAL DECAP-TURA	ORIGEM DA FUGA (Quantidade de fugitivos/as)	LOCAL DE CAP-TURA
Areia/PB (1)	Recife/PE (1)	Independência/PB (1)	Nazareth/PE (1)
Bananeiras/PB (1)	Bananeiras/PB (1)	Ingá/PB (1)	Cidade da Parahyba/PB (1)
Bananeiras/PB (1)	Cidade da Parahyba/PB (1)	Jacoca/PB (1)	Alhandra/PB (1)
Campina Grande/PB (1)	Areia/PB (1)	Livramento/PB (1)	Cidade da Parahyba/PB (1)
Campina Grande/PB (1)	Pernambuco (1)	Livramento/PB (1)	Corte/RJ (1)
Cidade da Parahyba/PB(3)	Cidade da Parahyba/PB (3)	Mamanguape/PB (1)	Pernambuco (1)
Cidade da Parahyba/PB(1)	Pombal/PB (1)	Mamanguape/PB (1)	Pilar/PB (1)
Cidade da Parahyba/PB(1)	Alagoas (1)	Mamanguape/PB (1)	Mamanguape/PB (1)
Cidade da Parahyba/PB(1)	Rio Grande do Norte (1)	Mamanguape/PB (1)	Rio Grande do Norte (1)
Cidade da Parahyba/PB(1)	Recife/PE (1)	Mamanguape/PB (1)	Cidade da Parahyba/PB (1)
Cidade da Parahyba/PB(1)	Cidade da Parahyba/PB(Rua do Varadouro) (1)	Patos/PB (1)	Cidade da Parahyba/PB (1)
Cidade da Parahyba/PB(1)	Independência/PB (1)	Pedras de Fogo/PB (1)	Cidade da Parahyba/PB (1)
Cidade da Parahyba/PB(1)	Sergipe (1)	Piancó/PB (1)	Natal/RN (1)
Cidade da Parahyba/PB(1)	Goianinha/RN (1)	Pilar/PB (1)	Cidade da Parahyba/PB(caminho) (1)
Cidade da Parahyba/PB(1)	Rio Grande do Norte (1)	Pilar/PB (1)	Areia/PB (1)
Cidade da Parahyba/PB(1)	Valença/PI (1)	Pilar/PB (1)	Ceará (1)

Cidade da Parahyba/ PB(1)	Sertão (caminho) (1)	Pilar/PB (1)	Cariris Velhos (1)
Cidade da Parahyba/ PB(1)	S. Antão ou Nazareth/ PE(1)	Pilar/PB (1)	Cidade da Parahyba/ PB (1)
Cidade da Parahyba/ PB(2)	Cidade da Parahyba/PB(Rua do Jaguaribe) (2)	Pilar/PB (1)	Alagoa de Pilar/ PB (1)
Cidade da Parahyba/ PB(1)	Pernambuco (caminho) (1)	Santa Rita/PB (1)	Cidade da Parahyba/ PB (1)
Cuité/PB (1)	Cuité/PB (1)	Santa Rita/PB (1)	Patos/PB (1)
Independência/PB (1)	Cidade da Parahyba/ PB (1)	São João/PB (1)	Valença/PI (1)
Sousa/PB (1)	Sergipe (1)	Sousa/PB (1)	Sousa/PB (1)
Total parcial 1	**26**	**Total parcial 2**	**24**

Fonte: Correspondência de particulares do governo da Capitania/Província e Chefia de Polícia; Jornais; Inventários. Localização: AHPB, NDIHR/UFPB, IHGP, FCJA e SEDIHR/ UFCG.

As pessoas escravizadas "ausentavam-se", indistintamente, das casas de seus proprietários e suas proprietárias nas cidades, nos engenhos, nos sítios e nas fazendas. A amostragem do Quadro 2 revela que 50 mulheres e homens fugitivos foram apreendidos em todas as regiões da Paraíba (litoral, agreste e sertão), em áreas vizinhas ou não, como o distante Piauí ou a capital do Império, Rio de Janeiro.

As análises dos dados do Quadro 2 demostram também os locais onde as pessoas escravizadas iniciaram suas fugas e puderam contar com algum abrigo antes de serem aprisionadas. Comparando o Quadro 2 com o Mapa 1, podemos vislumbrar os deslocamentos dentro da Paraíba. O escravizado Clementino fugiu de Pilar e foi capturado em "Cariris Velhos", acreditamos tratar-se de São João do Cariri.[24] A distância em linha reta que Clementino deve ter percorrido de Pilar a São João do Cariri equivale a cerca de 332 quilômetros, diante disso, acreditamos que tenha recebido solidariedade em sua busca de liberdade.

Vejamos alguns possíveis destinos tomados por mulheres escravizadas anteriormente mencionadas neste texto. Joaquina, uma crioula com 50 anos, em 25 de outubro de 1874, teve como destino Pernambuco. Três anos depois, Josepha, mulata acaboclada, poderia ter regressado à sua vila de origem, Pilar, próximo à capital paraibana. A jovem Vicência, 22 anos, talvez tenha seguido em direção a Itabaiana ou a Campina Grande, também na Paraíba. Podemos perceber que essas mulheres fugitivas, possivelmente desesperadas, tentavam esconder-se em espaços urbanos, em capitais como Parahyba, Recife e Rio de Janeiro, também em áreas rurais, como no interior de variadas províncias, sobretudo no Nordeste, tanto na própria Paraíba como nas áreas limítrofes (Rio Grande do Norte, Pernambuco e Ceará) e nas mais distanciadas (Alagoas, Piauí e Sergipe).

A cidade da Parahyba oitocentista, assim como outros espaços urbanos brasileiros, apresentava características e oportunidades para as mulheres e homens escravizados fugitivos, engendradas principalmente pelas especificidades da escravidão em tal área. Elas e eles buscavam nas suas fugas, em geral, construir a liberdade possível dentro da cidade, em moradias afastadas do centro, que possibilitavam passarem por libertas e libertos e tecerem suas redes de sociabilidade e de cumplicidade, integrando-se de

---

24 A REGENERAÇÃO, ano I, nº 50, 9 nov. 1861, p. 4. Acervo: Núcleo de Documentação e Informação Histórica Regional – NDIHR/UFPB (João Pessoa/PB).

forma produtiva na sociedade escravista, mostrando que poderiam "viver sobre si", e não somente sob o poder de um escravizador ou escravizadora.[25]

Na capital, elas fugiam basicamente para as áreas periféricas, como a parte da "cidade baixa" não consolidada, isto é, com pouca ocupação urbana[26]; zona sul, o "Bairro" Jardim e a Rua da Matinha, as zonas das ruas das Trincheiras e do Jaguaribe; e na região nordeste, o Bairro de Tambiá (o mais povoado no século XIX), principalmente em Cruz do Peixe ou para as terras em Mussumagro e Paratibe[27]. Este último território, atualmente (2021) é reconhecido como comunidade quilombola urbana.

Os locais suburbanos da cidade, a exemplo de Paratibe, que podemos denominar de "espaços negros", eram onde se concentrava a população negra livre e oferecia potencial para a gente fugitiva construir redes de sociabilidade que lhes permitiam passar por livres ou até mesmo serem reconhecidas como escravizadas, mas poderiam passar a integrar a comunidade. Podiam ainda acoitarem-se em áreas de "mata" ou em casas nas quais as forças de "segurança" não conseguiriam distinguir a sua condição jurídica. Todavia, sempre havia tensão e perigo, pois alguém desejoso de recompensa poderia apreender essas pessoas, exigindo recompensas.

---

25 Confira LIMA, 2013. Op. Cit. COSTA, Valéria G. Negócio Africano: ocupações, arranjos de trabalho e patrimônio de mulheres e homens libertos da Costa no Recife, século XIX. *Revista da ABPN*, v. 12, n. Edição Especial, p. 288-319, 2020. Disponível em: https://abpnrevista.org.br/index.php/site/article/view/964. Acesso em: 10 fev. 2020.

26 O espaço a que estamos nos referindo foi densamente ocupado apenas no século XX. Nos dias atuais, Jaguaribe se transformou em um bairro com grande contingente populacional.

27 Para mais informações sobre a comunidade quilombola Paratibe, arrabalde da capital paraibana, confira em: COSTA, Iany Elizabeth da. *A ressignificação da identidade quilombola na comunidade Paratibe, João Pessoa-PB*: uma análise a partir dos processos de resistência. Dissertação (Mestrado em Direitos Humanos, Cidadania e Políticas Públicas) – Centro de Ciências Humanas, Letras e Artes, Universidade Federal da Paraíba. João Pessoa, 2016.

A transformação dos subúrbios da cidade pelas pessoas cativas fugitivas em um esconderijo encontra-se nos anúncios de fugas. Um dos casos foi o de Maria, crioula, 40 anos, que fugiu do Engenho Oiteiro do Sebastopol (Santa Rita), instalado aos arredores da cidade da Parahyba, em 1º de agosto de 1861. Era vendedora em tabuleiro e seu proprietário presumia que ela estava nos subúrbios da referida cidade,[28] a exemplo da imagem 1. Era possível que tivesse construído sua vida com uma relativa autonomia se comparada com as vidas das mulheres livres pobres da cidade que trabalhavam e iam às festas negras, até que um dia decidiu pôr fim ao poder que uma pessoa tinha sobre a sua existência.

Mais um exemplo consta na correspondência do subdelegado de Taipu, Feles de Mello Azedo, ao delegado da Vila de Pilar, Coronel Ismael da Cruz Gouveia, em 17 de junho de 1851. Participava o referido subdelegado de que existia, nas matas dos Engenhos Santo Antônio e Espírito Santo, um quilombo cujos cativos estavam cometendo "[...] furtos, roubos, incêndios em casas e atacando os próprios donos".[29] O subdelegado relatou, ainda, que, nas matas dos engenhos, a patrulha encontrara apenas três escravos no quilombo e tratara de capturá-los. Contudo, dois dos cativos logo fugiram, ficando apenas um, de nome Bento. Este estava armado com um "[...] clavinote que trazia carregado com munição" e, ao resistir à prisão, recebeu "[...] um tiro sobre

28 A REGENERAÇÃO, ano I, nº 31, 24 ago. 1861, p. 4. Acervo: Núcleo de Documentação e Informação Histórica Regional – NDIHR/UFPB (João Pessoa/PB).

29 AZEDO, Feles de Mello. Ofício de Feles de Mello Azedo, subdelegado suplente, ao coronel Ismael da Chrus Gouveia, delegado do Termo da Vila de Pilar. Subdelegacia, 17 de junho de 1851. Arquivo Histórico da Paraíba. Capilha: Subdelegacia de Taipu. Caixa: 29, Ano: 1851.

o peito, ele viera a morrer poucos minutos depois". A patrulha não conseguiu encontrar os outros quilombolas.[30]

Imagem 1: Mulher cativa com criança e tabuleiro

Fonte: Fotografia de Christiano Júnior (c. 1860/1875).[31]

Os quilombos situados às margens do Rio Paraíba já eram velhos conhecidos tanto dos donos de engenho quanto das autoridades, possivelmente desde o final do Século XVII. A primeira referência de quilombo nessa área data de 1691. Nesse ano, o sargento-mor, Manuel Frazão de Figueiroa, anunciou a destruição do mocambo (palavra de origem banta, povos da África Centro-

30 AZEDO, Feles de Mello. 1851. Op. Cit.

31 As fotografias de Christiano Júnior estão publicadas em edição organizada por AZEVEDO, Paulo Cesar de; LISSOVSKY, Maurício. *Escravos brasileiros do século XIX na fotografia de Christiano Jr.* São Paulo: Ex Libris, 1988. (Foto 14). Outrossim, a coleção completa de imagens produzidas pelo fotógrafo Christiano Jr. encontra-se no acervo do Arquivo Central do IPHAN/Rio de Janeiro, são consideradas de "domínio público e podem ser livremente reproduzidas", segundo consta em "Patrimônio: Revista Eletrônica do IPHAN, disponível em: http://www.labjor.unicamp.br/patrimonio/materia.php?id=67. Acesso em: 24 set. 2022.

Ocidental) que, havia mais de 16 anos, era refúgio de pessoas escravizadas fugitivas para o interior da Paraíba, como na Serra da Copaoba/PB, uma área serrana e que facilitava a formação de um refúgio.[32]

No contexto do tempo presente, são muitas as comunidades "remanescentes quilombos" na Paraíba, cerca de 40 foram reconhecidas pelo poder público. Muitas estão localizadas nos "sertões", em territórios que muitas cativas foram presas. Salientamos a comunidade quilombola de Livramento, em Princesa Isabel, no antigo sertão de Piancó, e de Piranhas; o do Talhado, em Santa Luzia; e Caiana dos Crioulos, em Alagoa Grande, no antigo sertão do Seridó. Esses são indícios das astúcias da gente cativa e que as fugas em território paraibano foram mais frequentes do que as expostas neste capítulo.

Considerações Finais

Sublinhamos que as mulheres fugitivas, como as retratadas nesse texto – Mariana, Vicência, Luiza, Margarida, Dionísia, Felipa, Josepha, Maria, Joaquina, entre outras –, ao enfrentarem as relações de poder na escravidão, não eram *heroínas*, uma vez que, como dito, as fugas foram práticas costumeiras durante toda a duração do escravismo.[33] Eram "experiências cotidianas dos escravos", que não

---

32 Em relação a outros quilombos da Paraíba colonial, como o "mocambo do Cumbe" (1701), consultar LIMA, Maria da Vitória B. Os quilombos na Paraíba colonial e imperial. In: TELA, Marco Aurélio Paz (Org.). *Direitos Humanos, população afro-paraibana e mulheres negras*. Cadernos Afro-paraibanos, v. 2, p. 39-44, 2012. Disponível em: http://www.cchla.ufpb.br/neabi/pdf/Cadernos/Cadernos%20APBs%20II.pdf. Acesso em: 12 fev. 2021.

33 Nesse sentido, são oportunas as reflexões de Reis e Silva (1989, p. 07), que propuseram uma nova perspectiva para análises históricas acerca da população escravizada por meio de suas lógicas e perpassando pela "negociação" e pelos "conflitos" com o regime. Afirmam ainda que "os escravos não foram

se subjugaram perante as adversidades e os rigores do regime, eram incursões para (re)construírem suas vidas em suas comunidades de origem.[34] Elas não eram, portanto, seres sobre-humanas com realizações insólitas, mas, sim, mulheres que confrontaram os desafios de seu tempo histórico[35] e, com a operação da escrita histórica, são deslocadas do "silenciamento" e da invisibilidade até então persistente na história. Desse modo, esperamos que possam ser conhecidas nas salas de aula, como as de educação básica.

Abordar as fugas como forma de resistência, finalmente, proporciona um olhar sobre um sistema de dominação baseado em normas jurídicas e/ou privadas que justificavam a exploração de muitos e privilegiavam uma minoria, origem das assimetrias sociais, mas que por si não explicam o Brasil excludente no século XXI. Proporciona também um foco nas mulheres fugitivas e anônimas que politizaram o cotidiano com suas estratégias de sobrevivência e suas escolhas de escapar da subjugação imposta pelo cativeiro.

Com seus atos de transgressão, essas mulheres, de imediato, ao evitarem a exploração de seu trabalho, conseguiram restabelecer vínculos familiares e de amizade ou mesmo manterem uma ausência temporária das violências próprias do regime. E numa perspectiva mais ampla, o agir político delas (e também dos homens fugitivos) foi importante no longo processo de lutas sociais para a

---

vítimas nem heróis", as vivências deles/delas ocorriam em uma "zona de indefinição", ora acomodados, ora rebeldes, numa sociedade assentada em variados tipos (e naturalização) de violências. Confira REIS, João José; SILVA, Eduardo. *Negociação e Conflito*: a resistência negra no Brasil escravista. São Paulo: Companhia das Letras, 1989.

34 Gomes, 1996. *Op. Cit.*

35 Nesse sentido, concordamos com as ponderações acerca das fugas que "não podem ser banalizadas, classificadas como repetitivas ou cristalizadas em atos heroicos da resistência escrava". Pelo contrário, nessas ações, "havia muito de *política* nas decisões de escapar e como se manter protegido, principalmente nas cidades" (FARIAS et al., 2006, p. 26).

deslegitimação das relações escravistas. Estas findaram o uso legal de instrumentos de punição, como Machado de Assis ressaltou no conto "Pai contra mãe", o "ferro ao pescoço", o "ferro ao pé", a perversa "máscara de folha-de-flandres" e o "ofício do tempo" de prender "escravos fugidos", como ocorreu com a escravizada Arminda, que foi entregue ao seu escravizador.

Para além de uma fuga fracassada, o conto de Machado nos coloca reflexões sobre o significado dos mecanismos de controle de uma sociedade baseada em opressões (elitista, patriarcal e escravista). Garantindo, de um lado, o fortalecimento do capitalismo em uma economia agro-exportadora e, de outro, a rebeldia de pessoas escravizadas, como as astutas mulheres fugitivas, pois a decisão de escapar do cativeiro envolvia decisões políticas, a exemplo de definir o melhor momento para evadirem-se e a formação de rede de apoio/amizade para terem êxito na empreitada de afrontar o sistema escravista.

Comentário Bibliográfico: algumas referências sobre fugas e fugitivas/os

Desde os anos de 1980, os campos de estudo da História das Mulheres no Brasil e de História Social vêm se transformando com inovações teóricas e metodológicas. Assim como há um permanente diálogo com os movimentos sociopolíticos, o que possibilita a ampliação de conhecimento sobre a diversidade de universos femininos e da população negra (escravizada, liberta, livre, africana, crioula etc.) e suas conexões comunitárias.

Nesse sentido, ressaltamos obras que tratam desses sujeitos sociais. No Centenário da Abolição no Brasil (1988), ocorreu o lançamento de um livro voltado para o público amplo e para a Educação Básica. Referimo-nos a um dos estudos introdutórios da história das mulheres, intitulado *Submissão e resistência: a mulher na luta contra a escravidão*, de Maria Lúcia B. de Mott, que abordou uma história de sujeitos invisibilizados, quais sejam, a atuação política de mulheres de diferentes classes sociais e origens raciais na luta em oposição ao sistema escravista. A respeito das escravizadas, são salientadas as formas de exploração do seu trabalho e o controle de seus corpos, assim como diferentes atos de rebeldia, individuais e coletivos; sobre as livres, são mostradas contestações ao regime e à cultura patriarcal da época da escravidão.

O livro *Cidades Negras: africanos e crioulos e espaços urbanos no Brasil escravista do século XIX* resultou de uma escrita coletiva de historiadores (Juliana B. Farias, Flávio Gomes, Carlos Eugênio L. Soares e Carlos Eduardo de A. Moreira), da coleção *Passado Presente* da Editora Alameda (2006). Como sugerido no título, o tema discorrido é o da escravidão atlântica no espaço urbano. Em seus 12 curtos e sugestivos capítulos, os autores expõem variados temas acerca da vivência da gente negra ("africanos" e "crioulos") do Brasil do século XIX, tais como: dados sociodemográficos; o viver e o morrer; as fugas; os ofícios; as festas negras e suas expressões culturais; as moradias; e os lugares de solidariedade e de construção de identidades no processo de "recriação" e reinvenção na diáspora africana.

Por sua vez, em *Experiências Atlânticas: ensaios e pesquisas sobre a escravidão e o pós-emancipação no Brasil*, de autoria de Flávio dos Santos Gomes (2003), o autor reforça a tese da integração social de quilombolas em oposição ao isolamento. Em tal livro são apresentados mulheres e homens escravizados como agentes que procuravam reinventar suas vidas na condição de fugitivos/as. Eles "[...] não eram 'marginais' das suas próprias comunidades nem dos complexos universos dos mundos da escravidão" (GOMES, 2003, p. 67). A pessoa evadida não vivia, necessariamente, no mato, "passando frio e fome", ela poderia fugir para a cidade e acionar "as redes de solidariedade e proteção da comunidade escrava".

De fato, esses sujeitos sociais, em geral, não estavam apartados da sociedade, eles interagiam com outros para que sua fuga obtivesse sucesso, mesmo que fosse por pouco tempo. Essa relação se dava não apenas com companheiros de cativeiro e libertos, mas com mulheres e homens livres pobres ou "remediados/as", como os taberneiros descritos por Gomes (2003, p. 67). Outro aspecto importante que merece ser mencionado neste estudo é a existência de "quilombos suburbanos", em que se criavam e recriavam laços de solidariedade e de experiências culturais.

Seguindo a linha interpretativa de se pensar a pessoa escravizada fugitiva enquanto agente de sua própria história e a busca para a visibilização das experiências vividas por esse grupo, há o livro de uma das autoras deste capítulo, Maria da Vitória Barbosa Lima, cujo título é *Liberdade Interditada, Liberdade Reavida: escravos e libertos na Paraíba escravista (século XIX)*, publicado pela Fundação Cultural Palmares em 2013. Em específico no capítulo denominado "Um nome para a liberdade", destaca o rompimento da gente cativa com o regime em busca da sua liberdade, para escapar do controle do escravizador e do trabalho forçado e vivenciar algumas experiências de liberdade. Desvela também que as fugas ocorridas na Província paraibana recuperaram a autonomia relativa de mulheres, crianças e homens escravizados, cujas condições de mobilidade – espacial e ocupacional – possibilitaram que tecessem redes de solidariedade e de sociabilidade e construíssem uma "liberdade" possível num processo de politização do cotidiano em relações desiguais e de extrema exclusão.

Convém ressaltar, por fim, que esses livros, alguns formados com capítulos concisos, podem impulsionar o ensino de história, posto que propiciam leituras independentes. Cada divisão permite um aprendizado sobre a escravização de africanos/africanas e seus descendentes ("crioulos/as") em território citadino e o agir político de mulheres, como foi o caso das fugas das escravizadas narradas ao longo deste capítulo. De modo que são várias histórias de rebeldia de pessoas escravizadas, descortinando as astúcias de mulheres e homens africanos e crioulos que confrontaram o cativeiro, considerando suas lógicas, mas também as dinâmicas impostas pelos limites estruturais, construíram, assim, suas reexistências tanto nos mundos do trabalho quanto na "recriação" da África no Brasil.

Propostas Didáticas

8º ano: atividade extraclasse e duas aulas

Sugerimos o diálogo com as competências e habilidades previstas na Base Nacional Comum Curricular (BNCC)[36] e na Lei 10.639/2003. Sendo elas a educação das relações étnico- raciais; história da África e da cultura afro-brasileira.[37]

36 BRASIL. Ministério da Educação. *Base Nacional Comum Curricular*. Brasília, 2018. Disponível em: http://basenacionalcomum.mec.gov.br/wp-content/uploads/2018/12/BNCC_19dez2018_site.pdf. Acesso em: 20 fev. 2021. Tendo como base a Habilidade EF08HI19: "Formular questionamentos sobre o legado da escravidão nas Américas, com base na seleção e consulta de fontes de diferentes naturezas".

37 BRASIL. *Lei 10.639, de 9 de janeiro de 2003*. Altera a Lei no 9.394, de 20 de dezembro de 1996, que estabelece as diretrizes e bases da educação nacional, para incluir no currículo oficial da Rede de Ensino

Objetivo: Entender as relações da sociedade escravista entre os diferentes sujeitos sociais, observando aspectos variados, como as relações de trabalho e de poder desiguais, vida familiar, violências nos corpos femininos e suas resistências, como as fugas de mulheres escravizadas. Assim é possível ter vislumbres acerca da complexidade histórica, de suas tensões, das astúcias e também de derrotas de quem decidiu contestar a ordem vigente do cativeiro e estabelecer reflexões sobre as continuidades do passado no tempo do presente. Para tal, utiliza-se recursos clássicos e audiovisuais virtuais, posto que a emergência atual do uso de tecnologias digitais durante as aulas tem o propósito de gerar novos conhecimentos e favorecer a construção de uma consciência histórica e social.

1ª Proposta Didática: Leitura de Fonte Documental da História e da Literatura

Por consideramos a literatura como um recurso para facilitar a aprendizagem do passado, propomos o entrecruzamento do conto machadiano "Pai contra mãe", 1906, o qual discorre sobre a fuga de uma personagem (Arminda), e o anúncio de jornal com notícias da evasão de uma cativa (Maria, 1866). Nossa proposta, então, parte de um diálogo interdisciplinar com potencial de desenvolver a imaginação, o senso crítico e conhecimentos do contexto histórico e dos agentes sociais da sociedade escravista.

1ª Etapa: Obtenção do texto literário de Machado de Assis: "Pai contra mãe" (1906), disponível na internet: http://

---

a obrigatoriedade da temática "História e Cultura Afro-Brasileira", e dá outras providências. Brasília, 2003. Disponível em: http://www.planalto.gov.br/ccivil_03/leis/2003/l10.639.htm. Acesso em: 12 fev. 2021.

www.dominiopublico.gov.br/download/texto/bv000245.pdf. É possível também ouvir o conto machadiano por meio de acesso ao canal *Projeto Livro Livre*: https://www.youtube.com/watch?v=aM9xYqcwnSk, no YouTube.

2ª Etapa: Leitura do anúncio de fuga de uma cativa, Maria, em 1861, de área canavieira paraibana.

Transcrição	**Anúncio**
Fugio do engenho Oiteiro do Sebastopol no dia 1 de agosto do corrente anno a escrava Maria, criola, representando a idade 40 annos pouco mais ou menos, com os signaes seguintes, estatura regular, cheia de corpo, côr preta, rosto um pouco descarnado com algumas marcas de bexigas pouco perceptiveis, olho vivos, nariz bem feito, bocca regular, dentes perfeitos, e alimados os do lado superior, pés secos, tendo os calcanhares muito salientes: tem n'uma das espaduas um pequeno botão proveniente de uma cicatriz; a falla é descansada e um pouco cerrada, e fanhoza. Andavavendendo taboleiro quando evadiu-se e é depresumir, que esteja acoutada pela capital de seus suburbios. Roga-se às autoridades policiaes ecapitães de campo a sua captura; e qualquer pessoa que a aprehender e leval-a a seu senhor Cypriano de Arroxellas Galvão no supradito engenho será generosamente, gratificado.	 100$000 de gratificação Imp. na Typ. Parahybana

Fonte: A REGENERAÇÃO, Parahyba, 24 ago. 1861, p. 4. Acervo: NDIHR/UFPB.

3ª Etapa: Trabalho em Grupo

- Resumir os conteúdos dos dois textos, o ficcional e o histórico;

- Estabelecer as semelhanças e diferenças das experiências de vida das duas mulheres fugitivas, a da ficção, Arminda, e a personagem histórica, Maria;

- Compartilhar a visão do grupo sobre as potencialidades e os limites das narrativas literárias e históricas para compreender alguns aspectos da sociedade escravista, com ênfase nas formas de resistência ressaltadas no texto, as fugas de mulheres cativas.

2ª Proposta Didática: Passado e Presente: Dia Nacional de Tereza de Benguela e das Mulheres Negras (25/07)

1ª Etapa: Leitura do breve fragmento da vida da fugitiva e quilombola Tereza de Benguela (1770), que consta na página virtual do projeto "Biografias de mulheres africanas", desenvolvido pela Universidade Federal do Rio Grande do Sul, disponível em: https://www.ufrgs.br/africanas/tereza-de-benguela-1770/. Acesso em: 20 set. 2022.

2ª Etapa: Desenvolver durante a aula, com todos os/as discentes, um quadro virtual, como uma atividade colaborativa (utilizando a *Jamboard*, ferramenta do Google de acesso gratuito), com textos e imagens de pessoas, personalidades ou grupos que resistiram à escravização e atuaram ou atuam na luta antirracista no Brasil contemporâneo.

3ª Etapa: Tendo como base a produção coletiva e colaborativa com *Jamboard*, pode ser realizado um debate sobre as resistências negras do período escravista e as lutas sociais no Brasil contemporâneo. Observando as rupturas e permanências a respeito das condições das mulheres negras que mantêm-se organizadas em defesa da plena cidadania na atualidade.

Expectativa de liberdade e o impacto do princípio da dignidade sexual no cotidiano das mulheres negras

Lucimar Felisberto dos Santos

"Houve um dia, que eu até sentia medo
Que você chegasse cedo
Pro meu corpo machucar.
Mas eu virei o tabuleiro.
Este jogo, companheiro,
Eu não vou mais aceitar.
Nem Pense Em Me Matar".
Cris Pereira[1]

Sobre a persistência do passado no presente

Que sendo (a vítima) sua amante há três anos, mais ou menos, e tendo com ela gasto quatro contos de reis que tirou na loteria, e tudo quanto ganhara no oficio de chapeleiro, ela foi-lhe ultimamente infiel. Que nessa noite em que teve lugar o delito, recolhendo-se ele interrogado para sua casa às dez horas da noite, mais ou menos, e

1 Cris Pereira é uma compositora negra, uma das principais artistas do samba de Brasília. O samba *Corpo Meu,* de sua autoria e interpretado por Fabiana Cozza, é uma canção-manifesto mote do "Levante Feminista", campanha suprapartidária contra o Feminicídio lançada em 25 de março de 2021.

> procurando a dita Maria Luiza, disse-lhe sua mãe que ela não estava em casa, e tendo ele interrogado esperado até as três e meia hora da madrugada, recolheu-se ela a esta hora acompanhada de dois homens, com os quais esteve na sala e, depois de algum tempo, recolheu-se para o quarto com um deles demorando-se algum tempo coma porta fechada, ficando ele, interrogado, na sacada; que assim, indo depois estes dois indivíduos, Maria Luiza se foi deitar na cama e ele interrogado no sofá da sala, de onde, depois, levantando, procurou deitar-se com ela. Sendo repelido procurou o interrogado saber o motivo desta repulsa; que respondeu Maria Luiza que era por ser ele interrogado escravo; que depois de haver o interrogado dito a ela que três anos eram passados sem ela fizesse esta exprobração e de ter ele interrogado feito sacrifícios pecuniários, permitiu ela que se deitasse na cama. Solicitada por ele interrogado, negou-se satisfazer-lhe a solicitação feita, dizendo-lhe que estava satisfeita por aquele que acabara de deixá-la. Então ele interrogado lembrou-se de uma faca velha com que trabalhava, e com ela a matou.[2]

Em 1856, a costureira Maria Luiza do Nascimento foi vítima de um assassinato. Izidoro Augusto de Sampaio, um pardo escravizado, aparece na fonte localizada que registrou o diminuto fragmento de sua história de vida, uma apelação criminal, após haver sido condenado pelo crime. No caso, foi condenado por matar a amasia com quem, por pelo menos três anos, compartilhava a vida em comum. As reflexões deste capítulo partem de uma reavaliação dos argumentos acima, apresentados por ele em juízo para tentar

2 AN – Corte de Apelação: Apelação crime. Escravo Izidoro, caixa 3696, processo n.º 4

reverter a sentença recebida. À luz de uma perspectiva que englobe a análise de gênero combinando micro-história com história social, a análise historiográfica aqui apresentada será guiada por fios de discursos produzidos a partir de interpretações sobre certas noções de Direito e honra masculina que circulavam, sobretudo, à época daquele homicídio e que seriam herdadas pelo Brasil republicano.

Questões relacionadas à violência sobre o corpo feminino impactam as vidas das mulheres afro-atlânticas desde muito tempo. Ainda que algumas delas sejam sutis, no conjunto, buscam aprisioná-las em papéis que lhes impeçam o exercício da plena cidadania. Assim, o capítulo tratará das expectativas femininas de liberdade compreendidas em trajetórias interrompidas e/ou impelidas por atos criminosos. A hipótese mobilizada é a de que, no mais das vezes, esses atos eram motivados pela crença em valores que permeiam conceitos como o de honra masculina, disseminada no período Imperial brasileiro e materializada nas práticas sociais e no Código Penal republicanos.

O contexto da análise é aquele de um regime político recém-implantado em que se observam disputas em torno da ampliação ou da restrição dos direitos de cidadanias e de noções de democracia que pode ser agora recuperado à luz de recente concepção de direitos humanos das mulheres. Refletir sobre o princípio da dignidade sexual no cotidiano das mulheres negras corrobora, portanto, para que sejam revistas insistentes expectativas em relação ao comportamento feminino, típicas da sociedade patriarcal. Também para que nossas alunas e nossos alunos possam identificar sentido nas formas de violência (física, simbólica, psicológica etc.) a que são hoje submetidas essas sujeitas, destacadamente, suas causas, significados e usos políticos, sociais e culturais no tempo para, então, avaliarem e proporem mecanismos para combatê-las, com base em argumentos éticos.[3]

Por exemplo, quando eu, autora deste texto, fui vítima de violência doméstica, o que mais impactou a minha experiência foram os argumentos apresentados na delegacia de polícia pelo meu então companheiro como justificativa do ato criminoso praticado. Alegou que, estando em uma festa familiar, de repente, meu comportamento ficou alterado a ponto de me sentar ao colo de convidados masculinos presentes. Ou seja, a agressão se deveu ao fato de estar ele indignado com a minha descompostura e por não poder controlar-se diante da grande emoção que isso acarretou, narrativas que qualificam os crimes envolvendo casais como passionais facilmente assimiladas por serem de conhecimento comum dos agentes da Lei presentes.[4]

Atordoada diante de tal versão dos fatos e sem ainda conseguir assimilar o demonstrado comportamento agressivo do meu companheiro – na verdade desencadeado por ciúme e sem qualquer correspondência com o narrado –, mesmo sendo a vítima, fui hostilizada pelos agentes da Lei, todos homens. Apesar de lavrarem a denúncia, não me foram solidários. A solidariedade empática foi direcionada ao agressor. Tudo indicava que foi considerado ferido em sua honra masculina. Surpreendentemente,

---

3 Sendo essa uma das habilidades que se espera que as alunas e alunos adquiram ao longo do Ensino Médio. Ver EM13CHS503, BNCC – Ensino Médio. Disponível em: http://portal.mec.gov.br/docman/abril-2018-pdf/85121-bncc-ensino-medio/file

4 Pareciam assimilar o conteúdo do § 1º do artigo 121 do Código Penal de 1940, que de alguma forma respaldava tal comportamento apenas por afirmar que, nos casos de homicídio simples, havia a possibilidade de diminuição de pena "se o agente comete o crime impelido por motivo de relevante valor social ou moral, ou sob o domínio de violenta emoção, logo em seguida a injusta provocação da vítima, o juiz pode reduzir a pena de um sexto a um terço".

no Rio de Janeiro, nos anos iniciais do século XXI, testemunhei a reprodução de noções sobre honra masculina disseminada e alicerçada no imaginário de sociedades marcadamente sexistas. Implicavam na crença de ter o marido amplo direitos sobre os corpos de "suas" mulheres. Uma relação de dominação histórica, portanto, cultural e linguisticamente construída.[5]

O objetivo da reflexão que se propõe com este capítulo tem um duplo sentido: o de compreender e explicar como o histórico de lutas das mulheres afro-atlânticas registrou formas de subordinação no limite de suas opressoras relações afetivo-conjugais e o de compreender como essas personagens reagiam especialmente à dominação masculina de modo a construírem tanto identidades sociais alternativas quanto um arcabouço de significados propositor de estratégias transformadoras de sua condição de submissão. A análise tem essa perspectiva fundamentalmente porque foram encontradas evidências de que, pós-abolição, a cultura patriarcal circulava também nos ambientes populares – universos das protagonistas desta obra –, produzindo violência e construindo desigualdades nas relações envolvendo trabalhadores e trabalhadoras.

Assim, para uma melhor abordagem do problema, levo em conta o conceito de gênero em sua dimensão de categorias analítica e política. Entrecruzo o passado e o presente numa reflexão que inicialmente adentra o contexto da apelação crime que tramitou na Corte de Apelação do Rio de Janeiro cem anos antes do meu nascimento. Como já foi ressaltado, a ação tinha o propósito de alterar a condenação do escravizado Izidoro Augusto de Sampaio.

---

5 Ver SOIHET, Rachel. O corpo feminino como lugar de violência. In: *Projeto História*, nº 25, "corpo & cultura". São Paulo: EDUC Editora da PUC-SP, dez/2002, p. 269-289.

A costureira Maria Luiza do Nascimento, sua amásia, pode mesmo representar mais um dado quantitativo, como outras que tiveram projetos de vida interrompidos por seus maridos, namorados, companheiros, conhecidos ou ex-parceiros de qualquer natureza. Todavia, o desfecho de sua trajetória é o ponto de partida para uma análise qualitativa do impacto do princípio da dignidade sexual no cotidiano de mulheres que, como ela, foram vítimas de assassinato. Alguns desses crimes puderam ser recuperados em noticiários policiais. Aqui serão explorados alguns que foram publicados no principal jornal que circulava na então capital do país na primeira década pós-abolição. Constituem um material privilegiado para uma aproximação com o cotidiano de homens e mulheres dos segmentos populares.

De volta ao caso do assassinato de Maria Luiza do Nascimento

Com o resgate da subjetividade do vivido, à análise do cotidiano vem sendo dada prioridade, combinando micro-história com história social, ou história da cultura com micro-história.[6] Entretanto, ainda que as relações construídas no cotidiano tenham sido introduzidas na historiografia, a análise das relações de gênero nos segmentos populares é uma perspectiva recentemente incorporada aos estudos sobre as expectativas de liberdade de homens negros e mulheres negras. Vale anotar que, nas análises sobre as comunidades escravas, isso se deu porque as "características específicas da escravidão e da população escrava passaram a ser

6 SECRETO, María Verónica. Novas perspectivas na história da escravidão. In: *Tempo* [online], Niterói, vol. 22, nº. 41, p. 442-450, set./dez. 2016.

analisadas para apreender aquilo que se tornou um diferencial marcante nos modernos estudos do pós-abolição".[7]

Por exemplo, enquanto historiadora de ofício, quando investigando as estratégias de mobilidades sociais de indivíduos escravizados que viviam na cidade do Rio de Janeiro nas últimas décadas de vigência formal da instituição escravista, foi para o lugar social do chapeleiro Izidoro Augusto de Sampaio – trabalhador pardo e propriedade de José Antônio Vasquez – que minha atenção se voltou quando localizei o recurso apresentado em sua defesa ao Tribunal das Relações do Rio de Janeiro, em 1869. No caso, era um ganhador com ofício especializado e com uma boa margem de autonomia; vivia sobre si e mantinha com o proprietário uma relação que o permitia experimentar condições de vida e trabalho semelhantes às dos trabalhadores livres.

Seguindo tendência da nova história da escravidão, que se preocupava com as visões de liberdade geradas nessa época,[8] o problema que investigava era a mobilidade social envolvendo trabalhadores escravizados como agentes conformadores de um mercado de trabalho urbano e assalariado compartilhado com trabalhadores livres, nacionais e estrangeiros.[9] Tipificar homens negros e mulheres negras, trabalhadores e trabalhadoras urbanos, que eu pudesse evidenciar o protagonismo naquele processo, foi a principal linha condutora da pesquisa. Localizar uma personagem

---

7 RIOS, Ana Maria; MATTOS, Hebe Maria. O pós-abolição como problema histórico: balanços e perspectivas. In: *Topoi* [online], Rio de Janeiro, vol.5, nº. 8, p. 70-198, 2004.

8 CHALHOUB, Sidney. *Visões da liberdade*: uma história das últimas décadas da escravidão na Corte. São Paulo: Companhia das Letras, 1990; GOMES, Flávio dos S. *Experiências Atlânticas*: ensaios e pesquisas sobre a escravidão e o pós-emancipação no Brasil. Passo Fundo: Ed. UPF, 2003.

9 ALENCASTRO, Luiz Felipe de. Proletários e escravos: imigrantes portugueses e cativos africanos no Rio de Janeiro, 1850-1872. *Novos Estudos Cebrap*, São Paulo, nº 21, p. 30-56, 1988.

como Izidoro nas fontes e na bibliografia sobre o tema foi, de fato, excitante. Sua experiência trazia à tona fundamentais evidências sobre a dinâmica do cotidiano da escravista cidade do Rio de Janeiro no período em que vivia. Por exemplo, de acordo com Luis Carlos Soares,

> Os escravos operários como o chapeleiro Izidoro, que trabalhavam sob o regime de ganho, talvez não fossem muitos, mas é importante frisar que eles mantinham com os proprietários industriais que os contratavam uma relação semelhante àquela mantida pelos trabalhadores livres. Ou seja, uma relação monetária de compra e venda da força de trabalho, na qual os patrões garantiam o direito ao uso da capacidade produtiva dos trabalhadores, apropriando-se dos frutos e do excedente de trabalho por eles produzidos. Na realidade, estes cativos eram trabalhadores formalmente assalariados nas suas relações com os proprietários industriais, recebendo um salário que, além de lhes garantir a sobrevivência, e algumas vezes a formação de um pecúlio, era destinado parcialmente aos seus senhores. Este era o "reverso da medalha", pois como cativo, eles deviam entregar aos senhores uma renda diária ou semanal previamente fixada.[10]

Como o determinante da pesquisa não era somente o econômico, interessou também as dimensões subjetivas da experiência daquela personagem. Assim, para além da relação monetária mantida por Izidoro com o seu proprietário, procurei conhecer as motivações do crime por ele cometido nas relações

---

10 SOARES, Luiz Carlos. *O Povo de Cam na capital do Brasil*: a escravidão urbana no Rio de Janeiro do século XIX. Rio de Janeiro - FAPERJ: Editora 7Letras, 2007. p. 153.

construídas em seu cotidiano. Talvez seja preciso admitir que a análise sobre gênero não estivesse incorporada ao meu estudo e que a versão acessada foi a apresentada pela defesa do criminoso.

Avalio assim não apenas pelo fato de que a principal linha de defesa do réu tenha sido chamar a atenção para infidelidade da vítima, uma costureira parda descrita como livre. Mas por ser possível que a defesa do escravizado se valesse da presunção de que certa lógica de controle do corpo e da sexualidade feminina fosse acionada pelos juristas ao interpretar a lei vigente; que acreditasse que a identidade social que vinha sendo forjada, destacadamente, por mulheres como a vítima do crime cometido por Izidoro fosse de alguma forma condenada pelos magistrados a ponto de eles acatarem o recurso de modo a excluir a ilicitude do condenado ou, ao menos, diminuindo a sua pena.

Imagem 1 – Escravo Izidoro

Fonte: Acervo digital Afro-Brasileiro - O escravo Izidoro acorrentado (desenho de um artista popular alagoano de 1888).
Dispinível em https://www.flickr.com/photos/acervoafrobrasileiro/35263959436

Certamente orientado pelos defensores, quando perguntado o motivo do crime, Izidoro apresentou a narrativa reproduzida em sua íntegra no início deste texto. Como se lê, ao responder, o réu nos ajuda a refletir não apenas acerca da complexidade das relações escravistas urbanas, mas, fundamentalmente, sobre a dinâmica, os limites e os liames de específicas relações afetivo-conjugais. Vale anotar que as especificidades dessas relações foram levadas em conta quando do reordenamento constitucional que se deu em nosso país na passagem do Império para a República. A referência aqui é quanto ao entendimento sobre os critérios da ação penal pública envolvendo réus, cujo estado emocional causava "completa privação de sentidos". Ademais, na maioria das vezes, nos casos de atos criminosos onde a vítima era uma mulher, sob suspeita de acionar o gatilho emocional, o comportamento dela podia ser alvo de análise judicial. Daí a tese da legítima defesa da honra alegada nos crimes interpretados como passionais.[11]

Em suma, o argumento da legítima defesa da honra nos crimes passionais previa a exclusão de ilicitude, ou seja, podia até mesmo contribuir na imputabilidade de réus como o chapeleiro Izidoro Augusto de Sampaio, cujo ato criminoso defendia decorrer, sobretudo, de um disparate provocado pela infidelidade conjugal. Levava-se em conta o que foi chamado de "motivação subjetiva". Para os juristas, portanto, havia a necessidade premente de justificar que o ato foi cometido através da vontade do agente, seja esta manifesta ou latente. Assim, para comprovar a involutariedade no processo de aplicação do Direito, ficava em escrutínio tanto a trajetória de vida

11 ENGEL, Magali Gouveia. Paixão, crime e relações de gênero (Rio de Janeiro, 1890-1930). In: *Topoi* [online], Rio de Janeiro, nº. 1, p. 153-177, 2000.

do acusado quanto a da vítima. Prática considerada fundamental para identificar qual seria o tipo de motivação determinante do ato ou fato.[12]

A brecha jurídica do Código Penal de 1890 e assassinatos em defesa da honra no alvorecer da República

Ainda que voltados à repressão e ao controle social de determinados segmentos da população – sobretudo crianças e adolescentes percebidos socialmente como delinquentes, inválidos (mendigos e insanos) e vadios –, o Código Penal brasileiro contribuiu para a consolidação de valores políticos e sociais disseminados ao longo do Período Imperial. Assim, a nova legislação, promulgada em 11 de outubro de 1890, com o parágrafo 4º do artigo 27, contemplava medidas discricionárias e tutelares num âmbito exterior ao campo jurídico ao considerar inimputáveis "os que se acharem em estado de completa privação de sentidos e de inteligência no ato de cometer o crime". E disso os homens e mulheres das classes populares tinham conhecimento, e negociavam com tal brecha deixada fora daquele campo.

Em algumas fontes que registraram homicídios que tiveram lugar nos anos imediatamente após a promulgação daquele dispositivo legal, foi possível interpretar que era corrente a produção da culpa da vítima, podendo mesmo indicar que muitos eram os que compartilhavam de um código marcado por conservadorismos sociais. Também que circulavam pela sociedade republicana

12 SALLA, Fernando Afonso; ALVAREZ, Marcos César. A sociedade e a lei: o Código Penal de 1890 e as novas tendências na primeira República. In: *Justiça e História*, Porto Alegre, v. 3, nº. 6, p. 1-24, 2003.

valores e padrões de comportamento cujo uso dependia do tipo de apropriação feito.[13] Exemplo do exposto foi o registro publicado na segunda página do *Jornal do Comércio* no dia 17 de novembro de 1898.

É bem possível que o jornalista responsável por dar notícias sobre o assassinato da jovem Olívia, "uma moça muito bonita, de 17 anos, de altura mediana, compleição franzina, cabelos escuros, bastante clara", tivesse tido contato direto com o principal suspeito de seu assassinato, "um moço de 21 anos, cor parda e simpático", antes de finalizar a matéria publicada naquela data. Ou que ao menos tenha ouvido atentamente as testemunhas do crime para construir a narrativa com argumentos que reforçariam a tese da legítima defesa da honra, caso fosse o argumento a ser utilizado a favor do réu no caso de seu julgamento chegar a um Tribunal de Júri.

O suspeito respondia pelo nome de Oscar. O crime se deu no centro político da cidade do Rio de Janeiro, em frente ao prédio onde funcionava o Tribunal da Câmera Civil e Criminal. De acordo com as informações colhidas, o marido teria acompanhado as pegadas da jovem por todo um dia. Soube da grande orgia em que ela passara na noite anterior; que, após dormir até pouco depois das 14h, fora acompanhada de uma amiga e vizinha para beber em companhia de alguns rapazes em um café da Praça Tiradentes. Vestia uma "blusa de riscadinho azul, saia de fazenda preta, causava meias e sapato da mesma cor".

Retirando-se do Café, fora passear pelas ruas centrais da cidade, regressando somente à noite à sua casa, na Rua da

13 CHARTIER, Roger. Textos, Impressões, Leituras. *História Cultural*: entre práticas e representações. Lisboa: DIFEL; Rio de Janeiro: Bertrand Brasil, 1990.

Constituição, onde encontrara-se com seu marido. De acordo com a narrativa, o marido, ao vê-la, implorou para que ela mudasse "o seu péssimo comportamento e pediu para ela, abandonando aquela vida miserável, acompanhá-lo para sempre". Destacou, ainda, que "Olivia, não dando nenhuma importância ao seu marido, continuou o passeio, apressando o passo". Ao chegarem à frente do dito prédio, Oscar, "fingindo abraçá-la pelas costas, passou-lhe o braço direito por cima do ombro, gravou-lhe uma vaca na clavícula direita, atravessando-lhe o pulmão de lado a lado".

Investigando sobre a violência nas relações entre gêneros, Rachel Soihet verificou que os casos de suspeita de infidelidade aparecem como a principal causa de crimes passionais ocorridos no Rio de Janeiro no período de 1883 a 1902. A historiadora argumenta que "a infidelidade por parte da mulher configurava-se como um grave crime, isso a ser penalizado com a morte, pois o seu assassinato era reconhecido, na prática, como uma forma de um homem vingar a sua honra ofendida".[14] Como parte do imaginário social à época, essa noção de honra masculina que aparece como pano de fundo na narrativa do crime cometido pelo pardo Oscar pode ser também observada nas que relatam os assassinatos de Rita Maria da Conceição, Maria Elisa de Souza e de uma "crioula quarentona", amásia do negro Ivo.

A declaração de que havia praticado o crime por saber que Rita Maria da Conceição lhe era infiel foi dada pelo próprio marido da vítima, após ter sido enviado para o Hospital da Misericórdia para ser medicado. O noticiário de 27 de dezembro de 1892,

14 SOIHET, Rachel. O corpo feminino como lugar de violência. In: *Projeto História*, nº 25, "corpo & cultura". São Paulo: EDUC Editora da PUC-SP, dez/2002, p. 269-289.

publicado na segunda página do *Jornal do Comércio*, tinha o seguinte título: "Assassinato e tentativa de suicídio". Segundo a matéria, o crime ocorreu às 9h do dia anterior à publicação, em um lugar denominado Cabo Sul, na freguesia de Campo Grande. Assassino e assassinada foram descritos como "de cor preta", ele de 60 anos de idade, presumíveis. Cardoso, o marido, "ao ver caí sua vítima, tentou em seguida suicidasse com uma navalha, com a qual deu um extenso e profundo golpe no pescoço".

Dois anos antes, o guarda-freio de nome Américo Rodrigues do Amaral assassinou com pancadas sua esposa Maria Elisa de Souza. A desconfiança de que a mulher lhe fora infiel também aparece na justificativa do crime. A vítima era uma das sobrinhas de um conhecido negociante, o senhor Etelvino Garcia Andrade. A notícia de seu assassinato circulou na capital da recente República, mas o casal morava no município de São Paulo. De acordo com a matéria publicada, ela teria sido "recebida com pancadaria pelo marido" ao regressar ao distrito de Jaguará. Ocorreu que "a infeliz vítima, achando-se enferma, foi mandada pelo seu algoz para Ribeirão Preto, a fim de ir ali ser tratada e medicada, devido a incômodos de saúde", entretanto, o tratamento demorou mais do que o previsto. Após a violenta recepção, foi conduzida pelo marido à residência do casal, onde ele continuou a maltratá-la, dando cabo de sua existência.[15]

O episódio que culminou no assassinato da amásia de Ivo de Carvalho deixa evidente o tipo de controle sobre o corpo feminino pretendido mesmo pelos homens das classes populares. A matéria

---

15 Cf. publicado no *Jornal do Comércio* no dia 27 de dezembro de 1892.

foi publicada na segunda página do *Jornal do Comércio* do dia 04 de fevereiro de 1894. Na verdade, republicava-se um relato do *Jornal Comercial de Santo Amaro*. Em uma narrativa que desumaniza o assassino, a matéria chama primeiro a atenção para um ataque sofrido por "moço cujo nome não podemos colher". Segundo o relatado, o caso teve lugar na estrada de Bonsucesso, na freguesia de Bom Jardim, no município paulista de Santo Amaro.

O desconhecido era empregado do Engenho Boa Sorte. Segundo ele mesmo relatou, quando caminhava pela dita estrada foi golpeado à traição por Ivo de Carvalho. Carrega-se na tinta para descrever o assassino como "um possante negro, em cujo rosto desenha por contradições medonhas a ferocidade bravia dos selvagens". Apesar dos gritos, de ter implorado por auxílio e socorro, somente após lhe terem sido desferidos violentos golpes "excessivamente desfechado pela afiada foice da fera terrível", "quando tendo cortado nove vezes a carne da vítima em defesa" e acreditando morta, o agressor fugiu ao sentir o tropel de animais que se aproximavam. O moço foi, então, socorrido por um cavaleiro que seguia viagem, empregado do mesmo engenho.

A notícia se espalhou pelas serranias do local do crime. Ainda segundo a matéria, "soube-se logo por declaração do ofendido e por referências de outras pessoas do lugar que entre a vítima e o algoz nenhuma provocação se dera, que apenas se conheciam de vista". A provável explicação para o ato delituoso era a seguinte:

> Estando o infeliz ferido e o Negro Ivo em um samba, aconteceu o que amasia deste, uma crioula quarentona, mas muito conservada recebeu do primeiro uma umbigada, tendo a preferido a muitas raparigas novas

> da roda, isso, talvez, sem o menor pensamento maldoso. Ivo, porém, viu naquela preferência um insulto aos seus brios de selvagens ciosos. Jurou vingar-se dele e dela, o que foi, provavelmente, causa do crime.[16]

Já havia decorrido seis meses da jura de tal samba, mas essa pareceu a todos ser a motivação mais provável para o crime. De modo que, alarmada a população do lugar, um alvoroçado grupo saiu à procura do "malvado e Amásia[17], para colher desta explicação e castigar aquele com as penas da lei".

> Ao cabo de algum tempo foi Ivo encontrado nas matas da entrada do Jacu ao Bonsucesso, sendo que uma luta tremenda se travou entre o povo e a fera, antes que essa pudesse ser desarmada e presa. Em mãos do povo o sanguinário malvado, se pode descobrir, pouco depois, a amásia dele amarrada em uma árvore da mata, assassinada e já começando a ser devorada por animais as carnes de seu corpo sem vida.

Diferentemente de muitos outros defensores de sua honra, o fim de negro Ivo foi trágico: teve a cabeça atingida por um golpe de foice certeiro que o matou. Não se explica bem como tudo se deu, mas, no dia seguinte à sua prisão, ao ser procurado na cela, ele não foi encontrado. Em uma nova caçada pelas matas, foi identificado o seu corpo.

---

16 Cf. publicado no *Jornal do Comércio* no dia 27 de dezembro de 1892.

17 Vale anotar que Magali Gouveia Engel esclarece que o termo amasiamento – utilizado às vezes para qualificar relações entre amantes que não compartilham uma vida em comum –, nos registros policiais que ela analisa, fazem referência a relações de casamento não oficializadas. Com essa evidência, conclui que "as relações mais frequentes entre agressores e vítimas de ambos os sexos eram marcadas pela existência de um projeto de vida em comum e, portanto, independentemente da sua duração, por uma perspectiva de estabilidade". ENGEL, *Op. Cit.*, p. 162.

> Se Ivo, o bandido, suicidou-se, lastimemos a bestialidade dos selvagens e choremos a suas vítimas. Se Ivo, porém, foi assassinado bom é que a justiça puna os autores da barbárie, pois os linchamentos não corrigem nem instruir melhor os membros da família humana no conhecimento dos seus deveres.

Apesar das admoestações, pelas características da morte, parece que os membros da família humana julgaram que, dentre os cumprimentos de seus deveres, estava o de decidir sobre o destino de um negro que ousava a usar o argumento da "legítima defesa da honra" fora de seu próprio círculo afetivo-conjugal. Porque a tese que lançava mão da figura judiciária era acessada principalmente nos crimes cujas vítimas eram as esposas, companheiras, namoradas e mulheres. De acordo com Rachel Soihet, o argumento era utilizado em inúmeras situações, fundamentando os casos em que acusados, sem apresentar provas, lançavam mão da suspeita de adultério e infidelidade para justificar sua atitude criminosa.[18]

Analisando crimes passionais atribuídos a indivíduos de ambos os sexos ocorridos na cidade do Rio entre fins do século XIX e as três primeiras décadas do XX, Magali Gouveia Engel problematiza a multiplicidade de significados que perpassavam as dimensões dos saberes e das práticas relativas à sexualidade e à afetividade envolvendo no processo estudado homens e mulheres de diferentes origens sociais, de segmentos sociais distintos. A pesquisadora encontra indicativos de que a crença em valores que permeiam conceitos como honra masculina e honra feminina,

18 SOIHET, *Op. Cit.*

construídos a partir de referenciais culturais dominantes, encontra-se disseminada por toda a sociedade e, no mais das vezes, respondia pelas ocorrências de crimes passionais. Reunindo um significativo número de registro, realiza uma análise quantitativa de notícias sobre crimes desse tipo publicadas nos jornais cariocas de grande circulação no período.[19] Esclarece que:

> Os homens eram a maioria absoluta dos agressores (245 ou 89,09%de um total de 275) nestes conflitos, enquanto as mulheres constituíram maioria absoluta das vítimas (221 ou 78,92% de um total de 280). A comparação entre os percentuais referentes aos homicídios (17,39% do total de homicídios) e às tentativas de homicídio e/ou ferimentos graves (13,26%do total de tentativas de homicídio/ferimentos graves) decorrentes de agressões cometidas por homens contra outros homens e os relativos aos homicídios (73,91% do total de homicídios) e tentativas de homicídio e/ou ferimentos graves (76,53% do total de tentativas de homicídio/ferimentos graves) decorrentes de agressões cometidas por homens contra mulheres demonstra que nos conflitos envolvendo relações amorosas e/ou sexuais as mulheres foram o alvo privilegiado da agressão masculina. Ressalte-se, que no caso das mulheres agressoras, os homens representam 73,33% das vítimas, apresentando-se, portanto, também como o alvo prioritário das agressões. Acrescente-se, ainda, que os

19 A pesquisadora levanta, em periódicos como o *Jornal do Comércio*, *A Noite* e *O Paiz*, dados relativos a 275 agressores. Identifica que, das "280 vítimas, 69 (ou 24,64%) foram mortas; 98 (ou 35%) sofreram tentativa de homicídio e/ou ferimentos graves; 10 (ou 3,57%) ferimentos leves, e, em 103 (ou 36,78%) as consequências da agressão não foram especificadas. Conforme ENGEL, Op. Cit., p.154-155.

> homicídios e as tentativas de homicídio e ferimentos graves representam 63,63% do total das agressões cometidas por mulheres contra homens.[20]

A análise de discurso dos noticiários policiais dos jornais é mesmo reveladora. E as narrativas que acompanhei sinalizam que os conteúdos e significados daqueles valores, amplamente disseminados na sociedade imperial, responsáveis por produzir o lugar social de dominante para o homem branco, eram reforçados na sociedade republicana, confirmando papeis e comportamentos desejáveis aos reconhecidos como membros da família humana. No limite, nas linhas e entrelinhas dessa última narrativa produzida com registro para dar notícia de um crime considerado monstruoso, fica claro que havia limites aos homens como o negro Ivo, ou seja, aos homens sem poder. Destacadamente no que diz respeito ao acesso à ideologia dominante que conferia aos com a sua anatomia sexual o papel de dominador típico, com direito à pretensao de considerarem o corpo da mulher como um objeto de sua propriedade.

Todavia, tudo parece indicar que homens desprovidos de poder e de autoridade em espaços públicos, privadamente e em momentos de conflitos, reivindicavam princípios simbólicos da masculinidade dominante. A crença nesses princípios os impelia a reproduzir as expectativas de domínio típicas dos poderosos membros da sociedade patriarcal. Incluindo reportar representações jurídicas dos papéis sexuais. Pode-se dizer que mesmo indivíduos como o negro Ivo de Carvalho, desumanizado na narrativa sobre o crime em que foi o agressor, podiam visualizar no processo de

20 Ver ENGEL, *Op. Cit.*, p. 155-156.

constituição de uma sociedade organizada nos moldes jurídico-político contratuais a permanência daqueles valores.

Além disso, o sexismo, em última instância, assegurava-lhes o exercício do poder no espaço privado, ou seja, em seu lar e sobre a sua família. A citada crença diz respeito à explicação dada por Rachel Soihet quando, a partir de análise sobre o lugar da mulher no contexto de sua pesquisa, argumenta que foi "dado ao homem o direito de extravasar sua agressividade 'natural' sobre os objetos de sua propriedade. E sendo o corpo da mulher considerado uma propriedade sua, este se constitui no local próprio de extravasamento da agressividade masculina".[21]

A historicidade da crença conecta o discurso dessas publicações tanto àquele produzido para o recurso levado à Corte de Apelação do Rio de Janeiro em defesa do escravizado Izidoro quanto ao proferido por meu companheiro quando registrei a agressão em uma delegacia de polícia há alguns anos. Mas vale anotar que na apelação oitocentista foi ressaltado e reivindicado um modelo pretensioso de figura masculina ao escravizado. Inclusive destacando o seu padrão de vida, indicando que, no entendimento dos apelantes, poderia favorecer por tipificá-lo como um chefe de família exemplar.

Segundo o que se pode recuperar com a leitura do que se apresentou às autoridades judiciárias no ano de 1867, o condenado morava, com o consentimento de seu senhor, na Freguesia do Sacramento, na Rua do Hospício, n º 175. O que significa dizer que vivia em companhia da parda Maria Luiza, longe de vigilância.

---

21 Ver SOIHET, *Op. Cit.*, p. 270.

Exercia o ofício de chapeleiro, que, em tese, lhe permitia prover o próprio sustento, o de sua amásia e o de sua mãe Josefha Maria – que o documento identifica como natural do Rio de Janeiro, solteira, maior de sessenta anos e sem emprego.

Enfim, os defensores de Izidoro procuraram tipificá-lo como um cidadão de bem e provedor exemplar. Demonstraram que, na condição de escravizado, tinha de seu senhor a permissão para viver "sobre si"[22] e uma ocupação semi-especializada – o ofício de chapeleiro não era uma qualificação comum. A fonte ainda revela que o casal residia em uma boa casa: com sala, quarto e sacada, ou seja, exibia um padrão mobiliário que podia não ser aquele que se esperava para os "desfavorecidos" à época – tinha cama e sofá. Ademais, a defesa orientou Izidoro para que evidenciasse que o que o teria motivado a cometer o crime não foi apenas a traição de sua amásia, mas, sobretudo, o fato de ela, após três anos de uma união que podemos considerar estável e de investimento na relação, o rejeitar por ser escravo.

Para dotar Izidoro de direitos, imunidades e privilégios que tornavam legítima a defesa da honra masculina no âmbito da sociedade escravista que ele vivia, seus defensores criaram a ficção de que ele estaria no topo da escala social a que tinham acesso os escravizados urbanos. Procuraram deixar evidente que foram as atitudes de sua amásia – infidelidade conjugal e recusa sexual por sua

---

22 As intervenções escravas nas relações escravistas, sobretudo, nos perímetros urbanos, que requeriam maior locomoção dos trabalhadores de diferentes condições sociais, deram origem à prática conhecida como "viver sobre si". Uma relação social que proporcionava ao escravizado formas de se movimentar sem estar sob o olhar constante de seu proprietário. Assim, havia cativos que moravam na cidade, longe do controle de seus senhores, usufruindo doses de liberdade e custeando suas necessidades. Conforme SANTOS, Lucimar Felisberto do. Doses de liberdade: mercado de trabalho, ocupações e escolarização no Rio de Janeiro (1870-1888). *Revista Politéia*: UESB, v. 09, nº 1, p. 239-269, 2009.

condição jurídica de escravo – que teriam impulsionado seu agressor a cometer o crime. Assim, segundo o que parecia ser razoável do ponto de vista do recurso apresentado, se o comportamento de Maria Luiza do Nascimento não retirava dele a culpa, ao menos deveria atenuar a pena. A parda vítima da agressão, de acordo com o depoimento de Luzia Maria do Nascimento – irmã da vítima e moradora do mesmo endereço –, tinha o ofício de cozinheira.

A disputa pelos corpos femininos e submissão paradoxal das mulheres negras pós-abolição

A reivindicação da defesa da honra expressa a pretensão de ser o corpo da mulher um objeto de propriedade masculina. E essa noção de direito, segundo Rachel Soihet, não era uma crença específica aos homens pobres; também no caso das camadas mais favorecidas, observam-se os mesmos condicionamentos culturais. A lógica da análise feita até aqui será um tanto desviada doravante. Não obstante estar se tratando de uma propriedade corporal arbitrária baseada na ideia de assimetria entre os gêneros masculino e feminino; de se evidenciar, no limite deste texto, o lugar de violência reservado ao corpo feminino, quero, ainda, chamar a atenção para linhas místicas de demarcação de poder e domínio – produtos desse condicionamento cultural. Seriam espécies de fronteiras psicossociais historicamente desconsideradas por serem relações estabelecidas por mulheres, destacadamente por mulheres negras, que não aceitaram condições intoleráveis de existência. Defende-se que, justamente dadas às especificidades das condições materiais de existência e de sobrevivência nos anos pós-abolição, mulheres, ex-escravas ou não, negras, pobres e solteiras, no mais das vezes, podiam desviar seus pensamentos dos esquemas inconscientes de percepção e apreciação que informavam a incorporação das estruturas históricas da dominação masculina que o sociólogo francês Pierre Bourdieu chama a atenção em suas análises.[23]

A noção de que os princípios simbólicos da ordem masculina eram conhecidos e reconhecidos tanto pelo dominante quanto pelo dominado é um consenso nas análises sociológicas. Entretanto, os estudos históricos que nos últimos anos vêm sendo feitos sobre trajetórias de mulheres negras deixam evidente que elas transgrediam essa ordem.[24] Como possibilidade, podemos tornar ainda mais complexo o conceito de "submissão paradoxal" referente à dimensão simbólica da dominação masculina vista por Bourdieu, descrita na passagem abaixo.

> Também sempre vi na dominação masculina, e no modo como é imposta e vivenciada, o exemplo por excelência desta submissão paradoxal, resultante daquilo que eu chamo de violência simbólica, violência suave, insensível, invisível a suas próprias vítimas, que se exerce essencialmente pelas vias puramente simbólicas da comunicação e do conhecimento, ou, mais precisamente, do desconhecimento,

---

23 Ademais, quiçá para incluir a perspectiva mística em sua análise sociológica sobre a dimensão simbólica da dominação masculina, Pierre Bourdieu chama a atenção para o conceito de "o poder hipnótico da dominação", na verdade uma "analogia etnográfica" de Virgínia Holf. Em uma de suas obras, a escritora britânica, que refletia sobre as restrições que eram feitas às mulheres durante o período Vitoriano, descreve a sociedade arcaica como um lugar de conspiração; que ao estabelecer linhas místicas de demarcação, impõe "um macho monstruoso, de voz tonitruante, de pulso rude", que usufruía "dos prazeres suspeitos do poder e da dominação, enquanto nós, 'suas' mulheres, nos vemos fechadas na casa da família, sem que nos seja dado participar de nenhuma das numerosas sociedades de que se compõe a sociedade". BOURDIEU, Pierre. *A dominação Masculina*. 11ª ed. Tradução Maria Helena Kuhner. Rio de janeiro: Bertrand Brasil, 2012, p. 8-9.

24 Ver PACHECO, Ana Cláudia Lemos. *Mulher negra*: afetividade e solidão. Salvador: ÉDUFBA, 2013.

> do reconhecimento ou, em última instancia, do sentimento.[25]

Dito de outro modo, é bem possível que a principal lógica que guiava o comportamento de mulheres como Maria Luiza de Nascimento, a jovem Olívia, Rita Maria da Conceição, Maria Elisa e a "crioula quarentona" amásia de Ivo de Carvalho, na verdade, não fosse a que foi recuperada como produto das relações de dominação estabelecidas pela ordem vigente. Apesar dos discursos que teimavam em tornar invisível suas existências, suas vivências e trajetórias, é possível que se pautassem em um legado das experiências herdadas das formas de resistir aos mais variados tipos de discriminação, opressão e abusos vivenciados também pelas que vieram antes delas.

Fundamentalmente, é ainda provável que tenham tido suas vidas interrompidas por partilharem ensinamentos geracionalmente transmitidos entre as mulheres de famílias negras, embutidos em frases como "Nunca dependa de homem algum", "Esteja em você a sua força", "Seja independente e forte", ou ainda, "Seu futuro está em seus estudos", como a corrente nos dias atuais. No limite, por exemplo, se considerarmos que esses ensinamentos eram partilhados pela costureira Maria Luiza do Nascimento e sua irmã Luiza Maria e desconfiarmos do conteúdo da narrativa produzida em defesa de seu agressor, podemos mesmo suspeitar que o arranjo que tornou possível a manutenção da boa casa em que residiam era fruto da negociação feita entre as duas libertas e Izidoro Augusto de Sampaio, levando em conta suas expectativas de liberdade.

---

25 BOURDIEU, *Op. Cit.*, p. 7-8.

Considerando especificamente desejos e projetos de mulheres negras, como a "crioula quarentona", amásia do negro Ivo, não obstante se reconheça o impacto dos argumentos da ordem masculina – construção social baseada na diferença biológica entre os corpos masculino e feminino –, defende-se que, nas relações entre os gêneros que se estabelecia no âmbito do novo regime que se inaugurava em nosso país, um projeto próprio de sociedade era por elas testado. Destacadamente porque as suas antecessoras já haviam imaginado um tipo de liberdade e saído em campo em sua defesa. Quiçá, na disputa pelo controle de seus corpos, aspirassem acesso ao poder, inclusão na vida política e construção de um espaço onde pudessem falar e expor suas opiniões, reivindicações que mais tarde constituiriam agenda das feministas clássicas.[26]

Ainda que fossem alvos de uma violência simbólica, suave, insensível e invisível aos observadores, a herança social que as mulheres negras recebiam e transmitiam era sobretudo aquela que guardava estreita relação com um duro cotidiano de trabalho, que trazia especificidade à sua condição feminina. No caso, trata-se de um processo de subversão da relação de dominação. Elas não podiam constituir, portanto, parte da história da condição feminina no Brasil que normalmente representa suas congêneres com imagem de acomodação e passividade diante da realidade social que as cercava.

Por todas essas razões, sobretudo após a anotada viragem historiográfica, experiências de protagonismos de mulheres negras no Brasil escravista e pós-abolição vêm sendo evidenciadas em

---

26 Ver FRIEDAN, Betty. *A mística feminina*. Tradução de Áurea B. Weissenberg. Petrópolis, RJ: Vozes, 1971.

vários trabalhos de pesquisas.[27] Inclusive, destaque foi dado para as chegadas do continente africano, que redefiniram na Diáspora a sua condição de existência. Segundo Juliana Barreto Farias, o ativismo dessas personagens no mercado de trabalho chegou ao ponto de chocar viajantes estrangeiros.

> No Rio de Janeiro, essas africanas eram reconhecidas por sua altivez e autonomia. Como "exímias quitandeiras" esquadrinhavam as ruas da cidade, mantinham sua freguesia no movimentado Mercado da Candelária e chegavam mesmo a formar "pequenas fortunas". Talvez, como sugerem alguns autores, recriassem aqui experiências vividas, ou observadas, em terras iorubás. Lá, as mulheres costumavam percorrer redes de mercado que se estendiam das pequenas aldeias às grandes cidades. Dominando essas negociações conquistavam independência, autoridade e riqueza.[28]

Anoto aqui dois dos principais fios condutores desta análise. Primeiro, a utilização da categoria crime como um objeto de análise. Investiguei o comportamento de cônjuges que não souberam lidar com as expectativas de liberdade de suas companheiras por se entender que não poder fazer uso das histórias dessas mulheres vítimas fatalmente de seus companheiros significaria o apagamento dos possíveis significados de liberdade que deram às suas próprias

27 Algumas análises de grande relevância sobre as experiências de mulheres negras foram reunidas em FARIAS, Juliana Barreto; GOMES, Flávio; XAVIER, Giovana (Org.). *Mulheres negras no Brasil escravista e do pós-emancipação*. São Paulo: Selo Negro Edições, 2012.

28 Conforme FARIAS, Juliana B. Sob o governo das mulheres: casamento e divórcio entre africanos ocidentais no Rio de Janeiro do século XIX. In: FARIAS, Juliana Barreto; GOMES, Flávio; XAVIER, Giovana (Org.). *Mulheres negras no Brasil escravista e do pós-emancipação*. São Paulo: Selo Negro Edições, 2012. p. 130.

vidas. O segundo tem a ver com uma proposta de demarcação racial para o modelo de "submissão paradoxal" iventado por Bourdieu. Pois bem, ainda que ocupem a base da pirâmide social, se for julgar pelos resultados da dominação masculina na vida de mulheres negras, pelo modo como foi imposta e vivenciada cotidianamente por aquelas que representam a primeira categoria de mulher no trabalho fora de casa, reconhecidas por sua altivez, disposição e autonomia, podemos argumentar que elas desenharam outras linhas para as relações de poder e dominação, incluindo místicas.

Mulheres como as vítimas que identifiquei na documentação possuem características individuais que fogem tanto do modelo tradicional prescrito discursivamente para as do seu gênero quanto ao do grupo de mulheres que mais tarde ficaria reconhecido por ter reivindicado igualdade de direito em relação aos seus companheiros. O que sugere que na sociedade brasileira pós-abolição, que se abria ainda mais para as relações capitalistas de produção – destacadamente no mercado de trabalho –, o ativismo das mulheres negras pode sugerir que elas estavam se apropriando de maneira muito própria dos valores que circulavam na sociedade em que viviam, ainda que fossem associadas a estereótipos e comportamentos, como a hipersexualidade, a agressividade e a subalternidade.[29]

Ademais, analisadas em conjunto, as experiências daquelas mulheres indicaram que o uso diferenciado daqueles valores resultou em padrões de comportamento inegociáveis do ponto de vista de seus agressores. Assim, trocar confidências publicamente

29 Ver SANTOS, Lucimar Felisberto dos. Feminismo negro e ativismo de mulheres negras: 1870-1888. In: *REVISTA Z CULTURAL*, Rio de Janeiro, v. XIV, p. 68-105, 2019.

com outra mulher, ultrapassar o horário estipulado para retornar à residência, frequentar em companhia de amigos os Cafés da cidade, dormir fora de sua residência – ainda que por conta de um tratamento médico – ou receber de um desconhecido uma umbigada podiam ser situações limites, com sérios riscos à vida. Já o ponto de vida de suas companheiras oferecia outro panorama. Conforme observado por Rachel Soihet:

> As condições concretas de existência dessas mulheres, com base no exercício do trabalho, partilhando com os seus companheiros a luta para a sobrevivência, contribuem para o desenvolvimento de um forte sentimento de auto-respeito, o que lhes possibilita reivindicar uma relação mais igualitária, ao contrário dos estereótipos vigentes acerca da relação homem — mulher, que previam suas subordinação e aceitação passiva dos percalços proveniente da vida em comum.[30]

Em suma, retomando o fio condutor da análise – os crimes passionais motivados por ofensas à honra –, temos indicação de que, além de não aceitar passivamente a subordinação, mulheres pertencentes a segmentos sociais distintos elaboraram e partilharam valores a partir de um código de honra feminino. Assim, as que foram identificadas como agressoras nos noticiários de jornais, por Magali Gouveia Engel, demonstraram que o poder masculino, supostamente disseminado de forma indistinta e absoluta, não era para elas um obstáculo ao defenderem-se de difamações centradas em desqualificações do seu comportamento sexual.[31]

---

30 Conforme SOIHET, *Op. Cit.*, p. 279.

31 Conforme ENGEL, *Op. Cit.*, p. 165.

Ademais, o fato de aquelas mulheres estarem partilhando com os seus companheiros a luta para a sobrevivência indica que homens que pretenderam obter delas uma atitude de obediência, bem como controlar seus movimentos nos arranjos familiares, deixavam de desempenhar o papel social a eles atribuído discursivamente pelo patriarcalismo.[32] E, "rompendo com a lógica opressora", levando também em conta anseios pessoais que certamente marcavam a passagem do Império para a República, é bem possível que o direito de ser cuidada, respeitada e de ter providas por seus companheiros as suas necessidades e a dos filhos do casal estivessem entre as expectativas de liberdade das mulheres afro-atlânticas.[33]

As histórias negras e o letramento histórico

O que conecta as experiências de violência doméstica que tiveram como vítimas a parda livre Maria Luiza de Nascimento, a preta amásia de Ivo de Carvalho e a autora deste texto pode ser a insistência em pôr em praticar noções de liberdade e independência imaginadas. E os significados e usos políticos, sociais e culturais dessas noções podem ser transformados em saberes a ser compartilhados em salas de aulas.[34] Refletindo sobre o ensino de História – com o objetivo de compreender e analisar os fundamentos da ética em diferentes culturas, identificando processos que contribuem para a formação de sujeitos éticos

32 No caso dos homens negros, reflexões sobre o sofrimento psíquico que desse processo decorre, na sua constituição enquanto sujeito, foram feitas por FANON, Frantz. *Pele negra, máscaras brancas.* Rio de Janeiro: Editora Fator, 1983.

33 Ver DAVIS, Angela. *Mulheres, raça e classe.* São Paulo: Boitempo, 2016.

34 Sobre a necessidade de se incluir novos saberes na produção do conhecimento, ver ADICHE, Chimamanda Ngozi. *O perigo de uma história única.* 1ª ed. Tradução: Julia Romeu. São Paulo: Companhia das Letras, 2019.

que valorizem a liberdade, a autonomia e o poder de decisão[35] ou, ainda, de analisar situações da vida cotidiana (estilos de vida, valores, condutas etc.), desnaturalizando e problematizando formas de desigualdade e preconceito, e propor ações que promovam os Direitos Humanos, a solidariedade e o respeito às diferenças e às escolhas individuais[36] –, os desejos e projetos das mulheres encontradas em minhas pesquisas e estudos podem ser objeto de conhecimento quando, por exemplo, introduzimos conteúdos sobre o nascimento da República no Brasil, contextualizados com questões dos dias atuais.

Trata-se, portanto, da inclusão de saberes que se ligariam diretamente ao vivido por muitos de nossos alunos e alunas. Sabemos que, devido à permanência de específicas estruturas de poder na luta contemporânea das mulheres, a violência física/violência simbólica é ainda uma realidade a ser superada. Destacadamente, na de mulheres negras empobrecidas. Seria esse um referencial curricular que permitiria um letramento em História a partir do qual poderíamos promover a formação integral do estudante, indo além da ação de ensinar.[37] Ainda que a questão-motriz deste capítulo tenha sido a violência sobre o corpo feminino considerado objeto de propriedade masculina, a intenção foi incluir no debate o histórico do legado e herança daquelas fatalmente vitimadas. Sendo este um texto habitado por diferentes vozes, os

35 Pela Base Nacional Comum Curricular (BNCC) para Ciências Humanas e Sociais Aplicadas no Ensino Médio, essa seria a habilidade EM13CHS501.

36 Pela Base Nacional Comum Curricular (BNCC) para Ciências Humanas e Sociais Aplicadas no Ensino Médio, essa seria a habilidade EM13CHS502.

37 Ver BRITO, Eliana Póvoas Pereira Estrela. O currículo do ensino médio baiano: entre a formação integral e a valorização das diferenças. In: *Currículo sem Fronteiras*, v.18, n.3, p. 1003-1024, set./dez. 2018.

estudantes podem reconhecer nas mulheres de suas famílias as herdeiras e continuadoras das lutas de minhas protagonistas.[38]

Outro referencial curricular relevante seria a contextualização da historicidade dos ordenamentos jurídicos. Por exemplo, podemos sugerir que foi no lastro dessas experiências e das constantes reconfigurações das lutas negras que o §1º do artigo 121 do Código Penal de 1940, que possibilitava a diminuição de pena no caso de homicídio simples por "motivo de relevante valor social ou moral, ou sob o domínio de violenta emoção", teria sido modificado. Fundamentalmente, em resposta aos assassinatos de mulheres praticados por seus maridos, namorados, companheiros, conhecidos ou ex-parceiros de qualquer natureza, com a Lei nº 13.104/2015, alterou-se o entendimento jurídico ao adicionar naquele artigo circunstâncias qualificadoras de feminicídio. Com o firmado na legislação, caso seja comprovada que a motivação do crime contra a mulher se deu por razões da condição de sexo feminino, a pena é aumentada de 1/3 (um terço) até a metade.

Comentário bibliográfico

Questões que dão centralidade ao debate sobre a honra masculina são temas da bibliografia abaixo selecionada. Todas tocam em questões sociais tangeadas por princípios da moralidade. Reproduzem noções sobre honra masculina disseminada e alicerçada no imaginário de uma sociedade marcadamente sexista.

---

38 Ver CHARTIER, Roger. Textos, Impressões, Leituras. *História Cultural*: entre Práticas e Representações. Lisboa: DIFEL; Rio de Janeiro: Bertrand Brasil, 1990.

Podem ser usadas para aprofundar o debate que implica na crença de ter o marido amplos direitos sobre o corpo de "sua" mulher. Pretende-se demonstrar ser essa uma relação de dominação histórica, portanto, cultural e linguisticamente construída. As obras podem auxiliar o/a docente na escolha de trechos textuais e imagens para o trabalho com os/as estudantes, sendo, portanto, um material complementar aos manuais didáticos.

1. SOIHET, Rachel. O corpo feminino como lugar de violência. In: *Projeto História*, n. 25, "corpo & cultura". São Paulo: EDUC Editora da PUC-SP, dez/2002. p.269-289.

Neste artigo, a historiadora analisa casos de assassinatos de mulheres nos quais os assassinos (esposo ou companheiros, na maioria das vezes) justificam sua atitude com o argumento da legítima defesa da honra. No mais das vezes, são casos de agressões relacionadas a questões da vida domésticas. Por exemplo, algumas esposas e companheiras que respondiam aos seus parceiros, recusavam-se a fazer algum tipo de serviço doméstico ou a entreter relações sexuais estavam entre o rol das vítimas.

A autora argumenta que, algumas vezes, a recusa era uma forma de reagir à insatisfação com o companheiro. Por outro lado, a análise vai no sentido de demonstrar que as tensões informavam dificuldades de os homens assumirem o papel de provedores que a cultura prescrevia, o que transcorreu uma série de dramas. Em muitas situações, os acusados, sem apresentar provas, lançavam mão da suspeita de adultério. São apresentadas evidências de que violência física se constituiria numa realidade presente em todas as classes sociais.

2. PACHECO, Ana Cláudia Lemos. *Mulher negra:* afetividade e solidão. Salvador: ÉDUFBA, 2013.

Nesta obra, a autora analisa as escolhas afetivas de mulheres e significados de solidão entre mulheres negras em Salvador, Bahia, tendo em vista, particularmente, os critérios de raça e gênero. São analisadas as vivências de mulheres de vários segmentos sociais, tais como trabalhadoras domésticas, professoras, intelectuais e trabalhadoras autônomas. De acordo com a autora, a escolha desse objeto de estudo está baseada em alguns estudos demográficos dos anos 80 e em entrevistas realizadas que apontaram a cor/raça como um elemento precedente na preferência afetivo-sexual de parceiros. Como resultado dessas escolhas, haveria um "excedente" de mulheres negras "solitárias", isto é: i) sem parceiros afetivos fixos; ii) sem relações afetivo-sexuais estáveis, em relação às mulheres pertencentes a outros grupos raciais.

As questões colocadas são as seguintes: como raça, gênero e outros marcadores sociais operam nas escolhas afetivas das mulheres negras investigadas? Como elas percebem as experiências da solidão?

3. FARIAS, Juliana Barreto. Sob o governo das mulheres: casamento e divórcio entre africanos ocidentais no Rio de Janeiro do século XIX. In: FARIAS, Juliana Barreto; GOMES, Flávio; XAVIER, Giovana (Org.). *Mulheres negras no Brasil escravista e do pós-emancipação*. São Paulo: Selo Negro Edições, 2012. p. 200-223.

Nesta obra, a autora parte de um conjunto de processos de divórcio abertos por africanas ocidentais, conhecidas como pretas (ou negras) minas, no Rio de Janeiro do século XIX para discutir as associações entre cor, condição social e identidades étnicas. Analisa certos estereótipos e comportamentos, e como as noções de honra e honestidade pareciam fundamentais – às vezes eram mesmo determinantes – para o desenrolar dessas ações. Observa, destacadamente, como juízes, padres, advogados, procuradores e também cativos e forros percebiam – e compartilhavam – determinados códigos e signos de identificação das populações africanas que viviam na cidade do Rio.

4. ENGEL, Magali Gouveia. Paixão, crime e relações de gênero (Rio de Janeiro, 1890- 1930). In: *Topoi* [online], Rio de Janeiro, nº. 1, p. 153-177, 2000.

O artigo tem como objetivo apresentar os resultados de uma pesquisa sobre crimes passionais atribuídos a indivíduos de ambos os sexos, ocorridos na cidade do Rio entre fins do século XIX e as três primeiras décadas do XX. Aborda questões relativas à criminalidade passional. De um lado, investiga as estratégias normatizadoras das relações afetivas e sexuais da população urbana, formuladas e difundidas por médicos e juristas, e, de outro, os possíveis significados dos mais variados comportamentos sexuais e afetivos vivenciados na prática por homens e mulheres na cidade do Rio durante o referido período.

5. PRECHET, Beatriz do Nascimento. *Enegrecendo o meretrício:* experiências da prostituição feminina no Rio de Janeiro (1871-1909). Vitória: Milfontes, 2020.

O livro se propõe a pensar a história das mulheres negras

na cidade do Rio de Janeiro na virada do século XIX para o XX. A análise constata que havia naquele momento uma questão social latente no que se referia à moralidade. Demonstra que de um lado estavam aqueles que se queixavam nos jornais sobre a presença das prostitutas nas ruas da cidade e as forças policiais que tentavam atender essas demandas no sentido de conter aquelas mulheres. Do outro, estavam aqueles que enxergavam algum sentido na manutenção do meretrício e também as próprias prostitutas, resistindo às investidas de seus opositores e lidando com as questões de sobrevivência que se apresentavam cotidianamente. Observando os distintos grupos, contudo, ficou evidente que o meretrício não era o problema em si, mas somente quando era exercido por mulheres negras. A obra discute temas sensíveis como escravidão e racismo científico, mas também trajetórias individuais de sucesso. Trata-se de um estudo que pretende ser outro caminho possível para conhecermos um pouco mais a história de mulheres negras.

Proposta didática

Público-alvo: Alunos de Ensino Médio
Tema da aula: Trabalhando com análise das leis

Imagem 1 - Decreto Lei nº 2.848 de 07 de Dezembro de 1940

CP - Decreto Lei nº 2.848 de 07 de Dezembro de 1940

Art. 121. Matar alguem:

§ 1º Se o agente comete o crime impelido por motivo de relevante valor social ou moral, ou sob o domínio de violenta emoção, logo em seguida a injusta provocação da vítima, o juiz pode reduzir a pena de um sexto a um terço.

Homicídio qualificado

Objetivo: Analisar situações da vida cotidiana, estilos de vida, valores, condutas etc., desnaturalizando e problematizando formas de desigualdade, preconceito, intolerância e discriminação, e identificar ações que promovam os Direitos Humanos, a solidariedade e o respeito às diferenças e às liberdades individuais **(EM13CHS502)**.

Duração da aula: 1h:40min.

Recursos didáticos: Refletir sobre o texto à luz de uma análise mais detida do § 1º do artigo 121 do Código Penal de 1940.

Metodologia: Introduzir a temática sobre a relevância do valor social, que diz respeito aos interesses de toda uma coletividade, e do valor moral, que se refere às atitudes aceitas porque estão em conformidade com certos princípios. Também porque se atém aos interesses individuais, particulares do agente, entre eles os sentimentos de piedade, misericórdia e compaixão. A partir daí, promover um debate sobre a defesa da honra alegada nos crimes interpretados como passionais e os limites de ambos os valores e sobre como suas noções interferem no menosprezo ou discriminação à condição de mulher. Avaliação: A partir de uma chuva de palavras apontadas em um debate sobre o tema, os alunos deverão produzir uma redação sobre a violência contra a mulher.

Histórias cruzadas de mulheres negras: por um ensino de História antirracista e antissexista do Brasil republicano

Juçara da Silva Barbosa de Mello

Histórias cruzadas

Ruth Telles de Menezes foi uma mulher negra que na década de 1930 conseguiu aprovação em concurso público para o magistério estadual do Rio de Janeiro.[1] Ser professora nesse período era sinal de *status* para qualquer mulher, e para uma mulher negra era um feito considerado excepcional.[2] Ruth nasceu em 30 de maio de 1913, em São Fidélis, antiga freguesia de Campos, atual Campos de Goitacazes, no Rio de Janeiro. Embora não haja registros que

1 Consta na coluna Notícias de Nictheroy do *Jornal do Comércio* de 19 de março de 1932 a nomeação da "professora diplomada Ruth Telles de Menezes", por ato do então Interventor Federal Comandante Ary Parreiras. Cf.<http://memoria.bn.br/DocReader/DocReader.aspx?bib=093092_02&pesq=%22Ruth%20Telles%20de%20Menezes%22&pagfis=33911>.

2 É válido ressaltar que o Brasil das primeiras décadas do século XX foi palco de intenso debate entre professores e cientistas sobre o que seria "o futuro 'homem brasileiro'". A resposta passava pela eugenia, a prática de "aperfeiçoar" física e mentalmente a raça humana. As características tanto físicas quanto culturais dos negros, considerados elementos indesejáveis de uma sub raça, deveriam ser extirpadas por meio da educação e da higiene. Quase todo problema nacional possuía um subtexto racial: as subclasses de raças mistas e não brancas do Brasil eram, segundo a opinião geral, culturalmente degeneradas. Cf. DÁVILA, Jerry. *Diploma de brancura*: política social e racial no Brasil – 1917-1945. São Paulo: Editora Unesp, 2006, p. 52.

comprovem, há indícios de que o sobrenome de Ruth e de seus doze irmãos tenha sido adquirido da família Telles de Menezes, proprietária de seus avós escravizados, após terem sido libertos com o advento da Lei Áurea.

Os Telles de Menezes eram fidalgos, pessoas consideradas importantes na sociedade lusa desde o século XI. O primeiro membro dessa família a imigrar para o Brasil foi Diogo Lobo Telles de Menezes, que decidiu viajar para o Rio de Janeiro, tornando-se o pioneiro da família na antiga capital federal. Com o passar do tempo, essa família construiu algumas importantes obras arquitetônicas, como o famoso Arco do Telles, situado na atual Praça XV de Novembro, no centro do Rio de Janeiro, além da Casa do Senado e o Juizado de Órfãos da antiga Capitania.

> Por volta de 1700, a família já era proprietária de terras em toda a Capitania, aparecendo como sesmeira na antiga freguesia de São João de Meriti (atual Baixada Fluminense), sob a liderança de Luiz Telles Barreto de Menezes. Seu filho, Pedro Antônio, já nasceu em terras meritienses, sendo mais tarde o responsável pela compra de uma grande área que viria a formar o Engenho do Barbosa, mais tarde, Fazenda dos Telles. O solar era o mais imponente da Baixada Fluminense e uma das maiores e prósperas fazendas, produtoras de açúcar e aguardente.[3]

Acredita-se que, conforme já mencionado, os pais da professora Ruth, Arnaldo Telles de Menezes e a Sra. Edwirges Telles

3 JORNAL O DIA, 21 abr., 2013.

de Menezes, tenham sido libertos com a Lei Áurea, passando a partir de então a utilizar o nome de seus senhores, o que reflete situação exemplar de uma das maiores violências cometidas na diáspora africana. Além do próprio processo da escravização, era comum que houvesse a subjugação pelo enfraquecimento dos vínculos identitários, traduzido em muitos casos pelo batismo cristão, que conferia um novo nome ao escravizado. Isso podia ocorrer tanto pela coerção exercida pelos senhores quanto como estratégia utilizada por escravizados e libertos. Sendo no último caso um meio para obtenção de possíveis benefícios que, eventualmente, o sobrenome pudesse vir a trazer.

Não se sabe ao certo em qual dos casos os pais da professora Ruth Telles de Menezes se enquadrava. Fato é que, tendo ou não obtido "favorecimentos" com a incorporação do sobrenome, era incomum que uma mulher negra se tornasse uma "professora diplomada", e nesse caso, a única nessa condição a ministrar aulas no distrito industrial de Santo Aleixo entre 1934 e 1953[4]. O diploma foi adquirido com a conclusão da formação de professores na Escola Normal do Liceu de Humanidade de Campos – RJ, o que lhe valeu, após aprovação em concurso público estadual, a nomeação para trabalhar na Escola Estadual Isolada, que mais tarde, na década de 1950, daria origem ao Grupo Escolar Joaquim Leitão, principal instituição escolar de Santo Aleixo.

Ruth mudou-se de São Fidélis para Santo Aleixo, onde se instalou em casa cedida pela Fábrica Esther, nos arredores da Vila

4 BOECHAT, Ivone. Professora Ruth Telles de Menezes: primeira diretora do Grupo Escolar Joaquim Leitão. *Recanto das Letras*, 23 ago. 2016. Disponível em: https://www.recantodasletras.com.br/artigos-de-educacao/5737428. Acesso em: 03 mar. 2021.

Operária, mesmo local em que funcionava a Escola Estadual Isolada. As fábricas de tecidos[5] eram proprietárias de quase todas as terras e construções do lugar, mantendo assim uma relação de parceria com o poder público no oferecimento de educação, saúde, saneamento e lazer às famílias operárias. Ruth Telles, tão logo instalada, trouxe de São Fidélis sua mãe e também suas quatro irmãs, que tiveram um papel fundamental no auxílio da condução da administração e funcionamento da escola.

A importante atuação dessa professora na remota localidade de Santo Aleixo foi apagada da memória oficial, mas não o foi certamente da memória dos que vivenciaram experiências significativas, especialmente para aqueles a quem se fazia fundamental a representatividade que a figura dessa mulher, negra e letrada, significava na construção de sua própria identidade. Esse foi o caso de Lúcia de Souza, uma mulher negra, operária e militante sindical de reconhecida atuação no distrito fabril de Santo Aleixo, que havia sido aluna da professora Ruth Telles.

Em entrevista realizada em 2007, D. Lúcia, já com 87 anos de idade, relatou ter sofrido muito preconceito por ser "uma mulher que vivia no meio de homem", o que se agravava por ter exercido boa parte de sua militância quando era solteira. O casamento só viria aos 50 anos de idade, com Manoel Ferreira de Lima, líder rural que chegou a ocupar a vereança da cidade no pleito municipal

5 Eram duas as fábricas têxteis em Santo Aleixo: Fábrica de Tecidos Esther, de propriedade da família de um patriarca pernambucano, o empresário Lynch Bezerra de Mello, e Fábrica de Tecidos Andorinhas, de propriedade do engenheiro Hermann Mattheis, filho do empresário alemão Otto Mattheis. Esses dois empresários chegaram ao local na década de 1930 e implementaram um processo de modernização do maquinário das fábricas, além da criação de toda uma infraestrutura que contava com moradias, vilas operárias, postos de saúde, educação e lazer. Cf. MELLO, Juçara. *Identidade, memória e história em Santo Aleixo*: aspectos do cotidiano operário na construção de uma cultura fabril. Curitiba: Appris, 2019.

de 1954[6]. Nos rígidos padrões morais a que estavam submetidos esses trabalhadores, a regra era que o casamento significasse para algumas mulheres o fim do trabalho fabril[7]. Essa regra, no entanto, não se aplicava às famílias que ocupavam lugares subalternizados na hierarquia operária. Além disso, as atividades político-sindicais, vistas por uma parte do grupo como subversivas, eram tidas como práticas eminentemente masculinas. A presença de mulheres desacompanhadas podia gerar incômodos, conforme relatado pela operária Lúcia de Souza.

> Eu lutava porque achava que a luta era essa, contra as pessoas que exploravam os trabalhadores, e eu sempre fui a favor dos trabalhadores [...]. Então tinha aqueles grupos que não gostavam de mim. Tinha gente que nem falava com a gente, e eram poucas as mulheres que lutavam, então tinha muito preconceito.[8]

Códigos de identificação distintos podem ser vislumbrados por meio da fala dessa mulher, que em seus próprios termos foi "uma operária lutadora, muito grossa, muito braba, mas sempre dei conta do recado". Aqui, é possível verificar como o víeis da classe é o que emerge com clareza; o da raça, no entanto, desponta nos entremeios de suas memórias, de forma sutil, porém vigorosa.

A fala da D. Lúcia é também marcada pelo orgulho em ser uma mulher "letrada". A todo momento da entrevista, manifesta a enorme admiração que nutria pela professora Ruth Telles de

---

6 MELLO, Juçara. *Identidade, memória e história em Santo Aleixo*: aspectos do cotidiano operário na construção de uma cultura fabril. Curitiba: Appris, 2019. p. 205.

7 FONTES, Paulo. *Trabalhadores e Cidadãos. Nitro Química*: a Fábrica e as Lutas Operárias nos Anos 50. São Paulo: Annablume, 1997.

8 Entrevista com Lúcia de Souza, concedida à autora em março de 2007.

Menezes. Emerge a todo tempo o orgulho que tinha pelo fato da professora Ruth ter sido uma mulher negra como ela. Nota-se, com isso, a projeção de uma representatividade determinante na construção da identidade étnico racial da, então, menina Lúcia. O orgulho por ser uma mulher letrada e de se ver representada: "Dona Ruth era uma mulher muito forte, muito inteligente e era negra; ela gostava muito de mim e dizia que eu era muito inteligente".

Nas lembranças de D. Lúcia, é possível perceber também um tom de denúncia. Segundo ela, a professora Ruth "foi esquecida, nem uma escola com o nome dela, e essas que tem aí com nomes de pessoas que ninguém sabe quem é". Posicionamento semelhante é o de Edir Inácio da Silva, filho da operária militante Edna Nunes da Silva, hoje advogado e militante filiado ao PDT (Partido Democrático Trabalhista). Em depoimento ao Grupo Memória Resgate de Magé, em 2018, Edir relata sua frustração: "Que pena que Magé (município do qual Santo Aleixo é distrito) não tem nenhuma escola com o nome de Dona Ruth Telles de Menezes. Seria uma homenagem merecida para Dona Ruth e seus familiares".

A escola com o nome que "ninguém sabe quem é" é o atual Colégio Estadual Joaquim Leitão. De fato, o nome dado à escola foi uma homenagem ao médico, escritor e tradutor português Joaquim Leitão, que ocupou o cargo de Secretário Geral da Secretaria da Ciência de Lisboa entre as décadas de 1940-1950. O Grupo Escolar Joaquim Leitão funcionou inicialmente na cidade de Niterói, mas foi transferido para Santo Aleixo, ao qual foi incorporada a Escola Estadual Isolada. O Grupo Escolar Joaquim Leitão, atualmente Colégio Estadual Joaquim Leitão, é uma referência na cidade. Nele, gerações foram, e continuam a ser, escolarizadas. Certamente, contudo, raros são os que sabem quem foi o homem que dá nome à escola.

É importante registrar que nesse momento os grandes grupos escolares estavam sendo construídos em todo o país. Eles faziam parte de um projeto educacional da república que consistia na construção de prédios em que deveriam funcionar instituições de referência, devendo colocar em prática a edificação de um prédio escolar próprio, com várias salas e turmas seriadas. O objetivo era reunir escolas isoladas de uma região com a utilização de materiais didáticos, de uma metodologia de ensino inovadora, mobiliário escolar adequado, espaço para alimentação e atividades físicas, entre outros aspectos que marcaram essas instituições de ensino.

Os grupos escolares trouxeram significativa transformação do ensino primário no Brasil. Eles foram inicialmente um fenômeno urbano que teve início no final do século XIX em São Paulo e depois no Rio de Janeiro. A possibilidade desse tipo de unidade escolar ter sido implementada numa localidade remota como Santo Aleixo se deve, possivelmente, a seu caráter industrial, ainda que a dimensão rural da cidade tenha se mantido concomitantemente presente[9].

A professora Ruth foi a grande fomentadora do processo de transformação da escola estadual isolada na qual atuava em um grupo escolar. A escola na qual lecionava desde 1942 possuía apenas duas salas de aula, nas quais estudavam alunos da primeira e segunda série. O espaço correspondia a dois cômodos da casa que havia sido cedida pela Fábrica de Tecidos Esther. Percebendo

---

9 Cf. MELLO, Juçara da Silva Barbosa; RIBEIRO, Felipe Augusto dos Santos. Workers Who Produce Industrial Fabrics and Cultivate the Land: Textile Labor, Migrations and Connections between Rural and Factory Work. Revista Latinoamericana de Trabajo y Trabajadores, 1 (nov. 2020-abr. 2021), 161-191 |https://doi.org/10.48038/revlatt.n1.6 | e-ISSN: 2667-3231 | revista.redlatt.org.

a necessidade da ampliação de vagas e do oferecimento de maior tempo de escolarização para os operários e seus filhos, a dedicada professora insistiu durante algum tempo para que a Fábrica Esther construísse mais três salas. Assim foi feito. Mas ela almejava muito mais!

Ruth estava ciente da exigência de que a Escola Estadual Isolada tivesse no mínimo cinco salas para que fosse reivindicada junto ao Estado a construção de um Grupo Escolar. Ela empreendeu um grande esforço no sentido de convencer a Secretaria de Educação do governo Amaral Peixoto para que o processo de um Grupo Escolar, já autorizado a funcionar em Niterói (o Grupo Escolar Joaquim Leitão), fosse transferido para Santo Aleixo. Isso ocorreu por meio do Decreto-Lei 1657, de 31 de julho de 1943[10].

O protagonismo dessa professora, mulher e negra, foi invisibilizado pelo discurso em favor da projeção do então prefeito Waldemar Lima Teixeira.[11] Ruth Telles de Menezes, juntamente com suas quatro irmãs, que auxiliavam no letramento das crianças, dirigiu a Escola Estadual Isolada de 1934 a 1953. Nesses quase vinte anos, trabalhou corajosa e arduamente em prol do desenvolvimento

---

10 Cf. MELLO, Juçara da Silva Barbosa; RIBEIRO, Felipe Augusto dos Santos. Workers Who Produce Industrial Fabrics and Cultivate the Land: Textile Labor, Migrations and Connections between Rural and Factory Work. *Revista Latinoamericana de Trabajo y Trabajadores*, v. 1, p. 161-191, nov. 2020-abr. 2021.

11 BOECHAT, *Op.Cit.* Em livro publicado em 2017 – pela dificuldade em acessar dados que relacionassem a professora Ruth Telles ao surgimento do Grupo Escolar Joaquim Leitão ou, porque não dizer, por não ter ainda um olhar sensível aos impactos que a consideração das questões de gênero pode vir a causar na produção do conhecimento histórico – a própria autora deste texto atribuiu a Waldemar Lima Teixeira todo o protagonismo no processo de negociação para a construção do prédio da escola. No entanto, se é que isso pode amenizar meu equívoco naquele momento, é razoável supor alguma interferência do então prefeito. As terras em que foi realizada a construção, cuja extensão é de 7.127 metros quadrados, foram doadas pela Fábrica Esther, cujos proprietários mantinham um ótimo relacionamento com o prefeito. Além disso, a verba que possibilitou a realização da obra partiu do governador do Estado Ernani do Amaral Peixoto, que compartilhava da mesma legenda político-partidária, PSD, com o prefeito Waldemar Lima Teixeira, então presidente do partido no município de Magé, do qual Santo Aleixo é distrito. Cf. *Idem*, pp. 196-199.

educacional dos operários e de seus filhos. José Walter de Moura, seu ex aluno, assim recorda:

> Uma "escura" baixinha, rechonchuda, enérgica, mas querida por todos [...] às vezes ela puxava um marmanjo pela orelha ou ameaçava uma reguada, mas nunca a vimos bater em ninguém. Incansável [...] seu veículo era uma bicicleta na qual às vezes ela percorria as margens do rio para pegar os gazeteiros. Se algum aluno baixasse as notas, mesmo sendo muito pobre, ela visitava a casa deles para conversar com os pais. A maioria dos meninos e meninas objetivavam concluir o primário, para então com 14 anos ir trabalhar na fábrica. Entrei em 1947, já na segunda série e conclui em 1950, na quinta série[12].

Na continuação de seu depoimento, José Walter faz questão de ressaltar o quanto a saudosa professora incentivava a continuação dos estudos, preparando os alunos para o temido exame de admissão ao ginásio, etapa da escolaridade que nesse momento não era oferecida em Santo Aleixo. Aqueles alunos, cujas famílias possuíam um pouco mais de recursos ou uma rede de apoio, mesmo sendo famílias operárias[13], inscreviam seus filhos no exame de admissão de escolas da cidade do Rio de Janeiro. Isso foi o que aconteceu com José Walter, que conseguiu passar em primeiro lugar no exame de admissão da Escola Técnica Ferreira Viana.

---

12 GRUPO RESGATE MEMÓRIA DE MAGÉ. A história do Grupo Escolar Joaquim Leitão. Disponível em: https://www.youtube.com/watch?v=xxcxAE9xfnQ. Acesso em: 25 mar. 2021.

13 Muitos estudos apontam para a existência de diferenciações internas aos grupos de operários, que se caracterizavam por hierarquias construídas a partir da ocupação de cargos de chefia ou de lugares que garantiam melhores salários e alguma distinção social.

Sobre essa façanha, o próprio Walter esclarece: "digo isso apenas para ilustrar o nível de ensino do Joaquim Leitão", referindo-se à escola administrada por Ruth Telles de Menezes.

Em suas andanças diárias, conforme relata Santos, na bicicleta Phillips modelo B.S.A feminina, a professora Ruth observava que muitas crianças e jovens se encontravam afastados da escola por precisarem trabalhar, a maioria na fábrica, para ajudar na renda familiar. Desenvolveu então um difícil trabalho de conscientização das famílias sobre a importância da continuidade dos estudos. De acordo com o depoimento de Edir Inácio da Silva ao Grupo Memória Resgate Magé, Ruth Telles de Menezes era a maior incentivadora para que seus alunos prestassem o exame de admissão.

> Ela se preocupava muito com isso, como ela batalhou [...] nós precisávamos de alguém que preparasse a gente para o exame de admissão que era muito difícil. Dona Ruth exerceu essa função. Ela me preparou e preparou muitos outros, e para passar. Eu lembro que naquela época tinha um ônibus que saia às cinco meia da manhã de Santo Aleixo e chegava de volta às sete horas da noite [...] quando chegava no ponto do ônibus lá estava Dona Ruth Telles de Menezes me esperando. Eu não ia para casa não, ia para casa dela e lá ela me fazia responder todas as perguntas da prova [...]. Devo muito a Dona Ruth. Eu e o povo de Magé.[14]

A ausência de escolas em que seus alunos pudessem cursar o ginásio em todo o município de Magé levou a professora Ruth a recolher novecentas assinaturas da comunidade em um abaixo-

---

14 *Idem.*

assinado, visando solicitar ao então prefeito Waldemar Lima Teixeira e o governador Ernani do Amaral Peixoto que:

> Articulassem a vinda de um Grupo Escolar para Magé, visto que a Escola Isolada que funcionava em sua casa não estava atendendo a demanda da comunidade escolar. Dona Ruth também buscou a parceria dos comerciantes e empresários têxteis, pois sabia que sem o apoio deles o sonho de um Grupo Escolar ficaria cada vez mais distante[15].

Além disso, conforme evidencia Maria Clara Moreira dos Santos, a professora Ruth Telles e suas irmãs estiveram entre os fundadores da congregação batista que deu origem à Primeira Igreja Batista da Cidade, maior templo religioso protestante do local. Conforme relatado por Boechat, consta em registros que, inicialmente – quando ainda era uma filial da Igreja Batista de Magé –, a congregação de Santo Aleixo contava:

> Com os irmãos Agnes Teixeira Marinho Guimarães e sua esposa, Dalila; Leonice Griom; Evangelista Griom; Agenor Griom; Honorina Griom; Umbelina Griom; Edwirges Telles de Menezes; Eunívia Telles de Menezes; Maria Telles de Menezes; Lucíola Telles de Menezes; Adalgisa Telles de Menezes; Bernardino José da Silva; José Francisco da Silva e outros[16]. (Grifos meus)

---

15 SANTOS, Maria Clara Moreira. *Dona Ruth Telles de Menezes*: Mulheres negras que democratizaram o ensino no distrito de Santo Aleixo, Magé/RJ. 2020, 52p. Trabalho de Conclusão de Curso (Graduação em Pedagogia) – Faculdade de Educação da Baixada Fluminense, Universidade do Estado do Rio de Janeiro. Duque de Caxias, 2020. p. 22.

16 BOECHAT, *Op. Cit.*, p. 45

As quatro irmãs da professora Ruth e mais a sua mãe, Edwirges Telles de Menezes, estão entre o conjunto dos fiéis pioneiros da congregação de Santo Aleixo. Ainda assim, elas não são lembradas como fundadoras da Congregação que daria origem à Igreja. Essas mulheres negras foram fortemente atuantes nas escolas dominicais, onde, por meio do estudo da Bíblia. contribuíram para o desenvolvimento da escrita e da leitura de crianças e jovens. Fato também silenciado tanto na história oficial da Igreja quanto na memória da comunidade, revelando que o racismo também esteve presente nas instituições religiosas e de segmento protestante[17]. Elas foram invisibilizadas da história local, inclusive dos registros pedagógicos e históricos da instituição hoje chamada de Colégio Estadual Joaquim Leitão.

Apesar do papel fundamental da professora Ruth Telles de Menezes no sentido de conseguir que um Grupo Escolar fosse instalado no local – conscientizando a população e articulando junto aos políticos locais –, constam como homenageados pela construção do Grupo Escolar, por ocasião de inauguração em 18 de agosto de 1954, apenas os então prefeito e governador, respectivamente, Waldemar Lima Teixeira e Ernani do Amaral Peixoto. Um recorte de jornal, sem nome ou data, guardado por um memorialista do local traz como manchete da inauguração do Grupo Escolar Joaquim Leitão: "No município de Magé o maior Grupo Escolar do Estado do Rio: Waldemar Lima Teixeira, um prefeito que cumpre a sua missão". Nenhuma palavra; um silêncio ensurdecedor sobre a professora Ruth Telles.

Com a divulgação da data de inauguração do novo prédio

17 Cf. CHAVES, João B. *O racismo na história batista brasileira*: uma memória inconveniente do legado missionário. Rio de Janeiro: Novos Diálogos, 2020.

do Grupo Escolar Joaquim Leitão, foi anunciada a mudança da equipe diretiva e do corpo docente. A professora Ruth, já adoecida, "partiu para a cidade de São João de Meriti, no Rio de Janeiro, para receber os cuidados de suas sobrinhas, já que não se casou e não teve filhos"[18]. Para alguns ex-alunos e moradores do local, a professora Ruth foi embora magoada e teve sua doença agravada em função do que ocorreu, vindo a falecer aos 61 anos, vítima de câncer.

Contudo, é preciso enfatizar que o apagamento da história e da memória dessas mulheres negras não se deu por completo. Memórias contra-hegemônicas, subalternizadas e negligenciadas pelo discurso oficial continuam a incidir sobre a constituição das identidades de indivíduos e grupos, justamente porque dizem respeito àquilo que os afeta, como é o caso da Dona Lúcia dos Souza. O protagonismo da professora, negra e mulher, Ruth Telles jamais será esquecido por seus alunos e, muito especialmente, pela menina, também negra e mulher, Lúcia de Souza. Certamente a força e a coragem da professora foram inspiradoras da força e da coragem com as quais, anos mais tarde, a operária militante lutaria contra a discriminação e os preconceitos referentes ao seu lugar social, seu gênero e sua raça.

As evidências da diferenciação fundada na raça surgem em vários momentos das lembranças da luta política e sindical da operária Lúcia de Souza. A diferenciação pela raça aparece intrínseca aos marcadores da classe e com eles confunde-se.

> Na época da Revolução [de 1964] danaram a prender gente a torto e a direito [...]. Eles diziam que iam prender

18 SANTOS, Maria Clara Moreira. *Op.Cit.*, p. 28

> os parentes daquela preta 'vesga'. A vesga era eu! Eles tinham raiva de mim, e aproveitaram pra se vingar na época da Revolução![19]

O contexto político em que foi realizada a entrevista com a D. Lúcia contribuiu para dar sentido e significado à sua própria trajetória, vivificando em suas memórias a exemplaridade da professora Ruth Telles de Menezes e um passado de lutas, fazendo aflorar um sentimento de êxito.

> Não tenho arrependimento de nada, minha missão foi cumprida. Eu sou a favor do trabalhador até depois de morta, sou Lula doente. Gosto de Lula. Lula tá fazendo as coisas que a palavra de Deus manda, gente! Infelizmente muita gente ao lado dele tá se aproveitando por conveniência própria, não tem amor pela causa. Mas ele tem, ele tem, coitado! Nem Jesus agradou todo mundo. Muita gente não aceita o governo dele porque ele, em vista dos outros, é analfabeto, negro, cotó (faltando um dedo), operário e nordestino. Chegar à presidência no primeiro mandato e no segundo mandato! Têm pessoas que não aceitam né, o que puder jogar em cima dele jogam, e ainda com pessoas ao lado dele escandalizando! Mas ainda assim eu sou com ele até depois de morta![20]

A fala da operária permite entrever a construção de vínculos de identificação, perceptíveis quando relaciona sua própria posição "a favor do trabalhador" com a de ser "Lula até depois de morta".

---

19 Entrevista concedida à autora, por Lúcia de Souza, em 10 out. 2007.
20 Entrevista concedida à autora, por Lúcia de Souza, em 10 out. 2007.

Os vínculos construídos pelo critério da classe são subjetivamente articulados a outros códigos de identificação que são as categorias de raça e deficiência. A operária "lutadora (e vencedora), negra e vesga" se identifica com o operário, agora também um vencedor, que é "analfabeto, negro, cotó e nordestino".

A sensibilidade de Dona Lúcia para elementos de diferenciação social, preconceitos e discriminação reflete autonomia de pensamento. Essa capacidade de crítica e discernimento precisa ser desenvolvida no ambiente escolar. O ensino de história tem enorme potencial para o trabalho com as subjetividades dos estudantes, despertando sua sensibilidade para compreensão da articulação entre passado, presente e futuro. Um passado construído a partir da destruição de hierarquias forjadas e estruturadas historicamente por meio da violência e da opressão. A consciência social de Dona Lúcia é indicativa do quanto a educação é capaz de fazer:

> O que eu tenho pra mim tá bom demais, eu não quero mais nada. Eu fico muito preocupada é com quem não tem nada. Aquela miséria! As pessoas estão na miséria porque querem? É porque é malandro? Não é, meu Deus! Muita gente já é explorada de nascença. As pessoas estão na miséria desde que nascem! Os poderosos aproveitam, acham que é isso mesmo, acham que tem que trabalhar pra eles! Os sacrificados trabalham, os filhos, os netos (...) tudo sacrificado, tudo desdentado, aquela geração! E os filhos de seus fulanos vão estudarem bons colégios no exterior, e ainda vem mandar no nosso país![21]

21 Entrevista concedida à autora, por Lúcia de Souza, em 10 out. 2007.

O enfrentamento da desigualdade, tão profundamente arraigada em nossa sociedade, requer, além da atenção ao processo de formação do grande abismo que separa ricos e pobres, visando o seu combate, o reconhecimento e a valorização da enorme diversidade cultural que nos constitui. Isso implica no enfrentamento do preconceito e da discriminação de gênero e raça no processo de construção do conhecimento histórico escolar. Dar visibilidade a trajetórias repletas de experiências de protagonismo histórico, como a da professora Ruth Telles de Menezes e a da operária Lúcia de Souza, significa educar para a liberdade, único meio de nos tornarmos uma sociedade realmente democrática. A superação de hierarquias culturais demanda a valorização das experiências dos indivíduos do presente, através das quais deve ser acessado o passado.

Uma educação antirracista e antissexista por meio do ensino de história visa a reconfiguração de uma memória histórica coletiva que atribui lugares de subalternidade a negros e mulheres, mas sobretudo às mulheres negras, pois somente sobre elas pesa a possibilidade de uma intersecção de preconceitos e processos discriminatórios atravessados por sua classe, por seu gênero e por sua raça.

Bibliografia comentada

Qual a função da educação nas sociedades modernas? Como podemos conceber uma educação antirracista e antissexista? Como educar para a criação e não para a reprodução? Conhecer/

compreender o(s) passado(s) é algo essencial no processo educacional? Que passado/presente ensinar?

Paulo Freire, em sua famosa (e valorosa) obra *Pedagogia do oprimido*, aponta que a educação fundada na "concepção bancária" sugere uma dicotomia inexistente entre "homens" e mundo. "Homens simplesmente no mundo e não com o mundo e com os outros"[22]. Isso pode sugerir a existência de uma humanidade que não teria interferência sobre o mundo, significando uma contínua repetição, geração após geração. Estar "com", diferente de estar "no", sugere ação e interação. Interagir pressupõe, simultaneamente, relacionar-se e agir com outros de forma cooperativa (operar com). Ação sugere criação, que por sua vez resulta em transformação.

O ser humano é histórico. Essa afirmação, que pode parecer óbvia, gera demandas educacionais para sua efetiva incorporação e vivência prática por indivíduos e grupos. Processos educacionais que primam pela autonomia são condutores para a tomada de consciência de situações de opressão e consequente ações de resistência e luta, visando superá-las.

A possibilidade de transformação do mundo físico e social subjaz uma relação intrínseca dos indivíduos com o mundo passado e presente, uma compreensão do que lhes é próximo e distante, no espaço e no tempo. Não perceber essa relação é estar aprisionado no tempo presente, enxergando (e cristalizando) apenas uma pequenina parte de um processo que se iniciou muito tempo antes e poderá se estender por muito tempo depois da finalização de vidas individuais. O ensino de história, por possibilitar esse contato com

---

22 FREIRE, Paulo. *Pedagogia do oprimido*. 17ª ed. Rio de Janeiro: Paz e Terra, 1987. p. 41.

o diferente, assim concebido apenas por sua distância temporal e espacial, acaba por propiciar o desejável convívio respeitoso com *as diferenças* presentes nas relações cotidianas.

A educação é uma forma de apresentar esse mundo, que é "velho", para as crianças, que são "novas". É assim que a filósofa judia Hannah Arendt define educação em sua obra *Entre o passado e o futuro*. No capítulo intitulado "A crise na educação", a autora indica que "a essência da educação é a natalidade, o fato de que seres (humanos) nascem para o mundo"[23]. Um nascimento que se dá, simultaneamente, em duas dimensões: nasce-se para a vida física e para o mundo social. Esses dois nascimentos levam à necessidade da educação, mas não uma educação "bancária", que se forja pela percepção do educando como uma página em branco, um mero receptáculo de informações. Uma educação para a liberdade é o caminho para que os novos sejam protegidos do mundo e o mundo seja protegido dos novos. Dito de outra forma:

> (...) pertence a própria natureza da condição humana o fato de que cada geração se transforma em um mundo antigo, de tal modo que preparar uma nova geração para um mundo novo só pode significar o desejo de arrancar das mãos dos recém-chegados sua própria oportunidade face ao novo[24].

Nesse sentido, busca-se evidenciar "a educação como prática da liberdade", como processo no qual todos, professores e estudantes, são chamados a participar, tomando parte, efetivamente,

---

23 ARENDT, Hanna. *Entre o passado e o futuro*. Editora Perspectiva, São Paulo, 1979.
24 *Idem*, p. 226.

na construção do conhecimento. As experiências de cada um devem fundamentar todo o processo educacional. Isso, especialmente no Brasil, indica um convívio intenso com a diversidade, com o "multiculturalismo [que] obriga os educadores a reconhecer as estreitas fronteiras que moldaram o modo como o conhecimento é partilhado em sala de aula"[25], conforme adverte a professora, historiadora e militante negra norte americana bell hooks. Na obra *Ensinando a transgredir: a educação como prática da liberdade*, a autora, em diálogo com a obra de Paulo Freire, discute como escolas que negligenciam a diversidade étnico-racial, social e de gênero de seus estudantes agem no sentido de reproduzir a desigualdade. Ensinar para a liberdade de pensamento e de criação é contribuir no combate à discriminação e aos preconceitos que concorrem para manutenção das desigualdades de gênero, raça e classe.

Apesar dessa realidade e, mais ainda, dos reconhecidos avanços no sentido de valorizar perspectivas invisibilizadas[26], a história escolar permanece hegemonicamente orientada por um viés linear, eurocêntrico e reprodutivista. Prova disso é o apagamento histórico do protagonismo de mulheres de um modo geral e de mulheres negras em específico. Contribuíram para isso análises forjadas por dentro de uma estrutura patriarcal, fruto em grande medida de uma lógica de dominação persistente, fundada em paradigmas naturalizadores de formas de opressão, forjadas pelos critérios do gênero e da raça. Obras como as da já citada bell

---

25 HOOKS, bell. *Ensinando a transgredir*: a educação como prática da liberdade. São Paulo Martins Fontes, 2013, p. 63.

26 Referimo-nos, por exemplo, dentre outras ações, a lei que tornou obrigatório o ensino de história da África e das culturas afro-brasileira indígena. Cf. https://www2.camara.leg.br/legin/fed/lei/2008/lei-11645-10-marco-2008-572787-publicacaooriginal-96087-pl.html

hooks, Angela Davis, Lélia Gonzalez, entre outras autoras engajadas, discutem de forma aprofundada todas essas questões[27].

Entretanto, amparada pelo conceito de cultura escolar, proponho a reflexão sobre o poder criativo da escola, que, como dito no artigo "A cultura escolar como categoria de análise e como campo de investigação na história da educação brasileira", "não se percebeu que era duplo: de fato ele forma não somente os indivíduos, mas também uma cultura que vem por sua vez penetrar, moldar, modificar a cultura da sociedade global"[28]. A escola é um espaço de criação, no qual conhecimentos são produzidos, ainda que em alguns casos esse processo não se dê de forma consciente para os atores envolvidos. A potência desse espaço, quando ocorre uma tomada de consciência, torna-se muito maior e verdadeiramente transformadora.

Reconhecer e intensificar esse poder de criação e, portanto, de transformação é um potente caminho para uma educação de enfrentamento das desigualdades econômicas que oprimem parcela majoritária de nossa população, e em paralelo, pode confluir para uma educação antissexista e antirracista. Angela Davis destaca que "a classe é importante", mas que "é preciso compreender que classe informa a raça. Mas raça também informa a classe. E gênero informa a classe". Na obra ***Mulheres, raça e classe***, a autora destaca a importância de refletir sobre as intersecções entre raça, classe e

---

27 Referimo-nos, por exemplo, dentre outras ações, à lei que tornou obrigatório o ensino de história da África e das culturas afro-brasileira indígena. Cf. https://www2.camara.leg.br/legin/fed/lei/2008/lei-11645-10-marco-2008-572787-publicacaooriginal-96087-pl.html

28 De bell hooks, além da obra já citada, sugerimos a leitura HOOKS, bell. *O feminismo é pra todo mundo*: políticas arrebatadoras. Rio de Janeiro: Rosa dos Tempos, 2018. Ver também: HOLLANDA, Heloísa Buarque de. *Interseccionalidades*: pioneiras do feminismo negro brasileiro (Beatriz Nascimento, Lélia gonzalez, Sueli Carneiro). Rio de Janeiro: Bazar do Tempo, 2019; DAVIS, Angela. *Mulheres, raça e classe*. São Paulo: Boitempo, 2016.

gênero, "de forma a perceber que entre essas categorias existem relações que são mútuas e outras que são cruzadas"[29].

Trata-se, assim, de relações de dominação e subordinação que podem ser exercidas inicialmente pelas vias política e econômica, mas que a elas excedem por atingir a dimensão cognitiva dos sujeitos. Nesse caso, conjuntamente pelas perspectivas masculina, branca e cristã, que são aquelas que identificam os nossos colonizadores. A educação é o lugar em que esses processos de dominação cognitiva se fazem mais intensos, seja em seus espaços formais ou informais, refletindo seu caráter estrutural.

Contudo, os objetos de produção/transmissão de conhecimentos, como livros, didáticos ou não, são transformados em bens culturais na medida em que são "consumidos" pelos sujeitos por meio de experiências. Experiência aqui pensada a partir da acepção do historiador inglês Edward Palmer Thompson, para quem a consciência intelectual se constrói em permanente tensão com o sentimento intenso, ou seja, os sujeitos vivenciam experiências de aprendizagem quando o conhecimento se constrói num processo dialético entre o ser e o vir a ser. Isto, somando-se às especificidades de culturas históricas e escolares, reveste de enorme complexidade a análise dos processos educacionais.

Além disso, importa mencionar que "o eurocentrismo não é exclusivamente (...) a perspectiva cognitiva dos europeus (...) mas também do conjunto dos educados sob sua hegemonia"[30]. Isso é o que argumenta Anibal Quijano, em capítulo da obra *Epistemologias*

---

29 FARIA FILHO, Luciano Mendes *et al.* *A cultura escolar como categoria de análise e como campo de investigação na história da educação brasileira.* Educação e Pesquisa, São Paulo, v.30, n.1, p. 139-159, jan./abr. 2004.

30 DAVIS, Angela. *Mulheres, raça e classe.* São Paulo: Boitempo, 2016.

do Sul, organizada por Boaventura de Souza Santos e Maria Paula Menezes[31]. Quijano ainda esclarece o quanto o colonialismo, caracterizado pela dominação política e econômica exercida sobre os povos da América e da África pelos europeus a partir do século XVI, deixou marcas profundas nessas sociedades. Marcas que permanecem até os dias de hoje sob a forma de uma colonialidade do saber e, portanto, também do poder.

> O **colonialismo** refere-se estritamente a uma estrutura de dominação/exploração onde o controle da autoridade política, dos recursos de produção e do trabalho de uma população determinada domina outra de diferente identidade, e cujas sedes centrais estão, além disso, localizadas noutra jurisdição territorial (...) A **colonialidade** tem vindo a provar nos últimos 500 anos, ser mais profunda e duradoura que o colonialismo. Mas foi, sem dúvida, engendrada dentro daquele e, mais ainda, sem ele não poderia ser imposta na intersubjetividade do mundo tão enraizado e prolongado.[32] (Grifos meus)

Isso significa que todos nós, de uma forma ou de outra, temos o pensamento estruturado pela perspectiva dos europeus, por estarmos submetidos não mais ao jugo da escravidão, mas de um domínio cognitivo, ou seja, da própria forma como aprendemos e pensamos. Daí ser tão importante uma educação para a liberdade.

Uma educação antirracista e antissexista nas escolas é uma

---

31 QUIJANO, Anibal. Colonialidade do poder e classificação social. In: SANTOS, Boaventura; MENEZES, Maria Paula (Org.). *Epistemologias do Sul*. São Paulo: Cortez Editora, 2010. p. 86.

32 QUIJANO, Anibal. Colonialidade do poder e classificação social. In: SANTOS, Boaventura; MENEZES, Maria Paula (Org.). *Epistemologias do Sul*. São Paulo: Cortez Editora, 2010. p. 74.

educação que se volta não somente para os estudantes, mas também para os professores e toda a comunidade. Ensina-se e aprende-se simultaneamente – num exercício constante – a pensar com autonomia. Olhares para o passado, que procuram libertar-se da colonialidade que estrutura nosso pensamento, revelam certamente outros protagonismos que, ao serem evidenciados, podem quebrar os alicerces do racismo, do sexismo e de todo tipo de preconceitos. A trajetória da operária militante Lúcia de Souza e a da professora Ruth Telles de Menezes é emblemática do quanto os protagonismos históricos são plurais, não sendo definidos por classe, sexo ou raça. Ademais, reflete a força e persistência dessas mulheres negras protagonistas de lutas por uma coletividade, não obstante aos preconceitos sofridos, relativos ao gênero e à raça.

Ensinando história para uma educação antirracista e antissexista: algumas propostas pedagógicas

Atividade I

Analise com atenção os documentos abaixo:

Documento 1

Sem dúvida, a reversão do hiato de gênero na educação foi uma revolução que mudou a história de quase 450 anos de exclusão (ou menor participação) feminina nas escolas, mas ainda falta muito para que exista equidade de gênero no Brasil. **As mulheres negras ainda apresentam níveis educacionais inferiores aos das mulheres brancas**. Porém, as condições gerais em que **as mulheres brasileiras se encontram no início do**

século XXI são bem melhores do que em qualquer outro momento da história brasileira.

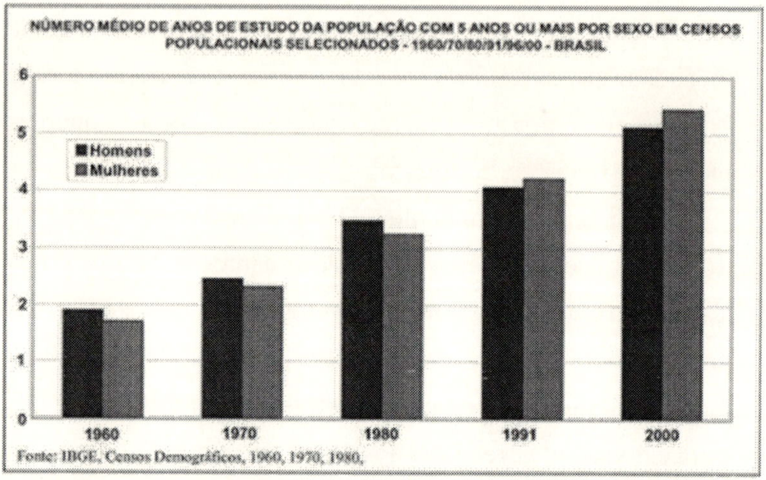

Disponível em: <https://www.scielo.br/scielo.php?script=sci_arttext&pid=S0100-15742009000100007 >. Acesso em: 15 mar. 2021.

Documento 2

Ruth Telles de Menezes, filha de ex escravizados, **diplomou-se como professora em 1932**. Foi a responsável pela condução da educação de toda uma cidade localizada no interior do Rio de Janeiro, **tendo sido durante mais de 20 anos a única professora diplomada do lugar**. De acordo com o depoimento de Edir Inácio da Silva ao Grupo Memória Resgate Magé em 2018, a professora Ruth era a maior incentivadora para que seus alunos prestassem o temido exame de admissão. Disse ele:

> *Ela se preocupava muito com isso, como ela batalhou [...] nós precisávamos de alguém que preparasse a gente para o exame*

de admissão que era muito difícil. Dona Ruth exerceu essa função. Ela me preparou e preparou muitos outros, e para passar. Eu lembro que naquela época tinha um ônibus que saia às cinco meia da manhã de Santo Aleixo e chegava de volta às sete horas da noite [...] quando chegava no ponto do ônibus lá estava Dona Ruth Telles de Menezes me esperando. Eu não ia para casa não, ia para casa dela e lá ela me fazia responder todas as perguntas da prova [...]. Devo muito a Dona Ruth. Eu e o povo de Magé.

Ruth Telles de Menezes em sua casa, que funcionava como escola em Santo Aleixo, Magé, RJ. A professora Ruth está ao centro, rodeada por suas irmãs e seus inúmeros alunos. Fotografia da década de 1940. Acervo de Ivone Boechat.

Documento 3

De acordo com as leis portuguesas, o sexo feminino fazia parte do *imbecilitus sexus*, ou sexo imbecil, uma categoria à qual pertenciam mulheres, crianças e doentes mentais.

Essa ideia persistiu no Brasil Colônia, onde também

eram comumente declamados versinhos como: "mulher que sabe muito é mulher atrapalhada, para ser mãe de família, saiba pouco ou saiba nada"; "a mulher honrada deve ser sempre calada"; e "mulher que sabe latim não tem marido, nem bom fim" – muitos destes encontrados na literatura de escritores portugueses do gênero masculino.

Mesmo já **no século XIX**, Charles Darwin, por exemplo, acreditava que as mulheres eram intelectualmente inferiores – opinião semelhante à de outros homens biólogos na época.

Disponível em **http://www.multirio.rj.gov.br/index.php/leia/reportagens-artigos/reportagens/14812-a-** hist%C3%B3ria-da-educa%C3%A7%C3%A3o-feminina. Acesso em: 15 mar. 2021.

- Os documentos acima dizem respeito a períodos diferentes da história do Brasil. Neles, podem ser notadas transformações e continuidades acerca do lugar das mulheres, e das mulheres negras, na sociedade brasileira. Reflita sobre isso respondendo a partir do que é proposto abaixo:

a. Compare o gráfico do documento 1 com o documento 3 e escreva suas conclusões.

b. A partir da análise dos documentos 1 e 2, escreva sobre o lugar da mulher na sociedade brasileira do passado e do presente.

c. Releia os "versinhos" declamados no Brasil Colônia presentes no documento 3: "mulher que sabe muito é mulher atrapalhada, para ser mãe de família, saiba pouco ou saiba nada"; "a mulher honrada deve ser sempre calada"; e "mulher que sabe latim não tem marido, nem bom fim". Agora, escreva versos a partir de suas reflexões sobre o lugar das mulheres na sociedade brasileira. Seja criativo!

d. Pesquise e traga para a sala de aula imagens que retratem professoras do passado e do presente, semelhantes a que se apresenta no documento 2. Em seguida, forme grupos com mais quatro colegas. Juntos, devem discutir e escrever um pequeno texto com o seguinte título: "Professoras negras no Brasil de ontem e de hoje". O resultado deve ser apresentado aos demais grupos.

Atividade II

Documento 1

- Entre as décadas de 1950 e 1960, período de intensa atuação do Movimento Operário no Brasil, Lúcia de Souza, mulher, negra e operária da Fábrica de Tecidos Esther, localizada no interior do Rio de Janeiro, protagonizou muitas lutas contra a exploração a que os trabalhadores estavam submetidos. Em 2007, Dona Lúcia, já com 87 anos, afirmou:

> *Eu lutava porque achava que a luta era essa, contra as pessoas que exploravam os trabalhadores, e eu sempre fui a favor dos trabalhadores [...]. Então tinha aqueles grupos que não gostavam de mim. Tinha gente que nem falava com a gente, e* ***eram poucas as mulheres que lutavam, então tinha muito preconceito.***

(...) O que eu tenho pra mim tá bom demais, eu não quero mais nada. Eu fico muito preocupada é com quem não tem nada. Aquela miséria! As pessoas estão na miséria porque querem? É porque é malandro? Não é, meu Deus! Muita gente já é explorada de nascença. As pessoas estão na miséria desde que nascem! Os poderosos aproveitam, acham que é isso mesmo, acham que tem que trabalhar pra eles! Os sacrificados trabalham, os filhos, os netos (...) Tudo sacrificado, tudo desdentado, aquela geração! E os filhos de seus fulanos vão estudar em bons colégios no exterior, e ainda vem mandar no nosso país!

Documento 2

Abecedário moral (1585)

A = amiga da sua casa
B = benquista da vizinhança
C = caridosa para com os pobres
D = devota da virgem
E = entendida no seu ofício
F = firme na fé
G = guardadeira de sua fazenda
H = humilde
I = inimiga do mexerico
J = jeitosa (habilidosa)
L = leal
M = mansa
N = nobre
O = ordeira
P = prudente
Q = quieta
R = regrada
S = sezuda
T = trabalhadeira
U = unida à família, útil ao marido
V = virtuosa
X = xã (simples)
Z = zelosa da honra

Disponível em: http://multirio.rio.rj.gov.br/index.php/leia/reportagens-artigos/reportagens/14812-a- hist%C3%B3ria-da-educa%C3%A7%C3%A3o-feminina. Acesso em: 15 de mar. 2021.

Século XX: propostas governamentais versam sobre o papel da mulher

Higiene e preparo dos alimentos; cuidados com pessoas doentes e normas para receber bem foram algumas das matérias previstas para um ensino médio feminino proposto em um Plano Nacional de Educação durante a ditadura de Getúlio Vargas (1937-1945), pelo ministro da Educação e Saúde Pública, Gustavo Capanema.

Ainda em uma tentativa de associar as mulheres aos cuidados com o lar e a família, Capanema propôs, em 1941, o Estatuto da Família, incentivando a prole numerosa, a chefia paterna reforçada e a censura moral em todos os níveis. Segundo o artigo 14 do referido estatuto "as mulheres não poderão ser admitidas senão nos empregos próprios da natureza feminina e dentro dos estritos limites da conveniência familiar".

Muito criticados na época, os dois projetos foram modificados antes da aprovação.

Fonte: Livro *Um Rio de Mulheres: a participação das fluminenses na história do Estado do Rio de Janeiro*, de Schuma Schumaher.

Disponível em: http://multirio.rio.rj.gov.br/index.php/leia/reportagens-artigos/reportagens/14812-a- hist%C3%B3ria-da-educa%C3%A7%C3%A3o-feminina. Acesso em 15: de mar. 2021.

- Os documentos acima revelam que as mulheres de um modo geral estiveram submetidas historicamente a preconceitos e estereótipos. Não é difícil imaginar o quanto essa situação se agrava quando se trata de mulheres negras e pobres. Contudo, também é possível observar que tais preconceitos e estereótipos não foram capazes de impedir que essas mulheres se colocassem como construtoras de sua própria história. A partir da observação e análise desses documentos, reflita sobre as proposições abaixo:

a. No documento "Século XX: propostas governamentais versam sobre o papel da mulher", que se refere ao Plano Nacional de Educação durante a Ditadura de Getúlio Vargas (1937-1945), o Ministro da Educação e Saúde Gustavo Capanema propõe uma definição para quem ou como deveria ser o trabalho da mulher. Avalie essa proposta relacionando-a com o documento 1. O perfil da operária Lúcia de Souza, que foi atuante nesse mesmo período, está de acordo com a proposta do Ministro Gustavo Capanema? Justifique.

- O abecedário moral de 1585, período em que o Brasil foi uma colônia de Portugal, reflete como a sociedade da época idealizava o perfil do que seria uma "boa" mulher. Escolha três letras desse abecedário e apresente novos adjetivos que, do seu ponto de vista, poderiam servir para definir a operária Lúcia de Souza (documento 1).

b. Comente o trecho da fala da operária Lúcia de Souza transcrito abaixo:

> *As pessoas estão na miséria porque querem? É porque é malandro? Não é, meu Deus! Muita gente já é explorada de nascença. As pessoas estão na miséria desde que nascem! (Lúcia de Souza, 2007).*

Pensando com Lélia Gonzalez: racismo e sexismo

Elizabeth Viana

O presente capítulo traça historicamente o percurso realizado por Lélia Gonzalez entre as décadas de 1970 e 1990, ao revelar que o Brasil é um país racista e sexista. Combateu e denunciou o "mito da democracia racial", segundo ela, "um modo de representação que encobre a trágica realidade do negro no Brasil", o racismo e, ao mesmo tempo, expôs a tripla opressão de raça, sexo e classe imposta à mulher negra.[1] Denunciar tal existência do "povo negro" exigiu de vários protagonistas[2] atuarem politicamente a fim de protestar, acusar e intervir nas estruturas do estado e da sociedade ainda num período de exceção. Mulher negra, Lélia foi uma de suas líderes. Ela foi babá, funcionária pública, professora do ensino médio à universidade, escritora, ocupou cargo nas estruturas acadêmicas e políticas e movimentou os Estados Unidos, a Europa, a América Latina e a África[3].

---

1 Observamos que conceitos ou categorias como raça, povo negro, branco e similares devem ser compreendidos como construção social ou categoria de análise.

2 ALBERTI, Verena; PEREIRA, Amilcar Araújo (Orgs.). *História do movimento negro no Brasil:* depoimento ao CPDOC. Rio de Janeiro: Pallas; CPDOC-FGV, 2007.

3 BARRETO, Raquel Andrade. *Enegrecendo o Feminismo ou Feminizando a Raça*: Narrativas de Libertação em Ângela Davis e Lélia Gonzalez. 2005. 128 f. Dissertação (Mestrado em História Social da Cultura)

Ela foi o tema de minha dissertação de mestrado: *Relações raciais, gênero e movimentos sociais: o pensamento de Lélia Gonzalez - 1970-1990*. Mas, no nosso caso, apresentaremos suas principais ideias sobre racismo e sexismo (e classe) que, articuladas, são eixo central de suas concepções. Assim, dentro dos limites deste texto, pretendemos construir uma narrativa histórica em que privilegiará sua fala, sua linguagem, os cenários em que viveu, e saberemos, segundo Lélia Gonzalez, o que é racismo e sexismo.

Neste sentido, cabe as indagações: quem foi Lélia Gonzalez? Quais foram os contextos históricos e as ideias sobre mestiçagem em seu percurso? Por que suas ideias apresentam uma certa perenidade em décadas posteriores, inspirando ativistas antirracista e antissexista, intelectuais e em especial as mulheres negras (e homens negros) no tempo presente?

No início da Segunda República (1934-1937), em 01/02/1935, nasceu Lélia de Almeida, em Belo Horizonte, Minas Gerais. Era a penúltima e décima sétima filha de Acácio Joaquim de Almeida, um negro ferroviário, e Urcinda Seraphina de Almeida, indígena, empregada doméstica. Os tempos eram conturbados: um ano antes, a Assembleia Nacional Constituinte (1933-1934) promulgou, em nome do povo brasileiro, uma nova Constituição. No preâmbulo informa seu objetivo de "organizar um regime democrático, que assegure à Nação, a unidade, a liberdade, a justiça, e o bem-estar social e econômico". Em seus artigos, incorpora

– Departamento de História, Pontifícia Universidade Católica do Rio de Janeiro. Rio de Janeiro, 2005; VIANA, Elizabeth do Espírito Santo. Relações Raciais, gênero e movimentos sociais: o pensamento de Lélia Gonzalez. 1970-1990. 2006. 209 f. Dissertação (Mestrado em História Comparada) – Instituto de Filosofia e Ciências Sociais, Universidade Federal do Rio de Janeiro. Rio de Janeiro, 2006; e RATTS, Alex; RIOS Flavia. Lélia Gonzalez. São Paulo: Selo Negro, 2010.

mudanças nos aspectos políticos, sociais e econômicos, traça os limites dos poderes e institui, dentre outros, o voto secreto, o feminino e eleições tanto para o Legislativo como Executivo[4], mas, contraditoriamente, ao final dos seus trabalhos elege, da forma indireta, Getúlio Vargas (1882-1954) presidente do Governo Constitucional (1934-1937).

Também é instituída a garantia de educação primária para todos, Art. 138. No entanto, é uma educação que expressa, na alínea "b" do citado artigo, um compromisso em "estimular a educação eugênica", melhor dito, educar as mentes para melhorar a raça, uma violência que naturalizou o racismo no Brasil, oriundo de um duvidoso saber científico. Em *A invenção do ser negro: um percurso das idéias que naturalizam a inferioridade dos negros,* sabemos que, sob a ação colonizadora europeia iniciada no século XV, os africanos e os indígenas das América são subjugados e classificados como raças inferiores ou sub-raças. Justifica-se essa dominação a ideia de que seu povo, os caucasoides, é a "raça eleita para ordenar e guiar o mundo". Iluminados por essa razão, elabora-se um conjunto de teorias que explicam as diferenças humanas, porém resta saber se as diferentes raças provinham da mesma espécie. Mesmo divididos em suas certezas, partilham da mesma crença de que essas diferenças impunham sobre os tipos humanos "uma certa hierarquia" racial[5].

Um agudo observador dessa época, Guerreiro Ramos (1915-1972), intelectual, sociólogo e militante negro, advertia: "o

---

4 BRASIL. Constituição (1934). *Constituição da República dos Estados Unidos do Brasil.* Rio de Janeiro, 1934. Disponível em: <https://www2.camara.leg.br/legin/fed/consti/1930-1939/constituicao-1934-16-julho-1934-365196-publicacaooriginal-1-pl.html>. Acesso em: 22 mar. 2021.

5 Cf. SANTOS, Gislene Aparecida dos. *A invenção do ser negro:* um percurso das idéias que naturalizam a inferioridade dos negros. São Paulo: EDUC/FAPESP; Rio de Janeiro: Pallas, 2002.

branco tem desfrutado do privilégio de ver o negro, sem por este último ser visto", e a sociologia brasileira "é uma ilustração deste privilégio". Afirmava ainda que esse "negro" e o "'branco' brasileiro" sofriam de uma certa "patologia social"[6].

A nova pactuação, frente aos acontecimentos mundial e nacional, caminha em sentido contrário da democracia. Desde o fim da 1ª Guerra Mundial (1914-1918), a insatisfação era crescente com severas punições impostas à capitulada Alemanha. Ocorreu a crise de 1929 – colapso da Bolsa de Nova York – e a ascensão de regimes totalitários, dentre outros eventos. Culmina com a eclosão do maior conflito mundial: a 2ª Guerra Mundial, entre 1939-1945. Guerrearam de um lado os Aliados e, de outro, o Eixo. Ao longo de seis anos, outros atores foram aderindo, inclusive o Brasil. Mas até 1937, o governo Vargas sustentou relações amistosas e econômicas com a Alemanha.

Os brasileiros viviam numa ditadura. Era o Estado Novo ou Ditadura Vargas (1937-1945), um governo centralizador, autoritário – com censura e perseguição política –, nacionalista e impregnado de ideias fascistas. Por decretos, implementou uma modernização econômica, apesar da ruptura, segundo o historiador Boris Fausto, não "representou um corte radical com o passado"[7]. Assim, no que diz respeito à síntese da construção de uma nacionalidade identificada com o Ocidente, nação e raça confundiam-se, essa última qualificando e classificando a estética do corpo e o caráter do indivíduo, visando atingir "o status de progresso

---

6 RAMOS, Alberto Guerreiro. Introdução Crítica à Sociologia Brasileira. Rio de Janeiro: Ed. UFRJ, 1995

7 RAMOS, Alberto Guerreiro. *Introdução Crítica à Sociologia Brasileira*. Rio de Janeiro: Ed. UFRJ, 1995.

e de desenvolvimento nacional.[8]" Era o que almejava, por exemplo, o "democrata" e "notável ministro" do Estado Novo Oswaldo Aranha (1894-1960), que creditava "aos negros":

> [...] o nosso atraso político, que tornou esta ditadura necessária, se explica perfeitamente pelo nosso sangue negro. Infelizmente. Por isso, estamos tentando expurgar esse sangue, construindo uma nação para todos, "embranquecendo" a raça brasileira.[9]

Mentalidade esta, compartilhada, guardadas as devidas proporções, com as "elites" e o "povo brasileiro"[10]. Lembremos que a assinatura da Lei Áurea, 13 de maio de 1888, distava, pouco menos ou mais, de cinco décadas, e desde o Império temos registro de parcela significativa de negros, alforriados ou não, como protagonistas que desempenham um papel central no cenário político em busca de liberdade. Nesse sentido, não poderia causar surpresa a "mobilização negra" no período pós-abolição. Me refiro especificamente à Frente Negra Brasileira - FNB (1931-1937). Esta, para a "recente experiência republicana", segundo Gomes, conseguiu mobilizar, politizar e articular a "questão negra com outros temas, envolvendo nacionalidade, emprego, cidadania e políticas de imigração - tudo isso, um protagonismo negro bastante mobilizador".[11] Num contexto de ruptura dessas experiências e

---

8 FAUSTO, Boris. *História do Brasil.* 11. ed. São Paulo: Editora da Universidade de São Paulo, 2003. p. 365. RAMOS, Maria Bernadete. Ao Brasil dos meus sonhos: feminismo e modernismo na utopia de Adalzira Bittencourt. In: *Estudos Feministas*, Universidade Federal de Santa Catarina, Centro de Filosofia e Ciências Humanas, Centro de Comunicação e Expressão, v.7, n. 1-2, Florianópolis: UFCS, 1999. p. 19.

9 LANDES, Ruth. *A Cidade das Mulheres.* 2. ed. Rio de Janeiro: UFRJ, 2002. p. 202.

10 HANCHARD, Michael George. *Orfeu e o Poder*: Movimento Negro no Rio e São Paulo (1945- 1988). Trad. Vera Ribeiro. Rio de Janeiro. Ed. UERJ. 2001. p. 65.

11 GOMES, Flávio. *Negros e Política (1888-1937).* Rio de Janeiro: Jorge Zahar, 2005. p. 51.

outras[12], os partidos políticos, inclusive instituições, foram cassados pelo Estado Novo. Nos regimes autoritários, ensina a História, só há opção de adesão, inclusive, renunciando a qualquer senso crítico.

Mas, não obstante esse cenário, Lélia, caçula das mulheres numa prole numerosa, era beneficiária da proteção emocional e econômica dos seus irmãos e irmãs mais velhos com sua educação e desenvolvimento de suas potencialidades. Outro fator determinante foi a migração, em 1942, dos Almeidas – agora órfãos de pai e treze filhos sobreviventes – para o então Distrito Federal (1891-1960), patrocinado pelo primogênito da família, Jaime de Almeida (1920-1973)[13]. Jogador de futebol, destacou-se no Clube Atlético Mineiro (Minas Gerais) e, a convite, em 1941, integrou o Clube de Regatas do Flamengo (Rio de Janeiro), que o considera uma das "lendas rubro-negras"[14] pelos campeonatos de 1942, 1943 e 1944, a "primeira grande glória" do Clube.[15]

E pensar que vinte anos antes o clube integrava a AMEA[16], que juntamente com a Confederação Brasileira de Desportos - CBD (1914) buscava, segundo Edison Carneiro, manter a "arianização" do futebol. Seu objetivo era barrar a ascensão do Vasco para a 2ª divisão com um time de negros e mulatos que não só vencia como enchia o estádio de torcedores. O jornalista, cronista e escritor

---

12 GOMES, Flávio; DOMINGUES Petrônio (Orgs.). *Experiências da Emancipação*: Biografias, Instituições e Movimentos Sociais no Pós-Abolição (1980-1980). São Paulo: Selo Negro, 2011.

13 https://flamengoalternativo.wordpress.com/tag/jaime-de-almeida/. Acesso em: 22 de março 2021.

14 Os demais são: Yustrich, Domingos da Guia, Biguá, Valido, Pirilo e Vevé. Site oficial do Flamengo. Disponível em: <http://www.flamengorj.com.br/historico/historia.asp>. Acesso em 24 de abril 2021.

15 https://flamengoalternativo.wordpress.com/tag/jaime-de-almeida/. Acesso em: 22 de março 2021. 14 Os demais são: Yustrich, Domingos da Guia, Biguá, Valido, Pirilo e Vevé. Site oficial do Flamengo. Disponível em: <http://www.flamengorj.com.br/historico/historia.asp>. Acesso em 24 de abril 2021.

16 Associação Metropolitana de Esportes Atléticos, fundada, 1924, pelos grandes times Fluminense, Flamengo, América, Botafogo e o pequeno Bangu.

Mario Filho analisa que tal mudança ocorreu devido à ambição do Flamengo em se tornar o "clube mais popular, mais querido do Brasil". Assim, pragmaticamente, foi "ao encontro do gosto do povo", fazendo sua "transfusão de popularidade [...], abrindo as portas da Gávea para os pretos". Esse era o cenário em que Jaime de Almeida estava inserido.[17]

O panorama nacional continuou conturbado, agravado com a expansão e intensidade da guerra, onde o Brasil sustentava relações pragmáticas, tratando de "negociar com quem lhe oferecesse melhores condições e procura tirar vantagens da rivalidade entre as grandes potências". Porém, as relações amistosas e de interesses entre Brasil e Alemanha tornaram-se insustentáveis.[18]

Os Almeidas, agora no palco principal dos eventos nacionais, após um breve período numa vila no Leblon, fixaram residência numa casa comprada por Jaime no subúrbio, em Ricardo de Albuquerque. O primogênito foi, segundo Lélia, seu "pai simbólico" e "modelo". Ele e Lélia foram os únicos a ascenderem da condição de trabalhadores manuais e dos serviços domésticos. No caso de Lélia, a única a ultrapassar o primário. Ambos ascenderam na escala social: Jaime pelo lúdico e Lélia pela educação, feito notável para os negros como os Almeidas.

No entanto, a maioria descendente de africanos – homens, mulheres e crianças, aqui aportados escravizados –, como historicizamos, continuava na República, sendo percebidos um pouco mais que uma coisa, e sua existência trágica nesse processo foi se naturalizando. Assim, "após a emancipação", cabia agora "colocar

17 VIANA, *Op. Cit.*, p. 44.
18 FAUSTO, *Op. Cit.*, p. 379.

o negro no seu devido lugar."[19] Mas qual é esse lugar determinado na formação social brasileira? Mais adiante, a historiadora, militante e mulher negra Lélia Gonzalez nos dirá e analisará.

Como acentuamos, a composição racial e cultural – de predominância africana e nativa, ou seja, não europeia – era percebida como um problema de governo ou de estado, requerendo, assim, intervenção estatal, entre elas o apoio e estímulo à imigração europeia. Seja dito de passagem, na verdade, os debates sobre e como equacionar esse "problema" persistiam desde o Império, na medida em que não dava mais para postergar a abolição da escravatura. O Brasil foi o último país das Américas em libertar formalmente sua população escravizada, cerca de 9%, pois a maioria, em crescentes iniciativas políticas – por negociação ou não – se encontrava liberta em 1888.

Nos primeiros anos da década de 1930, o sociólogo e ensaísta Gilberto Freyre (1900-1987) publicou em 1933 sua obra clássica *Casa Grande & Senzala - formação da família brasileira sob o regime patriarcal*. Na apresentação, escrito em 1931, em Lisboa, nos informa que aprendeu na antropologia de Franz Boas (1858-1942) a considerar fundamental a diferenciação entre raça e cultura, ponto de vista do qual estrutura todo seu ensaio, e da mesma forma, "a diferenciação entre hereditariedade de raça e hereditariedade de família". Essa perspectiva, segundo ele, o possibilitou revelar "o negro e o mulato no seu justo valor"[20].

Para a consolidação da identidade nacional na Ditadura

19 SANTOS, *Op. Cit.*, p.129.

20 FREYRE, Gilberto. *Casa Grande & Senzala*: formação da família brasileira sob o regime patriarcal, 48ª ed. rev. São Paulo. Global, 2003. p. 41.

Vargas, as interpretações e os intérpretes dos anos 1930 foram um marco, sobretudo aquela construída em *Casa Grande & Senzala*. Em uma leitura crítica do ensaio, Hanchard destaca que a narrativa histórica e sociológica que a legitimou seria a da suposta "benignimidade" do colonialismo Ibérico em comparação ao colonialismo Anglo-saxônico. O Brasil, em contraste com o modelo segregacionista dos Estados Unidos da América, tornara-se uma "acentuada celebração da 'africanidade'", distinguindo-o dos países da América Latina, evidenciando que a miscigenação fora benéfica para o Brasil. Mas, afirma ele, contraditoriamente, mantinha-se a "esperança" de embranquecer a população, incentivada por medidas políticas, econômicas e administrativas concomitante ao seu desenvolvimento. Essa retórica, desdobrada em determinadas narrativas intelectuais[21], era difundida pelos governos e pelas elites nacionais para manter o Brasil, no contexto internacional, identificado como um país branco e livrá-lo do estigma de ser composto majoritariamente de sub-raças.[22]

A obra de Freyre gera debates intelectuais até a presente data, nos impondo a apresentar mais duas análises dentre uma miríade, em primeiro lugar a de Araújo. Para ele, a obra é motivada pela "autenticidade", pela "ingenuidade" ou pelo "'pertencimento'" à "própria sociedade que está examinando"[23], e em segundo, Santos adverte que, especialmente pela última, não operou uma ruptura radical com as "teorias racialistas e racistas esboçadas pelos seus

21 Sylvio Romero, José Veríssimo, Couto de Magalhães, João Batista de Lacerda, Ladislau Netto, Barbosa Rodrigues, Tobias Barreto, dentre outros.

22 VIANA, *Op. Cit.*, p. 28.

23 ARAÚJO, Ricardo Benzaquen de. *Guerra e Paz:* Casa Grande & Senzala e a obra de Gilberto Freyre nos anos 30. Rio de Janeiro: Ed. 34, 1994. p. 168.

antecessores" E, afirma, como muitos de seus contemporâneos, contribuiu para o ideário da mestiçagem, também operado no imaginário da população.[24]

Notadamente nos espaços oficiais, observa Schwarcz, "'o mestiço vira nacional', e em paralelo havia um processo de 'desafricanização' de vários elementos culturais, simbolicamente clareado". A partir de 1930 uma "representação simbólica da mestiçagem" converte a feijoada em "prato nacional". Metaforicamente, o feijão com o arroz remeteria aos "dois grandes segmentos formadores da população", juntamente com a couve e a laranja: o primeiro correspondendo ao verde das matas e o outro, à cor do ouro. A capoeira (1937) se tornou uma "modalidade esportiva" e o samba (1935) passou a ter seus desfiles "subvencionados" pelo Estado, ambos saindo assim da ilegalidade.[25]

Novas datas cívicas foram criadas, dentre elas destacamos o "da Raça" para "exaltar a tolerância de nossa sociedade". Os atabaques do candomblé (1938) não eram mais caso de polícia; o futebol (1933) passou a ser associado aos negros e profissionalizado; e Nossa Senhora da Conceição Aparecida foi elevada à categoria de padroeira do Brasil, porque era "mestiça como os brasileiros". Surgiram também duas figuras: o "malandro brasileiro", representando "a recusa de trabalhos regulares e a prática de expedientes temporários para a garantia da boa sobrevivência", e a mulata "exótica e sensual", um "ícone de determinada brasilidade". Enfim, para Schwarz:

---

24 SANTOS. *Op. Cit.* p. 152.

25 SCHWARCZ, Lilia Moritz. *Racismo no Brasil.* São Paulo: Publifolha, 2001.

> O certo é que, nas mãos de um discurso de cunho nacionalista, uma série de símbolos vai virando mestiça, assim como uma alentada convivência cultural miscigenada torna-se modelo de igualdade racial. Nesse modelo, pautado numa visão oficial, a desigualdade e a violência do dia-a-dia são como que desprezadas, tudo em nome de uma visão idealizada da 'nossa raça', que nesse momento parece ser suficiente para representar positivamente a nação.[26]

O fim da 2ª Guerra Mundial, em 1945, com a vitória dos Aliados, engendrou um mundo polarizado basicamente entre duas ideologias distintas e opostas entre si: capitalismo (EUA) e socialismo (URSS). Na verdade, ambas emergiram como duas grandes superpotências, passando a disputar por hegemonia mundial, ou seja, liderar ou influenciar o maior número de nações ou países possíveis. Esse conflito por supremacia é denominado de Guerra Fria (1947-1991). A partir da definição do Brasil em se alinhar aos países democráticos, a oposição foi se fortalecendo, adquirindo consistência e densidade contra a Ditadura. Nesse contexto, não houve alternativa para o Estado Novo. Sem trégua, as articulações políticas dentro e fora do governo pela redemocratização e os erros políticos do governo delinearam a deposição de Getúlio Vargas em 29 de outubro de 1945.[27]

A presente exposição, até agora, teve por objetivo, concisamente, contextualizar historicamente as bases da "democracia racial brasileira"; sua apropriação pelo Estado nacional

---

26 Idem, p. 31.
27 Cf. Fausto, *Op. Cit.*

para "expurgar o sangue negro"; e por último, mas não menos importante, como uma família, os Almeidas, a valer dois deles, que ultrapassaram não uma só barreira, mas as armadilhas de um estado racista.

Entre a infância e a adolescência Lélia conquistou apoio e solidariedade dos patrões italianos de sua mãe em Belo Horizonte, e posteriormente no Rio de Janeiro, de suas colegas, que emprestavam seus livros, e do incentivo de professores. Contudo, ao concluir o científico em 1954, com cerca de 19 anos, essa foi a análise que Lélia fez, em contexto pretérito, do processo educacional brasileiro ao qual, ao final, imperativamente, se incluiu:

> As crianças negras não aguentam esse sistema educacional que está aí. Tanto por razões econômicas, a meu ver quanto por razões até atraentes [...] tem a merenda e etc, mas do ponto de vista da filosofia, da política educacional e das práticas educacionais não dá para agüentar não. Por que o processo é sempre de massacre, de estilhaçamento da identidade. Eu passei por isso. Quer dizer, quando chequei na Universidade eu já estava embranquecida.[28]

A partir dessa citação, de análise da vida escolar que marca cognitivamente as referências sociais e efetivas de qualquer infância, passaremos a articular as questões inicialmente apresentada com a fala em primeira pessoa da intelectual Lélia Gonzalez, em razão de uma melhor composição dentro dos limites do nosso texto. Não é sem propósito: vamos enegrecer, isto é, tornar negra nossa narrativa!

---

28 *Projeto Perfil - Lélia Gonzalez*. Documentário (Vídeo). Produzido pelo CTE - Centro de Tecnologia Educacional /SR-3. UERJ – Universidade Estadual do Rio de Janeiro.

Mesmo superando a tal barreira, existe uma ideologia que age sobre o negro: a "ideologia do branqueamento". O conceito de ideologia é tomado emprestado da teoria marxista, entendido como ilusão ou falsa consciência. Assim o negro, com sua identidade ferida, se afasta e rejeita os valores de seus familiares e da comunidade ao mesmo tempo em que nega o próprio corpo. A consequência desse processo, segundo Lélia, é uma pessoa insegura, tímida e reprimida, porque "aprende aquelas baboseiras sobre os índios e os negros", inclusive na universidade.

Com efeito, em Lélia o processo não foi menos danoso. De um lado, teve poucos relacionamentos, e ainda no subúrbio, distanciou-se de sua família. Afirmava ela, "por outro lado, do ponto de vista afetivo entrou uma interiorização do racismo, (...) não queria saber de homem perto de mim"[29]. Dessa maneira, o ideal de branqueamento, sustentado pelo mito da democracia racial, prevaleceu em sua trajetória acadêmica, agora como uma pessoa autônoma, isto é, fazendo suas próprias escolhas.

Getúlio Vargas voltou ao poder em 31 de janeiro de 1951, eleito num contexto que se pretendia democrático. Sua posse contou com a "concordância das Forças Armadas", o que demonstrava "como a democracia dependia precariamente da fiança militar." Ele constituiu seu governo assumindo um papel de "árbitro diante das diferentes forças políticas". Assim, de um lado solidificou sua relação com os trabalhadores, especialmente os urbanos, de outro implementou um projeto de desenvolvimento nacionalista baseado na intervenção estatal, porém não consensual. Setores liberais civis

29 *O PASQUIM*, nº 871, Rio de Janeiro, 1986, p. 8-10.

e militares opunham-se fortemente contra a participação do Estado como regulador ou empreendedor na economia.[30]

Em 5 de agosto de 1954 ocorreu um atentado político e morreu o major da Aeronáutica Rubens Vaz (1922-1954), acompanhante do mais explosivo opositor, o jornalista Carlos Lacerda (1914-1977), alvo do ataque. Embora as investigações não pudessem "comprometer pessoalmente o presidente", revelaram, porém, "lados sombrios do governo Vargas". O movimento por sua renúncia adquiriu "grandes proporções", e na manhã de 24 de agosto de 1954, Getúlio Dornelles Vargas, em seu derradeiro ato político, escreveu um documento e finalizou sua saída da "vida para entrar na História"[31]. Com um único tiro, encerrou sua trajetória.

Tomou posse o vice, Café Filho (1899-1970), num governo breve (1954-1955), marcado por instabilidade política, golpe e contragolpe, este último um movimento legalista liderado pelo general Henrique Teixeira Lott (1894-1984). Vitorioso, garantiu em 1955 a posse da chapa eleita: Juscelino Kubitschek/JK (1902-1976) e João Goulart/Jango (1919-1976).

Não havia ambiente, nesse momento, para a conspiração em espreita desde a redemocratização para "'purificação" da democracia". Desse modo, o governo JK (1956-1961) conquistou relativo apaziguamento e se sustentou, superando o "nacionalismo", no "desenvolvimento e ordem" para realizar seu Plano de Metas: "50 anos de progresso em 5 anos de governo". Ao realizar suas metas, o governo obteve altas taxas de crescimento, em média de 7%,

30 FAUSTO, *Op. Cit.*, p. 408.

31 Disponível em: <https://www2.camara.leg.br/atividade-legislativa/plenario/discursos/escrevendohistoria/getulio- vargas/carta-testamento-de-getulio-vargas>. Acesso em: 31 mar. 2021.

com sua política econômica, o "nacional-desenvolvimentismos", combinando o "Estado, a empresa privada nacional e o capital estrangeiro", este último detentor de mais de 80% da economia nacional, porém, endividando o país. No final do mandato, a inflação atingiu cerca de 25% com aumento acelerado do custo de vida, ocasionando sucessivas greves. Mesmo assim, e com forte oposição, a conjuntura política era favorável e culturalmente otimista, "associado às grandes realizações", uma delas a construção e transferência da capital para Brasília (1956-1960)[32], período posteriormente celebrado como os "Anos dourados".

Nesse contexto esperançoso, Lélia graduou-se em História e Geografia na então Universidade do Estado da Guanabara - UEG, atual Universidade do Estado do Rio de Janeiro - UERJ, 1957/1958. Ao final dessa formação, descreveu ela: era uma pessoa com gosto refinado para a "música clássica dos europeus", ao mesmo tempo em que rejeitava o estilo popular e o samba. Ostentava na época, segundo a própria, o símbolo do branqueamento: uma peruca. Seu desejo era ser uma "*lady*". Em consequência de seu crescimento intelectual, reingressou na UEG para uma segunda graduação, no caso em Filosofia, em busca, sendo ela, do "supra-sumo do pensamento ocidental 1961/1962"[33].

Nos primeiros anos da década de 1960, Lélia já participava do mundo acadêmico, traduzira três livros do francês para o português[34] e seus alunos a descreviam como "uma pessoa brilhante,

32 Cf. FAUSTO, *Op. Cit.*

33 VIANA, *Op. Cit.*, p. 51.

34 Cf. *Curso Moderno de Filosofia*, RJ (1966); *Compêndio Moderno de Filosofia* - A Ação, volume 1. RJ (1966); e *O Conhecimento* volume 2 - História dos Filósofos Ilustrada Pelos Textos, RJ, (1968) de Denis Huisman e André Vergez, Ed. Freitas Bastos; e, num total de quatro livros, *Freud e Psicanálise*, de Octave Mannoni, Ed. Rio, RJ, 1977, e nessa última exerceu a função Editora-Assistente (1974-1975).

uma negra belíssima, super bem-vestida e acessível". Uma parcela significativa frequentava sua casa, onde ministrava aulas, era uma jovem professora que destoava dos padrões acadêmicos do período. Conheceu no curso de Filosofia o colega Luiz Carlos Gonzalez, seu primeiro namorado "de verdade", e, após um período de "concubinato", casaram-se em sua residência.

A família dele, de origem espanhola, ao tomar conhecimento da oficialização da união, repudiou violentamente o enlace, mas Luiz Carlos era solidário à jovem esposa contra esse racismo explícito e rompeu com eles. No entanto, a questionou quanto a sua "falta de identidade", bem como seu "próprio branqueamento". Por permanecer ao seu lado e despertar sua consciência, motivos de orgulho e motivação para adotar o "Gonzalez", Lélia conclui seu depoimento: "uma homenagem que eu presto a esse homem branco tão sofrido"[35]. Luiz Carlos não sobreviveu às suas angústias, por vários fatores, e dois anos após o casamento renunciou a vida.

Essa perda exigiu de Lélia rever sua postura frente à ideologia do branqueamento, buscando sua "negritude" e sua "condição de negra". Foi a partir da sua própria vivência que descreveu o rompimento da "cortina ilusória" e questionou que a mesma ideologia possibilitava ao "[...] negro pensar que é diferente dos outros negros". Ela ainda tentou um "segundo casamento", um "mulato" com "uma ideologia de classe, não gostava de preto...", não combinavam, por isso o rompimento. Com tal contradição entre um casamento e outro, foi parar no psicanalista.[36] Sim, e encontrou a escuta de um especialista lacaniano para uma possível

35 *Projeto Perfil - Lélia Gonzalez. Op. Cit.*

36 *O PASQUIM, Op. Cit.*

compreensão de sua vida, sua história e o que a fazia sofrer. Como muitos militantes desse período, achou acolhimento e cuidados na religião, bem como uma consciência de classe.

Nesse sentido, segundo Lélia, depreendeu que sua ascensão social passou por uma "lavagem cerebral", de esquecimento e alienação, rompida com o sofrimento e, como "lacaniana de quatro costados", concordou com Lacan: o "próprio analisando que sabe do seu problema", cabendo ao profissional apenas ajudar, pontuando a questão. Foi no candomblé, apesar do respeito às suas raízes culturais católicas, que encontrou uma prática religiosa, anteriormente tida por ela como "primitiva[s]", um outro "código cultural", "mais ecológica" e próxima de sua religiosidade, porque estava "mais africanizada do que ocidentalizada"[37]. Foi o encerramento desse círculo, com sua conscientização do que era ser "mulher negra". Pôde (re)orientar suas ações, suas escolhas e elaborar um pensamento singular sobre o Brasil (e a América), determinado pela sua diferença, porque era negra e era mulher. Entretanto, como muitos, Lélia inicialmente priorizou a questão racial, mas, ao longo do processo, foi redimensionando, na tentativa de desmistificar a democracia racial no contexto da abertura política e da redemocratização brasileira, como veremos mais adiante.

No governo Juscelino Kubitschek/JK, a grande massa estava excluída do panorama otimista. Com a crescente urbanização, aumentou o número de eleitores e a participação política, mas foi no governo seguinte que ganharam "maior sentido". Nessa conjuntura, atuou, em "faixa própria, criticando a corrupção do governo e a

---

37 PEREIRA, Carlos Alberto M.; HOLANDA, Heloisa Buarque de. *Patrulhas Ideológicas*: arte e engajamento em debate. São Paulo: Ed. Brasiliense, 1980, p. 203.

desordem financeira", a candidatura de Jânio Quadros (1919-1992), ex-governador de São Paulo (1955-1959), com o apoio de Carlos Lacerda. O historiador analisa o perfil dessa candidatura, e por ter uma certa "repetição" na História do Brasil, uma citação faz jus.

> Sem ter um programa definido e desprezando os partidos políticos, atraía o povo com sua figura popularesca e ameaçadora que prometia castigo implacável aos beneficiários de negociatas e de qualquer tipo de corrupção. (...) estava longe do figurino bem-comportado (...) reunia as esperanças da elite antigetulista; do setor da classe média que esperava a chamada moralização dos costumes políticos e se via atingida pelo alta do custo de vida; assim como da grande maioria dos trabalhadores.[38]

Jânio Quadros foi eleito com o vice de uma chapa adversária, João Goulart, tornando-se os primeiros a tomarem posse, em 31 de janeiro de 1961, em Brasília. Além do agravamento das questões políticas, econômicas, sociais e sobretudo as sindicais, o governo foi marcado pela instabilidade, ações políticas e administrativas erráticas e "desconcertantes" do presidente. Este, numa manobra política bem ao seu estilo, em 25 de agosto, renunciou, porém, contrariando suas expectativas de autogolpe, o Congresso aceitou.

Jango, o vice, estava em viagem institucional na China, então a presidência regimentalmente foi assumida pelo presidente da Câmara dos Deputados Ranieri Massilli (1910-1975). Enquanto os ministros militares vetavam a posse do vice, manifestações

38 FAUSTO, *Op. Cit.*, p. 436.

crescentes pela legalidade aconteciam, lideradas principalmente pelo governador do Rio Grande do Sul, Leonel de Moura Brizola (1922-2004). Por fim, o "Congresso adotou uma solução de compromisso". Na Constituição instituiu o parlamentarismo com um adento para a realização de um plebiscito sobre a continuidade ou não do novo regime. "Com os poderes diminuídos", em 07 de setembro, João Goulart foi empossado presidente (1961-1964).

Na sociedade, entre os anos 1950-1964, "houve um avanço dos movimentos sociais e o surgimento de novos atores", com "grandes mudanças estruturais" tanto no campo como nas cidades, em função do crescimento urbano e a rápida industrialização. Para Fausto, João Goulart na presidência "significava a volta do esquema populista, em um contexto de mobilizações e pressões muito maiores do que no período Vargas". Seu governo, diferente dos demais, se aproximava das demandas dos movimentos, propondo reformas de base – agrária, urbana, direitos políticos para analfabetos e militares de baixa patente, nacionalização de empresas – com o objetivo de "modernizar o capitalismo e reduzir as profundas desigualdades sociais do país, a partir da ação do Estado."[39]

O contexto político, no entanto, era cada vez mais radicalizado ideologicamente, indo de encontro às propostas das reformas. Como exemplo, podemos citar o aumento das divisões no interior dos partidos; a insatisfação popular; a inflação; e a quebra da hierarquia nas Forças Armadas. Além de tudo, no ambiente da Guerra Fria foi formulada uma nova doutrina de segurança nacional pelos militares, com a participação de civis em suas escolas, quando

39 Idem, p. 447.

"firmou-se" a "convicção de que só um movimento armado poria fim à anarquia populista, contendo o avanço do comunismo".

O plebiscito foi realizado em janeiro de 1963, vencendo, por larga maioria, o "não". Com a vitória do presidencialismo, João Goulart recuperou o pleno poder do executivo. Em suma, para Fausto, foram uma "tragédia" os meses finais do governo Goulart, na medida em que "todos os atores políticos" descartaram a democracia como "impossível ou desprezível"[40]. Com isso, ocupou o poder o mais forte, as Forças Armadas, com o apoio de setores da sociedade e de políticos, em 31 de março de 1964. Um longo tenebroso e asfixiante período de Ditadura.[41]

O retorno à democracia, conforme os interesses dos militares, ocorreu "lenta, gradual e segura". A representação dos cidadãos no Congresso era composta por dois únicos partidos: da "situação", a Aliança Renovadora Nacional - Arena (1966), e da "oposição", o Movimento Democrático Brasileiro - MDB (1966). Nas eleições legislativas de 1974, o MDB foi o grande vencedor, acendendo um sinal de alerta para os militares. Ao mesmo tempo, como vimos, o movimento social vinha gradativamente se fortalecendo, a economia estagnada e com inflação alta e aprofundando a desigualdade social e a concentração de renda. Sob o controle dos militares houve avanços, recuos e crises para o retorno ao regime democrático.

Lentamente o regime militar foi distendendo: censura à

40 FAUSTO, *Op. Cit.*, p. 458.

41 SILVA, Francisco Carlos Teixeira. Crise da ditadura militar e o processo de abertura política no Brasil, 1974 – 1985. In: FERREIRA, Jorge; DELGADO Lucília de A. Neves (org.). *O Brasil Republicano*: O tempo da ditadura – regime militar e os movimentos sociais em fins do século XX. v. 4. Rio de Janeiro: Civilização Brasileira, 2003.

imprensa foi parcialmente abolida; sancionada a Lei da Anistia (1979); restabelecimento do pluripartidarismo (1979); e eleições diretas, exceto para presidente, em 1982; eleição no Colégio Eleitoral, 1985, de um civil, Tancredo Neves (1910-1985), mas o mandato (1985-1990) foi exercido por seu vice, José Sarney, em virtude da morte do titular. Finalmente o processo de "abertura política" e a redemocratização se concretizaram em 1988 com a Assembleia Nacional Constituinte (1987-1988) - (Constituição da República Federativa do Brasil, 1988)[42], tendo ampla participação popular, e em 1989 com eleição direta para presidente.

A sociedade civil encontrou meios de se organizar fora da coreografia consentida; e dentre muitas iniciativas, mais uma vez destacamos os movimentos sociais. Neles e na academia, Lélia Gonzalez, elaborando, construindo, organizando e criticando, tornou-se, entre outros e outras, uma liderança nacional. Na sua produção[43], Lélia nos leva ao caminho do conhecimento por uma *práxis,* ou seja, unindo dialeticamente teoria e prática, porém isso não quer dizer ausência do contraditório, inclusive, como usual no período, haveria que ter-se sempre a crítica e a "autocrítica". Mesmo sendo feminista e ativista antirracista, criticava o movimento feminista e parte do movimento negro: o primeiro por não reconhecer a opressão racial; o segundo, a opressão sexual.

Apesar de se posicionar como de esquerda, ousadamente, contestava o reducionismo científico de uma determinada esquerda

---

42 Disponível em: <https://www2.camara.leg.br/legin/fed/consti/1988/constituicao-1988-5-outubro-1988- 322142-publicacaooriginal-1-pl.html>. Acesso em: 14 abr. 2021.

43 UCPA, União dos Coletivos Pan-Africanista. *Lélia Gonzalez*: Primavera para as Rosas Negras. Diáspora Africana: 2018; e RIOS, Flávia; LIMA, Márcia. *Lélia Gonzalez*: Por um feminismo afro-latino-americano. Rio de Janeiro: Zahar, 2020.

brasileira da época por reproduzir a injustiça racial, ou melhor dizendo, era também racista. E no histórico I Encontro Nacional de Mulheres Negras - ENMN, no Rio de Janeiro, a organização autônoma de mulheres negras demandou de Lélia severas críticas por considerá-lo, em alguns aspectos, uma reprodução do "feminismo branco-ocidental" ao limitar a relação entre homens e mulheres como de "macho opressor versus fêmea oprimida". Para ela, não passava de um "feminismo sexista", sem deixar de apontar que, para superar algumas contradições, entendia que as mulheres negras deveriam ter como referência as lutas das africanas e amefricanas, aquelas nascidas nas Américas, como Nanny, que estava "para Jamaica assim como Zumbi para o Brasil".[44]

Em nossa narrativa histórica analisamos resumidamente como e sobre quais bases o estado brasileiro (e a sociedade) negou e impediu a cidadania a sua população não-branca, ao mesmo tempo em que acompanhamos o perfil de dois membros dos Almeidas. Destacando a análise de Lélia Gonzalez sobre a ilusão da democracia racial, de como opera na realidade dos negros e os danos causados pelo racismo sobre eles. É assim que ganha sentido o engajamento político de Lélia Gonzalez na luta contra o mito da democracia racial, que começou no início dos anos 1970, na época em que sua ficha foi aberta no DOPS (1972). Motivada pelas reuniões acadêmicas com os alunos em sua residência[45], no Rio de Janeiro, frequentando encontros sociais, atividades culturais e debates sobre a situação do negro.

Diante desses eventos, ela ficou fortemente impactada, pois

44 VIANA, *Op. Cit.*, p. 123.

45 Cf. Prontuário nº 19330. Setor COMUNISMO, Pasta 112, Fl. 210.

era um "fenômeno novo", protagonizado, em sua maioria, por jovens "negros anônimos". Uma "negadinha jovem" que, no Renascença Clube (1951) do Rio de Janeiro, em meio às suas atividades de "biritar e falar de generalidades", começou a "atentar" para questões internacionais, tais como "a luta pelos direitos civis nos Estados Unidos e as guerras de libertação dos povos negroafricanos de língua portuguesa". A partir daí, Lélia Gonzalez aliou seu saber e práticas acadêmicas com a militância e os viveu com intensidade.

No livro *Lugar de Negro*, em coautoria com Carlos Hasenbalg, ela registra a atuação dessa juventude. Destaca as gerações anteriores, como Abdias do Nascimento (1914-2011), líder do Teatro Experimental do Negro - TEN, que, segundo ela, teria extrapolado os limites da "comunidade negra", pois renovara o "teatro brasileiro" nos anos 1950. Além de Solano Trindade (1908-1974), por sua capacidade de síntese: "tanto pela criação, em 1950, do seu Teatro Popular Brasileiro - TPB, quanto por sua extraordinária produção poética", adquirindo importância no teatro e na poesia, "expressões vigorosas das elites negras" nos anos 1950, e mais, "sem perda de continuidade" nas "novas gerações". Como evidenciam os autores dos *Cadernos Negros*, que se propunham a "levar adiante as sementes da consciência para a verdadeira democracia racial" [46].

Para ela, a retomada do movimento negro se deu a partir de 1974, em São Paulo, pelo Centro de Cultura e Arte Negra - CECAN; o Grupo Palmares do Rio Grande do Sul (a primeira entidade a inserir a reflexão e a importância do Vinte de Novembro e de Zumbi dos Palmares); e os bailes de *soul music* no Renascença

46 GONZALEZ, Lélia; HASENBALG, Carlos A. *Lugar de Negro*. (Coleção 2 Pontos 3). Rio de Janeiro: Marco Zero, 1982.

Clube, "ponto de encontro da turma que rearticulou o movimento negro no Rio". Também no mesmo ano realizou-se, entre os meses de maio e de junho, no Museu de Arte Moderna - MAM, as "Semanas Afro-Brasileiras", promovidas pelo Centro de Estudos Afro-Asiáticos - CEAA, que se tornou um ponto de referência para a militância no Rio[47], e pela Sociedade de Estudos da Cultura Negra no Brasil (SECNEB de Salvador). Em 1975 começaram os debates universitários, promovidos pelo Grupo de Trabalho André Rebouças, reunindo professores e pesquisadores para falar da "questão negra" na Universidade Federal Fluminense - UFF. No entanto, segundo Lélia, "esses encontros ocorreram sobretudo por iniciativa da professora Maria Beatriz Nascimento" (1942-1995), haja vista que desde 1972 organizava a Semana de Cultura Negra na UFF.

Prossegue Lélia, é também nesse contexto que temos as primeiras informações sobre a ação política de mulheres negras no Rio de Janeiro, no histórico encontro de mulheres para celebrar, em 1975, o Ano Internacional da Mulher. Patrocinado pelo Centro de Informações da ONU e realizado na Associação Brasileira de Imprensa - ABI, foi "de onde saiu o CMB - Centro de Mulher Brasileira", cujas propostas eram constituir grupos de reflexão, dar visibilidade à "questão feminina" e "combater" o seu papel subalterno na sociedade brasileira. Elas, as "jovens e valentes negras", marcaram posição, porém não só por sua presença como por divulgar num documento, resultado de suas reflexões, denúncia que desde a "herança cruel" da escravidão, no continente americano, o destino

47 Centro de Estudos da Universidade Candido Mendes no Rio de Janeiro.

da mulher negra era ser "objeto de produção ou de reprodução sexual". E para elas, segundo Lélia:

> O fruto dessa covarde procriação [dos colonizadores] é que agora é aclamado como o único produto nacional que não pode ser exportado: a mulher mulata brasileira. Mas se a qualidade deste 'produto' é tida como alta, o tratamento, que ela recebe é extremamente degradante sujo e desrespeitoso.[48]

Mas em pesquisas posteriores, Lélia passou a acreditar numa antiguidade desse movimento, o datando em 1969, período em que elas começaram a se reunir separadamente do movimento negro, visando debater suas temáticas específicas "para, depois, todos se reunirem numa sala maior, onde se discutiam os problemas comuns". Em sua análise, apesar de haver solidariedade e entendimento por parte dos homens, especialmente dos "mais jovens [que] cresceram junto com suas irmãs de luta", existia também negros de uma "geração mais velha", detentores de um tipo de "moralismo calvinista e machista", que se "sentiam ameaçados pela capacidade e sensibilidade das companheiras mais brilhantes".

Lélia considerava as "mulheres negras cariocas" as pioneiras nesse debate. No entanto, devido aos caminhos seguidos por "diferentes tendências", esse "grupo pioneiro" se desfez e "suas componentes continuaram a atuar, então, nas diferentes organizações que criaram": André Rebouças, IPCN, SINBA, MNU, dentre outras. Mas Lélia se referia, especialmente, ao Instituto de Pesquisa das Culturas Negras - IPCN (1975/6), que se propunha a

48 GONZALEZ, Lélia e HASENBALG, Carlos A. *Op. Cit.*, p.36.

"trabalhar" o cultural e o político, e ao Movimento Negro Unificado - MNU (1978), que pretendia não só unificar a luta racial no Brasil, mas também almejava "fazer da luta do negro para sua libertação, uma luta internacional".

Em síntese, podemos afirmar que o movimento negro se propôs a ser um instrumento cultural e político construído e constituído por negros e negras para libertação do "povo negro". Que devemos compreender como aqueles homens e mulheres que foram, nos vários processos históricos, submetidos à dominação, subordinação, dominância e subserviência ao longo do período escravagista e sobreviveram[49].

É com essa perspectiva que Lélia Gonzalez criticava a História e a historiografia brasileira por negar o protagonismo do "povo brasileiro", especialmente da "população negra", tornando-a invisível e a infantilizando. Segundo Lélia, o papel do historiador, para alguns, foi o de construir uma narrativa histórica "gloriosa e promissora". Nas suas reflexões, a "história oficial", bem como o discurso pedagógico internalizado desde a infância, fundamentava um modelo de soluções pacíficas para todas as tensões e conflitos. Isso se articulava e se complementava com o mito da democracia racial, gerando e difundindo uma série de estereótipos sobre o negro, tais como: "passividade", "infantilidade", "incapacidade mental", a "aceitação tranquila" da escravidão, dentre outros.[50]

Contrapondo-se à "história oficial", Lélia construiu um outro referencial, *uma outra história – heróica, de luta e de resistência.*

---

49 NASCIMENTO, Beatriz. *Kilombo e memória comunitária*: um estudo de caso. Estudos Afro-Asiáticos. Rio de Janeiro: Edição Cadernos Cândido Mendes, nº 6-7, 1982.

50 VIANA, *Op. Cit.*, p. 147.

Desse modo, a história do povo brasileiro, e especialmente do "povo negro", foi outra. Este sempre buscou formas de resistência contra a sua condição subumana, como os Quilombos, segundo Lélia, o primeiro "Estado livre" – República Negra dos Palmares (1595-1695) de todo o continente americano, constituindo-se uma *denúncia viva* do sistema escravista.

Nas cidades, tanto no período colonial quanto no imperial, encontramos a "famosa Revolução dos Malês" (1835); a Revolta dos Alfaiates (1798-1799), também conhecida como Configuração Baiana; a Confederação do Equador (1824-1825); a Sabinada (1837-1838); a Balaiada (1838-1841); a Revolução Praieira (1848-1850), entre outras. Vale destacar que a crítica abrange também a historiografia acadêmica e oficial contextualizada nos debates de uma "nova" concepção de história.

Outra importante contribuição de Lélia é a análise complexa e pioneira que fez da articulação entre raça, sexo e classe na estrutura social brasileira. Após uma profunda reflexão frente às teorias do seu período, afirmou que o discurso de exclusão tem sido, após a abolição da escravidão, perpetuado e reinterpretado em favor dos interesses daqueles que se beneficiaram e ainda se beneficiam. É assim que nas relações de trabalho no capitalismo – desigual, dependente, racista e sexista – permitem que uma "grande massa marginal crescente", em sua maioria homens e mulheres negros, ocupe os mais baixos níveis.

Essa posição, o "lugar do negro", não é uma "sobrevivência" das relações "arcaicas" do modo de produção escravista, e sim do modo de produção capitalista, uma vez que foram integradas ao seu sistema em proveito próprio. Ora, havendo uma "divisão racial do trabalho", a discriminação perpassa todas as classes sociais, assim o "branco" em qualquer lugar na hierarquia social é beneficiado também pela sua cor. No Brasil, ainda uma sociedade dependente e periférica, o "lugar de negro" é onde a maioria busca "refúgio" em "serviços puros, trabalho ocasional, ocupação intermitente, trabalho por temporada". Lélia também considerava como "lugar de refúgio" aqueles de ocupação formal: os serventes dos supermercados, das escolas e dos hospitais, que lá estavam para servir, e outros no limite, os que ficavam "desocupados". Uma existência que tornava as vidas desses homens e mulheres "realmente pretas" na sociedade brasileira.[51]

Apresentamos ainda as reflexões de Lélia sobre aquela que ocupa a base da hierarquia social por ser mulher e negra, sujeita à opressão sexual e à racial. Ela postula que as condições materiais de existência da população negra remetem a condicionamentos psicológicos e que "devem ser atacados e desmascarados". Elas não são um acaso, são historicamente construídas, como vimos nesta narrativa. Segundo Lélia, simbolicamente o racismo e o sexismo determinam que o lugar da mulher negra é servir. No contexto atual, são as empregadas domésticas e as mulatas exportações, mas no passado colonial eram a mucama e a mãe-preta nos serviços domésticos da Casa Grande. A primeira também servia sexualmente aos senhores e seus filhos; a segunda educava e amamentava os filhos das sinhazinhas.

A mãe-preta, pelo seu papel fundamental de amamentar, acalentar e educar, africanizou a cultura nacional, além do que, nossa língua, segundo Lélia, é o "pretugues", uma marca linguística

51 VIANA, passim.

da inexistência do **L** em um idioma africano. Com tais assertivas, ela pôde determinar que "o racismo se constitui como a *sintomática* que caracteriza a *neurose_cultural_brasileira*" e sua articulação com o sexismo produz efeitos violentos sobre a mulher negra em particular. Assim, Lélia pôs em destaque e elucidou as observações de Guerreiros Ramos sobre a construção de nossa identidade.

Nossa sociedade é hierarquizada por raça, classe e gênero, e esse reconhecimento revelou que a decantada democracia racial era um mito, e mais, é imposta "naturalmente" pela violência, principalmente por essas articuladas dialeticamente por Lélia. Ainda podemos afirmar que, quando as justas reivindicações da população brasileira ganham eco, espaço, sentido e racionalidade, qualquer iniciativa de "solução" é desqualificada por uma suposta ausência de pertinência em sua voz e atos. Ou seja, seus indivíduos ou cidadãos não são considerados sujeitos históricos e, por conseguinte, incapazes de fazer política: precisarão sempre de um pai para gerir a sua existência.

Imagem 1 - Lélia Gonzalez (1935-1994)

Imagem: Domínio Público. Foto de Cezar Loureiro/1994.

Por fim, destacamos que as recentes pesquisas das ciências sociais e humanas têm ouvido, através de uma diversidade de fontes, o "silêncio estridente" (ou o silenciamento) e trazido à luz – passível de análise crítica – o que tanto incomodava a intelectual Lélia Gonzalez. Dessa forma, para nós, cabe concluir afirmando que a nossa fé na humanidade continua "de pé", lugar de negro é onde ele quer estar, porque, sem "perda de continuidade", aquela "negadinha jovem" continua presente em "potentes gerações de historiadores negros e negras"[52]. E essa potência também está nas artes, cultura, educação e saúde, na política, no trabalho, nas cidades, no campo, nas favelas e comunidades, nos quilombos, em todas e todos, nas lutas antirracistas, antissexistas e demais lutas, na certeza de dias melhores, porque são os homens e as mulheres que fazem a História.

Lélia de Almeida Gonzalez faleceu serenamente na sua residência em 10 de julho de 1994.

Valeu, Zumbi! Valeu, Dandara! Valeu, Lélia Gonzalez!

Comentário Bibliográfico

> Estamos cansados de saber que nem na escola nem nos livros onde mandam a gente estudar se fala da efetiva contribuição das classes populares, da mulher, do negro e do índio na formação histórica e cultural. Na verdade, o que se faz é folclorizar todos eles.
> E o que é que fica? Lélia Gonzalez.[53]

52 GOMES; Flávio Santos; LAURIANO, Jaime; SCHWARCZ, Lilia. *Enciclopédia Negra*, 1ª ed. São Paulo, Companhia das Letras, 2021. p. 14.

53 Gonzalez, Lélia. Por um feminismo afro-latino americano. In: RIOS, Flávia; LIMA, Márcia (org.). *De Palmares às escolas de sambas, tamos, aí*. 1ª ed. Rio de Janeiro: Zahar, 2020. p. 204.

Lélia Gonzalez nos coloca uma questão que existiu "desde de sempre" no Brasil, onde a maioria da população foi excluída da educação nacional, e quando esta passou a ser obrigatória e mais ampla, não atendia suas necessidades e exigências de uma cidadania plena. Mas, entre as décadas de 1970 e 2000, como analisam as obras que veremos a seguir, os movimentos sociais, especialmente os Movimento Negro e de Mulheres Negras simpatizantes, apoiadores, estudiosos e pesquisadores empreenderam enormes esforços para revelar que a invisibilidade ou o papel subalterno da maioria na história e cultura nacional era um dos motivos de exclusão, evasão e apatia dos alunos. Concretamente a partir da Constituição de 1988, várias ações governamentais ocorreram, dentre elas destacamos a aprovação da Lei 7.716/89, conhecida como Lei Caó, que criminaliza o "preconceito de raça e cor"[54]. Além de várias iniciativas democratizantes no âmbito dos poderes estaduais e municipais no processo de ensino aprendizagem, lançamento do Programa Nacional de Direitos Humanos em 1996 e a sanção da Lei de Diretrizes e Bases da Educação Nacional, LDB, 9.394/1996. Vale destacar que, liderada pelo Movimento Negro e de Mulheres Negras, em 1995 aconteceu na Capital da República, em celebração aos 300 anos da morte de Zumbi, a Marcha de Zumbi do Palmares pela igualdade e a vida[55], motivando o governo do presidente Fernando Henrique Cardoso (1995-2003) a

---

54 https://www2.camara.leg.br/legin/fed/lei/1989/lei-7716-5-janeiro-1989-356354-publicacaooriginal-1-pl.html, acesso em 28 de abril 2021. Lei de autoria do Deputado constituinte Carlos Alberto de Oliveira dos Santos, Caó, (1941-2018).

55 https://irohin.org.br/index.php/memoria-negra/marcha-zumbi-1995.html. Acesso em: 01 mai. 2021.

reconhecer a existência do racismo e inserir Zumbi dos Palmares no *Livro de Aço dos Heróis e Heroínas Nacionais*[56], de 1997.

No Congresso Nacional, em 1999, foi aprovada a Lei 10639, esta altera a Lei 9.394/1996, incluindo no currículo, em caráter obrigatório, a temática *História e Cultura Afro-Brasileira e Africana* e no calendário escolar, o *20 de novembro como Dia Nacional da Consciência Negra*. No período não houve condições políticas da sanção presidencial. Somente o próximo governo, de Luiz Inácio Lula da Silva (2003-2011), cumprindo promessa de campanha, sancionou a Lei 10639 em 2003 e posteriormente, em 2008, a Lei 11645, que modificaria para *História e Cultura Afro-Brasileira e Indígena,* para atender as justas reivindicações de uma educação antirracista, antissexista e anti-classista.

Na nossa compreensão, nas últimas décadas estudos históricos têm contribuído para diminuir o "cansaço" e são conteúdos fundamentais na produção de materiais e recursos didáticos para professores e alunos, saindo assim da armadilha da "folclorização". Finalmente destacamos as seguintes obras, dentre várias, que "efetivamente" reconhecem aos diversos povos que fazem parte da formação nacional e "suas contribuições nas áreas social, econômica e política, pertinentes à história do Brasil":[57]

CONCEIÇÃO, Manoel Vitorino. *Das reivindicações à lei:* Caminhos da Lei nº 10639/03. Dissertação (Mestrado em História Social) – Pontífica Universidade Católica de São Paulo. São Paulo, 2011.

---

56 http://www.planalto.gov.br/ccivil_03/_ato2007-2010/2008/lei/l11645.htm Acesso em: 28 abr. 2021.

57 file:///C:/Users/Elizabeth/Downloads/Construindo%20a%20democracia%20racial%20(1).pdf Acesso e m: 01 mai. 2021.

GOMES, Nilma Lino. *O Movimento Negro educador:* saberes construídos nas lutas por emancipação. Petrópolis, RJ: Vozes, 2019.

AKOTINERE, Carla. *Interseccionalidade*. São Paulo: Sueli Carneiro; Pólen, 2019.

Proposta Pedagógica

1. **Destaque no artigo:**
b. Vocabulários que não conhece;
c. Encontre seus significados.
2. **Segundo Lélia Gonzalez, a "democracia racial brasileira" é uma ilusão. Por quê?**
2. **Leia o texto com atenção:**

O desenvolvimento e a expansão dos movimentos sociais na segunda metade dos anos 1970 tornaram possíveis a mobilização e a participação de amplos setores da população brasileira, não apenas em termos de reivindicação de direitos, mas de uma intervenção mais direta na política, especialmente no movimento negro e no movimento de favelas.

O movimento negro teve (e continua a ter) um papel extremamente relevante na luta antirracista em nosso país, inclusive sensibilizando setores não negros, e buscou mobilizar diferentes grupos da comunidade afro-brasileira para uma discussão sobre o racismo e suas práticas.

(Lélia Gonzalez. In: A mulher negra no Brasil)

a. A autora se reporta a qual período da História do Brasil? Explique.

b. Por que nesse período os movimentos sociais são os protagonistas?
c. Para Lélia o movimento negro ainda tem relevância "na luta antirracista em nosso país". Você concorda? Justifique.

4. Conceitue discriminação e preconceito, e aponte qual (quais) a distinção entre eles. Dê exemplos.
5. Após a 2ª Guerra Mundial, foi adotada e proclamada pela Assembleia Geral da Nações Unidas, ONU (1945), a Declaração Universal dos Direitos Humanos (1948). Leia e destaque alguns artigos.

Movimento contemporâneo de mulheres negras brasileiras: história de (re)existências e insurgências em ação

Cláudia Pons Cardoso

Quem é Lélia Gonzalez?: movimento de mulheres negras se assumindo sujeito da própria fala

> Eu sou uma mulher nascida de família pobre, meu pai era operário, negro, minha mãe uma índia analfabeta. Tiveram 18 filhos e eu sou a 17ª.[1]

Lélia de Almeida Gonzalez nasceu em Belo Horizonte, em 1935, e aos 7 anos de idade mudou-se com a família para a cidade do Rio de Janeiro. Foi uma intelectual professora ativista negra, formada em História e Filosofia, e especializou seus estudos em Antropologia, Sociologia e Psicanálise com vistas a compreender a realidade da população negra brasileira, em especial da mulher negra[2].

---

1 Depoimento de Lélia Gonzalez extraído do livro Patrulhas Ideológicas, publicado em São Paulo, em 1980, pela Brasiliense, de Carlos Alberto M. Pereira e Heloísa Buarque de Hollanda. Ver: GONZALEZ, Lélia. Lélia Gonzalez: depoimento. In: *Primavera para as rosas negras*: Lélia Gonzalez em primeira pessoa. Diáspora Africana: Editora Filhos da África, 2018. p. 82.

2 CARNEIRO, Sueli. *Lélia Gonzalez*: o feminismo negro no palco da história. Brasília: Abravídeo, 2014. p. 193.

O pensamento de Lélia Gonzalez constitui alicerce para o movimento de mulheres negras e o feminismo negro não só do Brasil, mas da América Latina e Caribe, pois colocou questões centrais para a construção de um feminismo afrolatinoamericano que ainda hoje alimentam os debates, como a necessidade imperiosa de identificar as necessidades das mulheres negras. Foi autora primeira da compreensão sempre articulada "entre raça, classe, sexo e poder" para desmascarar "as estruturas de dominação de uma sociedade".[3]

Lélia Gonzalez, em relação ao debate feminista, desafiou concepções universalistas sobre "a opressão da mulher". Ao defender a vinculação das abordagens sobre mulheres, sempre interseccionadas com raça, para explicar o processo de construção das desigualdades de gênero e opressões referentes às mulheres negras e às indígenas, àquelas que têm a inserção social impedida por múltiplos marcadores estruturantes de opressão e exclusão, mostrou que ocupam uma dimensão das relações sociais diferente das mulheres brancas. Por isso reafirmava constantemente: se faz necessário incluir "outro tipo de discriminação, tão grave como aquela sofrida pela mulher: a de caráter racial".[4]

Segundo Lélia Gonzalez, a opressão racial e a social fazem da mulher negra "o foco, por excelência, de sua perversão" e "esquecer isso é negar toda uma história feita de resistências e de lutas, em que essa mulher tem sido protagonista, graças à dinâmica de uma memória cultural ancestral".[5]

---

3 GONZALEZ, Lélia. Por um feminismo afrolatinoamericano. *Revista Isis Internacional,* Santiago, v. 9, p. 133-141, 1988a.

4 GONZALEZ, 1988a, p. 134.

5 GONZALEZ, Lélia. A importância da organização da mulher negra no processo de transformação

Lélia Gonzalez desenvolveu muitos conceitos, como:

Pretoguês: "[...] aquilo que chamo de 'pretoguês' e que nada mais é do que marca de africanização do português falado no Brasil [...]. É engraçado como eles [sociedade branca elitista] gozam a gente quando a gente diz que é Framengo. Chamam a gente de ignorante dizendo que a gente fala errado. E de repente ignoram que a presença desse *r* no lugar do *l* nada mais é do que a marca lingüística de um idioma africano, no qual o *l* inexiste".[6]

Améfrica: sistema etnogeográfico de referência. Amefricana/amefricano designa toda uma descendência, não só a dos africanos trazidos pelo tráfico negreiro, como a daqueles que estavam e chegaram à América muito antes de Colombo.

Amefricanidade: "incorpora todo um processo histórico de intensa dinâmica cultural (adaptação, resistência, reinterpretação e criação de novas formas) que é afrocentrada".[7] A amefricanidade se refere à experiência comum de mulheres e homens negros na diáspora e à experiência de mulheres e homens indígenas contra a dominação colonial.

A concepção Amefricanidade oferece contribuições significativas ao feminismo negro, na medida em que instiga a valorização e recuperação das experiências da ação política das mulheres negras e indígenas e suas lutas diárias desenvolvidas para defesa própria e do coletivo. Amefricanidade é um chamado para aquilombamento.

social. *Raça e Classe*, Brasília, ano 2, n. 5, p. 2, nov./dez. 1988b. p. 2.

6 GONZALEZ, Lélia. Racismo e sexismo na cultura brasileira. In: SILVA, L. A. *et al.* Movimentos sociais urbanos, minorias e outros estudos. *Ciências Sociais Hoje*, Brasília, ANPOCS n. 2, p. 223-244, 1983. p. 238.

7 GONZALEZ, Lélia. A categoria político-cultural de amefricanidade. *Tempo Brasileiro*, Rio de Janeiro, n. 92/93, p. 69-82, jan./jun. 1988.

A historiadora negra Maria Beatriz Nascimento[8] concebe Quilombo como continuidade histórica, que "passou a ser sinônimo de povo negro, sinônimo de comportamento do negro e esperança para uma melhor sociedade. [...] Tudo, de atitude à associação, seria quilombo, desde que buscasse maior valorização da herança negra". Em função de seu caráter simbólico de resistência étnica e política, como instituição amparada em modelos africanos e prática política democrática, se constitui em inspiração para a constituição de instituições democráticas.

Desse modo, "quilombo representa um instrumento vigoroso no processo de reconhecimento da identidade negra brasileira para uma maior autoafirmação étnica e nacional". Quilombo "projeta a esperança" de que brechas contra as opressões possam ser continuamente abertas.[9] Aquilombar, portanto, é legado, uma concepção de estratégia política para assegurar a resistência e insurgência coletiva de negros e negras que lutam pela preservação da vida e contra todas as violências e violações desumanizantes impostas pelo racismo.

Lélia Gonzalez participou ativamente do movimento negro

---

8 Maria Beatriz do Nascimento foi uma ativista negra acadêmica intelectual, nasceu em Aracaju, Sergipe, em 12 de julho de 1942, filha de Rubina Pereira do Nascimento, dona de casa, e Francisco Xavier do Nascimento, pedreiro, sendo a oitava entre 10 irmãos. Aos 7 anos migrou com a família para o Rio de Janeiro. Escreveu inúmeros artigos sobre temas que tinham a questão negra como centralidade, entre 1974 e 1990 integrou grupos de ativistas negras que acabam por formar vários núcleos de estudos no estado, dentre eles o Grupo de Trabalho André Rebouças na Universidade Federal fluminense (UFF). O filme *Ori* (1989) se constitui em seu trabalho mais conhecido e de maior circulação. Assim como seus estudos sobre quilombo são de grande relevância, sendo reconhecida como uma das pesquisadoras negras que mais se dedicou ao tema e por mais tempo. Beatriz Nascimento faleceu em 1995. Sobre Maria Beatriz Nascimento ver: RATTS, Alex. *Eu sou atlântica*: sobre a trajetória de vida de Beatriz Nascimento. São Paulo: Instituto Kuanza, 2007. p. 27-28 e 53.

9 NASCIMENTO, Maria Beatriz Nascimento. O conceito de quilombo e a resistência cultural negra. In: *Beatriz Nascimento, Quilombola e Intelectual*: possibilidade nos dias da destruição. Diáspora Africana: Editora Filhos da África, 2018. p. 292-294.

e do movimento de mulheres negras no país, fazendo-se presente em diferentes espaços de representação. Fundou juntamente com outras companheiras, Pedrina de Deus, Jurema Batista, Elizabeth Viana, Ana Garcia, Rosália Lemos, dentre outras, o Nzinga - Coletivo de Mulheres Negras, no Rio de Janeiro, em 1983. O nome do coletivo ocorreu em homenagem à Nzinga, guerreira e estrategista na luta contra o colonizador.[10]

Lélia Gonzalez faleceu em 1994. Em função da importância do conjunto de sua obra para a luta antirracista e antissexista, Lélia continua a alimentar e a inspirar a mobilização política e organizativa das mulheres negras na diáspora negra.

É tempo de luta

No início da década de 1980, o Brasil vivia seus últimos anos de ditadura militar, regime compreendido entre 1964 e 1985. Marcado pela repressão e perseguição política de ativistas de movimentos sociais e de partidos de esquerda, lideranças sindicais, estudantes universitários e secundaristas, lideranças religiosas, enfim, todas(os) que se expressavam contra o autoritarismo dos governos militares.

O Brasil e outros países da América do Sul, como Chile, Uruguai e Argentina, que também viveram sob a égide de ditaduras militares, propagaram e enfatizaram a ideia de nação coesa, organizada em sociedade sem conflitos, sem divergências e diferenças políticas, de classe e de raça/etnia. Nesse movimento

10 CARNEIRO, 2014, p. 69.

foi importante criar um "inimigo interno", chamado genericamente de "subversivo", visando aniquilar a oposição política e o protesto social, armados ou não. E com ele, os regimes militares garantiram a reorganização de suas economias nacionais orientadas pelos pressupostos do capitalismo mundial.[11]

Dentre outros elementos, a ideia de construção da nação brasileira anunciada pelo regime militar trazia em seu escopo ideológico a ideia de democracia racial, ou seja, crença de convivência pacífica fruto da harmonia racial, como estratégia de apagar as tensões raciais. A imagem amplamente veiculada tanto interna quanto externamente queria mostrar um Brasil sem racismo, diferentemente dos EUA e da África do Sul. O racismo, o preconceito e a discriminação racial não fariam parte da sociedade brasileira, eram problemas externos ao país que estavam a ser importados pelos inimigos internos do Estado, isto é, por ativistas dos movimentos sociais negros.

Para muitas(os) estudiosas(os) esse período "representou uma derrota, ainda que temporária, para a luta política dos negros. Ele desarticulou uma coalizão de forças que palmilhava no enfrentamento do 'preconceito de cor' no país".[12] Apesar da repressão e da vigilância punitiva constante aos movimentos negros e seus integrantes, muitas ações políticas importantes foram realizadas durante todo o período do regime militar, inclusive, foi nesse cenário que nasceu o 20 de novembro, Dia da Consciência Negra, como contraponto e substituição às comemorações

---

11 BATISTELLA, Alessandro; PADRÓS, Enrique Serra. Editorial. *História*: Debates e Tendências [en linea], v. 19, n. 3, p. 358-360, 2019.

12 DOMINGUES, Petrônio. Movimento negro brasileiro: alguns apontamentos históricos. *Tempo, Niterói*, v. 12, n. 23, p. 100-122, 2007. p. 111.

oficiais do 13 de maio, e em 1978 ocorreu também a fundação do Movimento Negro Unificado (MNU)[13].

Nesse contexto de repressão às liberdades, negação de direitos, propagação do mito da democracia racial e negação nefasta da existência do racismo e do preconceito racial no país, a ativista intelectual negra Lélia Gonzalez denunciou em inúmeros textos publicados o racismo no Brasil. Em 1981, estreando coluna no jornal feminista *Mulherio*[14], publicou artigo sobre a situação da mulher negra na sociedade brasileira. A partir de dados divulgados por instituto de pesquisa, expôs a farsa da democracia racial no país e da crença no mito da harmonia para assegurar a igualdade de direitos e oportunidades para negros e brancos ao apresentar análise profunda da realidade de desigualdades das mulheres negras.

Lélia Gonzalez revelou que mulheres negras ganham salários muito menores do que as mulheres brancas, que já ganham menos do que os homens. As mulheres negras estão empregadas nos

---

13 Segundo Domingues Petrônio, "a reorganização política da pugna anti-racista apenas aconteceu no final da década de 1970, no bojo do ascenso dos movimentos populares, sindical e estudantil". Ações durante todo o regime ocorreram em diferentes estados do país, entretanto, "tais iniciativas, além de fragmentadas, não tinham sentido político de enfrentamento como regime. Só em 1978, com a fundação do Movimento Negro Unificado (MNU), tem-se a volta à cena política do país do movimento negro organizado". A primeira atividade do Movimento Unificado Contra a Discriminação Racial (MUCDR), como foi inicialmente denominado, foi a organização de um ato público, reunindo cerca de 2 mil pessoas, nas escadarias do Teatro Municipal em São Paulo, em repúdio à discriminação racial sofrida por quatro jovens negros no Clube de Regatas Tietê e em protesto à morte de Robson Silveira da Luz, trabalhador negro, torturado até a morte no 44º Distrito de Guaianases. (DOMINGUES, 2007, p. 112-114).

14 Jornal *Mulherio* - periódico com agenda de reflexão feminista sediado na cidade de São Paulo, circulou de março de 1981 a julho de 1988, de abrangência nacional. Nasce vinculado a um grupo de pesquisadoras da Fundação Carlos Chagas/São Paulo e aborda temas como: participação política das mulheres, aborto, movimento feminista. Em 1988, mudou o nome para Nexo. Segundo Viviane Freitas, o jornal tinha por objetivo atingir um público plural, ou seja, "sem restrição de agendas para este ou aquele grupo dentro dos movimentos feministas", não era, portanto, um jornal específico para abordar temas referentes às mulheres negras. Lélia Gonzalez fez parte durante um período do Conselho Editorial do periódico e pautou, em sua coluna, as mulheres negras, racismo, discriminação racial e feminismo, daí a importância da sua participação neste periódico. Ver: FREITAS, Viviane Gonçalves. Mulheres Negras e Família: o debate na imprensa feminista brasileira. *Revista Feminismos*, v. 6, n. 1, p. 20-32, jan./abr. 2018. p. 30.

setores de serviço, principalmente como empregadas domésticas, ou são trabalhadoras autônomas ou trabalham sem rendimento na agropecuária e em atividades familiares. O rendimento das famílias negras é menor do que o das famílias brancas e as famílias chefiadas por mulheres negras ganham entre 34% a 44% do que ganham famílias brancas. A luta contra a precariedade, pelos direitos e valorização do trabalho doméstico e das trabalhadoras foi e ainda é uma constante na agenda de mobilização das mulheres negras.[15]

De modo contundente, Lélia Gonzalez criticava a cegueira da intelectualidade branca e sua postura em relação ao racismo e à discriminação racial. Mostrou as diferenças entre as demandas e a organização política dos movimentos de mulheres brancas e negras. O movimento feminista de mulheres brancas "tem suas raízes históricas mergulhadas na classe média branca, o que significa muito maiores possibilidades de acesso e de sucesso em termos educacionais, profissionais, financeiros, de prestígio etc.". Diferentemente das mulheres negras, que abrem espaço em meio a uma longa caminhada de luta contra discriminação racial e de gênero para se assumirem sujeitos da própria fala, pois "ser mulher e negra (ou negra e mulher?) implica em ser objeto de um duplo

---

15 Por iniciativa primeira de Laudelina de Campos Melo, ativista negra sindicalista e trabalhadora doméstica, o movimento da categoria vem, de forma efetiva, desde 1936, atuando em busca de melhores condições de trabalho. Laudelina nesta data criou a primeira associação de empregadas domésticas do país na cidade de Santos. Sobre Laudelina, ver: PINTO, Elisabete Aparecida. *Etnicidade, gênero e educação:* a trajetória de vida de Dona Laudelina de Campos Mello (1904-1991). Dissertação (Mestrado em Educação) – Faculdade de Educação, Unicamp. São Paulo, 1993.
Em 1972, a Lei 5.859 reconheceu o trabalho doméstico como função, estabeleceu a assinatura da carteira profissional de quem desenvolve a profissão, além de outras conquistas. Em 2013, com a aprovação da chamada PEC das Domésticas, as trabalhadoras domésticas passaram a ter direito a benefícios semelhantes aos de outras categorias profissionais: jornada de trabalho de 44 horas semanais, limite de oito horas diárias de trabalho e o pagamento de hora-extra.

efeito de desigualdade muito bem articulado e manipulado pelo sistema que aí está".[16]

Mulher Negra se constitui em texto clássico da literatura feminista negra sobre mulheres negras no Brasil, atravessa décadas subsidiando estudos e ativistas, mantendo-se atualizado em seu objetivo de mostrar a face do racismo enquanto estrutura, criando violências e impactando negativamente a vida das mulheres negras. É contra essa realidade de desigualdades que Mulheres Negras se organizam para mudar!

Organização política das mulheres negras

O movimento contemporâneo de mulheres negras se fortaleceu politicamente nos anos 1980, definindo seus objetivos e reorganizando as próprias ideias acerca de uma agenda política para mulheres negras em direção à autodefinição, alicerce para a construção da autonomia política. É importante salientar que o movimento é resultado de um longo processo histórico de lutas construído por mulheres negras em diferentes momentos da história, anterior a esse período cronológico.

Constituído por diferentes organizações, coletivos, grupos, associações de moradores, comunidades religiosas, o movimento surge como resposta ao avanço do preconceito, das opressões e discriminações de raça, gênero, sexualidade e desigualdades de classe. Ainda, representa o lugar político construído por mulheres negras na sociedade para a partir dele pensar e apresentar um projeto

---

16 GONZALEZ, Lélia. Mulher Negra. *Mulherio*, ano I, n. 3, p. 8-9, set./out. 1981. p. 8. Disponível em: https://www.fcc.org.br/conteudosespeciais/mulherio/arquivo/I_3_1981menor.pdf. Acesso em: 03 jan. 2021.

de justiça social, de desenvolvimento alternativo para o Brasil, com crescimento econômico com justiça e participação social, com respeito a questões sociais, culturais, políticas, preservação ambiental, visando a igualdade racial, a equidade de gênero e o respeito à pluralidade sexual. O movimento de mulheres negras empregará sentidos aos marcos da política nacional brasileira a partir da centralidade de sua luta: o enfrentamento das desigualdades de gênero, de raça, sexualidade e classe.

Em 1988, ano do centenário da Abolição, ativistas negros e negras se mobilizaram para rechaçar as festividades oficiais, transformando as comemorações em denúncias acerca da exclusão da população negra no país, como afirma Sueli Carneiro[17]. Nesse mesmo ano aconteceu o I Encontro Nacional de Mulheres Negras em Valença, Rio de Janeiro, reunindo 450 mulheres negras de 17 estados do país. O I ENMN se constitui em um dos marcos fundamentais da história do movimento de mulheres negras brasileiras. Os objetivos ainda hoje são perseguidos pelo movimento: denunciar as desigualdades raciais, sexistas e de classe; apoiar e possibilitar o surgimento das diferentes formas de resistência aos processos de discriminação; produzir um documento oferecendo política alternativa ao modelo capitalista; propor uma política unitária de luta para as mulheres negras, embora reconhecendo a diversidade; produzir diagnóstico acerca da realidade da mulher negra no Brasil; discutir

---

17 Entrevista de Sueli Carneiro, ver em Entrevistas com ativistas do Movimento Negro – Acervo história Oral CPDOC, A história do Movimento Negro no Brasil. https://cpdoc.fgv.br/acervo/historiaoral/entrevistas#MovimentoNegro. ALBERTI, Verena; PEREIRA, Amílcar Araújo. (Org.). *Histórias do movimento negro no Brasil:* depoimentos ao CPDOC. Rio de Janeiro: Pallas; CPDOC-FGV, 2007. p. 252.

o movimento de mulheres negras; e pensar em estratégias para seu fortalecimento.[18]

Em 1991 ocorreu o II ENMN, com o tema "*Organização, Estratégias e Perspectivas*", na cidade de Salvador, nele participaram mais de 400 mulheres. Entre 1993 e 1994, aconteceram vários encontros regionais e dois seminários nacionais, visando produzir material reflexivo sobre a realidade das mulheres negras para ser apreciado e debatido em seminários nacionais.[19] O III Encontro Nacional de Mulheres Negras, com o tema "*Organização de Mulheres Negras no Terceiro Milênio no Combate ao Racismo e à Opressão de Gênero*", teve lugar em Belo Horizonte, em 2001, no contexto da III Conferência Mundial contra o Racismo, Discriminação Racial, Xenofobia e Intolerâncias Correlatas.

Um ano antes da III Conferência Mundial Contra o Racismo, em 2000, foi criada a Articulação de Organizações de Mulheres Negras Brasileiras (AMNB), instância política de representação nacional do movimento de mulheres negras. Pensada inicialmente "para desenhar uma perspectiva de ação política com as organizações já estruturadas de mulheres negras" para atuar no âmbito da III Conferência Mundial contra o Racismo, tinha por objetivo primeiro "preparar integrantes de entidades de mulheres negras para sua participação e intervenção nos processos nacionais, regionais e internacionais da III Conferência".

O Governo brasileiro se comprometeu na Conferência com

---

18 SILVA, Eliane Borges da. Tecendo o fio, aparando as arestas: o movimento de mulheres negras e a construção do pensamento negro feminista. In: Simpósio O Desafio da Diferença, 2000, Salvador. *Anais Eletrônicos* [...] Salvador: Universidade Federal da Bahia, 9-12 abr. 2000. Disponível em: http://www.desafio.ufba.br/gt6-003.html. Acesso em: 11 mai. 2005.

19 RIBEIRO, Matilde. Mulheres negras brasileiras: de Bertioga a Beijing. *Revista Estudos Feministas*, Rio de Janeiro, v. 3, n. 2, p. 446-457, 2. sem. 1995.

o desafio de formular estratégias e políticas públicas para assegurar desenvolvimento inclusivo, com proteção e promoção de direitos, igualdade de tratamento e respeito à diversidade humana, sem qualquer discriminação. Nesse cenário, a AMNB se empenhou no monitoramento e ***advocacy*** para garantir a efetivação dos compromissos assumidos pelo Estado brasileiro em todos os níveis da administração pública.[20]

A AMNB[21] é uma rede de organizações de mulheres negras, atualmente conta com 29 organizações distribuídas por todas as Regiões do Brasil e tem como objetivo promover a ação política articulada de grupos e organizações não governamentais de mulheres negras brasileiras, realizando o enfrentamento ao racismo, ao sexismo, à opressão de classe, à lesbofobia e a todas as formas de discriminação, a fim de contribuir para a transformação das relações de poder existentes no Brasil. Tem desenvolvido inúmeras ações em defesa da promoção dos direitos das mulheres negras, como a realizada em 2007, onde apresentou à Comissão de Direitos Humanos da Organização dos Estados Americanos (OEA) o *Dossiê sobre a situação das Mulheres Negras Brasileiras*.[22]

Ainda na esteira de mobilização organizativa para a III Conferência Mundial contra o Racismo, em 2004 surge o Fórum Nacional de Mulheres Negras (FNMN)[23], de amplitude nacional.

---

20 Entrevista de Lúcia Xavier em: PEREIRA, Alberti. 2007, p. 366. *Advocacy*, o termo não tem tradução em português, engloba ações de apoio e fortalecimento de grupos vulneráveis para que seus integrantes tenham acesso a informações, conheçam seus direitos, desenvolvam as habilidades e visão crítica da realidade. Ver: Márcio Zepellini, artigo Advocacy: o lobby do bem. https://www.filantropia.ong/informacao/advocacy_o_lobby_do_bem. Acesso em: 10 jan. 2021.

21 Ver informações acerca da AMNB em: http://www.amnb.org.br. Acesso em: 10 jan. 2021.

22 AMNB. *Dossiê sobre a situação das mulheres negras brasileiras*. Rio de Janeiro: Fundação Ford; UNIFEM; AECI, jul. 2007.

23 MULHER negra quer democracia e lugar nos espaços de poder. *AFROPRESS* - Agência de Informação

Este foi responsável pela organização do Seminário Nacional de Mulheres Negras, em São Paulo, reunindo aproximadamente 150 mulheres de 18 estados para, entre outros objetivos, construir uma plataforma política para ser defendida durante a I Conferência Nacional de Políticas para as Mulheres[24].

Em 2013 foi criado o Julho das Pretas[25], uma agenda conjunta e propositiva com organizações e movimento de mulheres negras da Bahia, região Nordeste, e mais alguns estados do país, voltada para o fortalecimento das organizações de mulheres negras. Idealizado por Odara – Instituto da Mulher Negra, o Julho das Pretas celebra o 25 de julho, Dia Internacional da Mulher Negra Afro Latina-americana e Caribenha, e atualmente é uma ação de abrangência nacional do movimento de mulheres negras do Brasil.

Protagonismo político das mulheres negras brasileiras

A organização em movimento e instituições próprias traduzem a premência das mulheres negras em interpretar a

---

Multiétnica, 18 nov. 2011. Disponível em: http://www.afropress.com/noticiasLer.asp?id=2840 Acesso em: 18 nov. 2011.

24 Em julho de 2004, fomentada pela Secretaria de Políticas para as Mulheres (SPM), realizou-se a 1ª Conferência Nacional de Políticas para as Mulheres (1ª CNPM), com 1.787 delegadas que debateram as suas agendas e elaboraram o I Plano Nacional de Políticas para Mulheres (PNPM). O processo como um todo envolveu mais de 120 mil mulheres em todas as regiões do país. Em agosto de 2007, ocorreu a 2ª Conferência Nacional de Políticas para as Mulheres (2ª CNPM), com a participação de 200 mil mulheres, das quais 2.800 constituíram a delegação na etapa nacional, que sistematizou um conjunto de propostas e demandas ao Estado brasileiro. A partir das resoluções da 2ª CNPM, foi elaborado o II PNPM. A 3ª Conferência Nacional de Políticas para as Mulheres (3ª CNPM) ocorreu em dezembro de 2011, com 200 mil participantes em todo o país e 2.125 delegadas na etapa nacional. Como resultado, temos o PNPM 2013-2015, com ainda maior inserção das temáticas de gênero em diversas frentes do governo. Ver: BRASIL. Presidência da República. Secretaria de Políticas para as Mulheres. *Plano Nacional de Políticas para as Mulheres*. Brasília: Secretaria de Políticas para as Mulheres, 2013. p. 9.
Em todas as Conferências a participação do movimento de mulheres negras foi constante, atuando nas delegações de participantes.

25 https://institutoodara.org.br/julho-das-pretas/. Acesso em: 10 jan. 2021.

realidade pela perspectiva de raça, redefinindo gênero e sexualidade, visando o planejamento de intervenções capazes de anular as desvantagens impostas a elas. Isso fez com que as mulheres negras trilhassem um caminho separado dos homens do movimento negro e das feministas brancas, mas em diálogo. O movimento de mulheres negras brasileiras se mobilizou a partir de diferentes frentes, como: saúde, educação, emprego e renda, moradia, sexualidade, quilombos, lesbianidade, religiosidade, cultura, política, saúde mental, maternidade, violência contra a mulher e hip hop.

São muitas as organizações, grupos e coletivos criados, entre os quais: Grupo de Mulheres Negras Mãe Andresa, 1986; Maria Mulher - Organização de Mulheres Negras/RS, 1987; Geledés - Instituto da Mulher Negra/SP, 1988; Casa Laudelina de Campos Melo - Organização da Mulher Negra/SP, 1989; Nzinga - Coletivo de Mulheres Negras de Belo Horizonte /MG, 1991; CRIOLA/RJ, 1992; Centro de Documentação e Informação Coisa de Mulher - CEDOICOM/RJ, 1994; AMMA Psique e Negritude/SP, 1995; Imena - Instituto de Mulheres Negras do Amapá/PA, 1995.

Ainda: Fala Preta – Organização de Mulheres Negras; Malunga - Grupo de Mulheres Negras, GO, 1999; Bamidelê - Organização de Mulheres Negras/PB, 2001; Felipa de Sousa/ RJ/BA, 2001; Uiala Mukaji - Sociedade de Mulheres Negras de Pernambuco/PE, 2003; AKONI/MA, 2004; Rede de Mulheres do Paraná/PR, 2006; ODARA - Instituto da Mulher Negra, 2010; Rede de Mulheres Negras da Bahia, 2012, autora da campanha "Pare de Nos Matar", que tem por objetivo exigir ações para manutenção da vida de negros e negras; Fórum Marielles, 2019, que nasceu fruto de encontro realizado para homenagear e ao mesmo tempo protestar contra o assassinato da vereadora negra Marielle Franco, ocorrido em 14 de março de 2018, no Rio de Janeiro. O Fórum Marielles reúne diferentes instituições dos movimentos de mulheres negras e se constitui em rede de organizações feministas negras com o objetivo de influenciar na formação e no acolhimento político de mulheres negras.

O movimento de mulheres negras também tem se manifestado nas universidades, dando origem a grupos de pesquisa, como o Coletivo Angela Davis/UFRB/BA, 2011, articulador da primeira Escola Internacional Feminista Negra e Decolonial criada em rede internacional de organizações feministas; e Candaces - Grupo de Pesquisa sobre Gênero, Raça, Cultura & Sociedade/ UNEB/BA, 2013.

Outra forma de ativismo de mulheres negras surge pelas mãos de ciberativistas nas redes sociais. A escrita se transforma em instrumento de prática política para refletir, discutir e disseminar informações sobre racismo, machismo, lesbohomotransfobia e gordofobia. O *site blogueiras negras,* projeto nascido em 2012, caracteriza-se como comunidade on-line com mais de 1300 mulheres, que busca ser referência não só para mulheres negras, mas para todas as pessoas que se identificam com o feminismo e a luta antirracista dessas mulheres[26].

São muitos os momentos da história do movimento de mulheres negras no Brasil. Em relação ao feminismo, o movimento ressignificou estereótipos a partir de uma auto definição e valorização, positivando, inclusive, o adjetivo "negra", que passou

---

26 http://blogueirasnegras.org/ Acesso em: 10 jan. 2021.

a identificar um sujeito político com agenda política própria. Sujeito de um pensamento feminista negro construído a partir das lutas e estratégias de sobrevivência, resistência, insurgência e criatividade das mulheres negras para liderar e construir novos projetos políticos. Um pensamento feminista crítico alimentado por valores, princípios e cosmovisão, sustentados por referenciais negro-africanos, revelando a contribuição das mulheres negras em diversas áreas do conhecimento. Um pensamento feminista negro que sustenta uma teoria e uma prática, visando não só transformar efetivamente a vida das mulheres, mas a própria sociedade.

O movimento de mulheres negras no Brasil, ao enegrecer o feminismo, fez do feminismo negro sua expressão. Sueli Carneiro é uma ativista negra e filósofa, sendo uma das mais expressivas intelectuais do movimento de mulheres negras e do pensamento antirracista e feminismo negro no Brasil e no mundo. Ela cunhou a expressão "enegrecer o feminismo", que melhor se expressa como "é possível afirmar que um feminismo negro, construído no contexto de sociedades multirraciais, pluriculturais e racistas – como são as sociedades latino-americanas – tem como principal eixo articulador o racismo e seu impacto sobre as relações de gênero".[27]

O movimento chamou para si a escrita da própria história da trajetória das mulheres negras no Brasil, além de se empenhar na produção e divulgação de dados e informações sobre a realidade das mulheres negras para subsidiar o planejamento de políticas públicas. Ao longo dos anos, o movimento consolidou uma agenda política, inserindo-a não só no cenário nacional, mas também

---

27 CARNEIRO, Sueli. Mulheres em movimento. *Estudos Avançados*, São Paulo, v. 17, n. 49, p. 117- 133, dez. 2003. p. 117.

internacional, com participação em eventos e criação de redes e elaboração de agendas transnacionais. Como a participação no I Encontro de Mulheres Negras Latino-americanas e Caribenhas, realizado em 1992, entre 19 e 25 de julho, em Santo Domingo, República Dominicana. O evento contou com a participação de 300 mulheres negras de 32 países e teve por objetivos denunciar as comemorações e demarcar o caráter genocida do chamado descobrimento da América, definindo-o como o início do maior tráfico de pessoas escravizadas no mundo. Procurou refletir sobre a história da discriminação específica das mulheres negras latino-americanas e as formas de combatê-la.

Desse encontro surgiu uma rede transnacional, a Rede de Mulheres Negras Latino-americanas e do Caribe.[28] Como resultado, tem-se a definição do dia 25 de julho como sendo o Dia Internacional da Mulher Negra Latino-americana e Caribenha, data para reflexão e visibilidade para a agenda de luta das mulheres negras na Diáspora Negra, data reconhecida pela Organização das Nações Unidas (ONU).

A data comemorativa no Brasil foi instituída pela Lei nº 12.987/2014, pela então presidenta Dilma Rousseff, como sendo o Dia Nacional de Tereza de Benguela e da Mulher Negra[29]. Tereza de Benguela foi líder do quilombo Quariterê, Mato Grosso, no século XVIII, responsável por organizar a resistência quilombola. No Quilombo, ela coordenou um forte aparato de defesa e articulou

28 ZAMBRANO, Catalina González. *Mulheres negras em movimento: ativismo transnacional na América Latina (1980-1995).* 2017. Tese (Doutorado em Sociologia) – Faculdade de Filosofia, Letras e Ciências Humanas, Universidade de São Paulo. São Paulo, 2017.

29 https://www.ufrb.edu.br/bibliotecacecult/noticias/220-tereza-de-benguela-a-escrava-que-virou-rainha-e- liderou-um-quilombo-de-negros-e-indios. Acesso em: 12 jan 2021.

um parlamento para decidir em grupo as ações da comunidade. O quilombo resistiu às investidas das forças oficiais até 1770.

No cenário nacional, durante o exercício de governos democráticos, a intervenção política foi intensa, com destaque exitoso pela efetiva participação e controle social através do monitoramento de políticas públicas nos âmbitos federal, estadual e municipal. E com a presença em diferentes espaços de representação política de crucial importância para as mulheres negras, como a incorporação da perspectiva étnico-racial e da orientação sexual nas políticas públicas direcionadas às mulheres através de perspectiva transversal e estruturante.[30]

Ainda, para a população negra de modo geral[31], como resultado do ativismo do movimento de mulheres negras juntamente com o movimento negro, houve a implementação da Lei 10.639/2003, que altera as diretrizes e bases da educação nacional, para incluir no currículo oficial da Rede de Ensino a obrigatoriedade da temática História e Cultura Afro-Brasileira. E ainda a Lei 12711/2012, que prevê a reserva de 50% das vagas em cursos de universidades e institutos federais para estudantes

30 Conforme recomendação do eixo 9 do II Plano Nacional de Políticas para as Mulheres (PNPM). O Eixo 9 se refere à inclusão de um eixo específico para o enfrentamento do racismo, sexismo e lesbofobia no II Plano Nacional de Políticas para as Mulheres. Ele é fruto da organização das mulheres negras e lésbicas durante a II Conferência Nacional de Políticas para as Mulheres, que, em sua plenária final, aprovou a inclusão do Eixo. Foi criado um grupo de especialistas, tendo como convidadas da sociedade civil as ativistas negras Jurema Werneck, Sueli Carneiro, Vanda Menezes, Verônica Lourenço, Vilma Reis e Wania Sant'anna para pensar o referido eixo, que produziu, ao final dos trabalhos, o Relatório Final. Ver: BRASIL. Secretaria de Políticas para as Mulheres. *Pensar o Brasil para o enfrentamento do racismo, do sexismo e da lesbofobia*: relatório final do grupo de Trabalho para Fortalecimento das ações de enfrentamento ao Racismo, Sexismo e Lesbofobia do plano Nacional de Políticas para as Mulheres. Brasília: SPM/PR, 2010. Disponível em: https://oig.cepal.org/sites/default/files/brasil_2013_pnpm.pdf Acesso em: 15 jan. 2021.

31 Além das Conferências Nacionais de Políticas para as Mulheres, ocorrem As Conferências Nacionais de Promoção da Igualdade Racial em 2005, 2009, 2013 e 2018, também com intensa e efetiva participação do movimento de mulheres negras.

de escola pública e estudantes que se autodeclarem pretos, pardos ou indígenas.

Se o I Encontro Nacional de Mulheres Negras foi um marco na história do movimento de mulheres negras, outro evento que marcaria profundamente a história de mobilização e organização das mulheres negras, em função da capilaridade política que produziu, foi a *Marcha das Mulheres Negras contra o Racismo e a Violência e pelo bem viver,* realizada em 2015. Acontecimento histórico de extrema relevância para o movimento não só de mulheres negras, mas o movimento negro como um todo, pois identificou e definiu eixos centrais de denúncia da violação de direitos dos negros, principalmente mulheres negras, e apresentou reivindicações para a celebração de um novo pacto civilizatório. A Marcha resultou em articulações e mobilizações que se estendem após sua realização.

A Marcha das Mulheres Negras nasceu em 2011, durante a realização do encontro paralelo da sociedade civil no AFRO XXI: Encontro Ibero-Americano do Ano dos Afrodescendentes. Teve como uma de suas idealizadoras a ativista intelectual negra Nilma Bentes, uma das criadoras do CEDENPA – Centro de Estudos e Defesa do Negro do Pará (1980), organização associada à Articulação de Mulheres Negras Brasileiras (AMNB). Após dois anos de planejamento, em 2013, durante a 3ª Conferência Nacional de Promoção de Igualdade Racial (CONAPIR), foi lançada oficialmente a Marcha das Mulheres Negras, a ser realizada no ano de 2015.[32]

32 LEMOS, Rosália de Oliveira. Os feminismos negros: a reação aos sistemas de opressões. *Revista Espaço Acadêmico*, v. 16, n. 185, p. 12-25, 7 out. 2016. Disponível em: http://periodicos.uem.br/ojs/index.php/EspacoAcademico/article/view/33592 Acesso em 15 jan. 2021.

Manifesto da Marcha[33]

De acordo com o IBGE, as mulheres negras representam 25% do total da população brasileira, o que corresponde a cerca de 49 milhões de pessoas. Apesar dos avanços das últimas décadas, como a criação da Secretaria de Políticas para as Mulheres e a Secretaria de Políticas de Promoção da Igualdade Racial, as mulheres negras ainda amargam os piores índices no que se refere ao acesso às políticas públicas de uma forma geral. Com a criação desses importantes órgãos no primeiro mandato do então presidente Lula, foi possível avançar no que tange o enfrentamento das barreiras para a igualdade de direitos. Apesar que as marcas das desigualdades e da segregação étnico-racial ainda sustentam modelos econômicos de caráter racista em todo o mundo, baseados apenas em seus interesses em manter a exploração e a opressão de determinados grupos sociais.

Quando mulheres vencem a barreira do desemprego, passam a vivenciar a divisão sexual do trabalho, a violência doméstica e o assédio sexual. As mulheres negras são ainda mais discriminadas, já que historicamente têm convivido com o desrespeito histórico ao seu corpo, que ainda é violado e marginalizado, alimentando cada vez mais os índices de agressões, estupros e assassinatos.

De acordo com o Instituto de Pesquisa Aplicadas – IPEA, 62% das vítimas de feminicídio são mulheres negras, grande parte vive em condições de subemprego, mesmo com formação escolar

33 Ver Manifesto das Mulheres Negras – Porque marchamos? em: https://www.geledes.org.br/20-mil-mulheres-negras-marcham-para-brasilia-18-de-novembro/#ixzz3rcBtAt6F. Acesso em: 10 jan. 2021. Além da Marcha, está prevista a realização de uma Feira de Empreendedoras Negras, debates, conferências, mostra cultural e shows no Complexo Cultural do Museu Nacional da República, no período de 13 a 17 de novembro.

e capacitação, e, ainda, respondem por grande parte da chefia das famílias. Segundo o DIEESE, no trabalho formal, protagonizam uma amarga diferença salarial de cerca de 19% com a mulher não negra e de 46% se comparado com homens não negros. E, apesar dos avanços na legislação trabalhista, as mulheres que atuam no trabalho doméstico, cerca de oito milhões, não contam com as mesmas condições e oportunidades que os demais trabalhadores urbanos.

No que diz respeito à violência, dados do IPEA (2009-2011) estimam que mulheres negras, jovens e pobres são as maiores vítimas da violência doméstica. No Brasil, 61% dos óbitos são de mulheres negras, as principais vítimas em todas as regiões do país, à exceção da Sul. Merece destaque a elevada proporção de óbitos de mulheres negras nas regiões Nordeste (87%), Norte (83%) e Centro-Oeste (68%). Dados de 2012 apontam, ainda, que 63% das mulheres em situação de prisão são negras.

Segundo dados do Ministério da Saúde, 60% da mortalidade materna ocorre entre mulheres negras. No que diz respeito ao atendimento pelo SUS, 56% das gestantes negras e 55% das pardas afirmam ter realizado menos consultas pré-natal do que mulheres brancas. No que tange a amamentação, as orientações só chegaram a 62% das negras, enquanto 78% das brancas tiveram acesso. Ressalta-se que no escopo das Metas de Desenvolvimento do Milênio, que propunha erradicar a mortalidade materna, o Brasil não conseguiu alcançar as metas. O fator predominante para os altos índices se deu, sobretudo, por conta dos dados negativos da mortalidade materna das mulheres negras.

Em 18 de novembro de 2015, cerca de 50 mil mulheres

marcharam em Brasília. Foi a maior marcha contra o racismo, realizada pelo movimento negro brasileiro[34]. As demandas do movimento de mulheres negras registradas na *Carta das Mulheres Negras* foram entregues à então presidenta da República Dilma Rousseff, em audiência realizada com ativistas no mesmo dia. Dentre as reivindicações apresentadas, tem-se: direito à vida e à liberdade; a promoção da igualdade racial; direito à terra, território e moradia; direito à seguridade social (saúde, assistência social e previdência social); direito à educação; direito à justiça; direito à cultura, informação e comunicação, entre outros. A introdução da carta apresenta as mulheres negras brasileiras, o legado histórico de lutas e o propósito do evento:

Marcha das Mulheres Negras 2015 contra o Racismo e a Violência e pelo bem viver como nova Utopia[35]

Nós, mulheres negras do Brasil, irmanadas com as mulheres do mundo afetadas pelo racismo, sexismo, lesbofobia, transfobia e outras formas de discriminação, estamos em marcha. Inspiradas em nossa ancestralidade somos portadoras de um legado que afirma um novo pacto civilizatório.

Somos meninas, adolescentes, jovens, adultas, idosas,

34 O movimento negro brasileiro organizou três marchas ao longo de sua história. A primeira em 1988 cujo objetivo era se opor às comemorações do Centenário da Abolição, a segunda em 1995, a Marcha Tricentenário da Morte de Zumbi: Contra o Racismo, pela Igualdade e a Vida e em 2005, a Marcha Zumbi + 10: II Marcha Contra o Racismo, pela Igualdade e a Vida. Ver: FIGUEIREDO, Angela. A Marcha das Mulheres Negras conclama por um novo pacto civilizatório: descolonização das mentes, dos corpos e dos espaços frente às novas faces da colonialidade do poder. In: BERNARDINO-COSTA, Joaze, MALDONADO-TORRES, GROSFOGUEL, Ramón. (Orgs.). Decolonialidade e pensamento afrodiaspórico. Belo Horizonte: Autêntica Editora, 2018, p. 203-222.

35 Ver carta na íntegra em: https://www.geledes.org.br/carta-das-mulheres-negras-2015/ Acesso em: 10 jan. 2021.

heterossexuais, lésbicas, transexuais, transgêneros, quilombolas, rurais, mulheres negras das florestas e das águas, moradoras das favelas, dos bairros periféricos, das palafitas, sem teto, em situação de rua.

Somos trabalhadoras domésticas, prostitutas/profissionais do sexo, artistas, profissionais liberais, trabalhadoras rurais, extrativistas do campo e da floresta, marisqueiras, pescadoras, ribeirinhas, empreendedoras, culinaristas, intelectuais, artesãs, catadoras de materiais recicláveis, yalorixás, pastoras, agentes de pastorais, estudantes, comunicadoras, ativistas, parlamentares, professoras, gestoras e muitas mais.

A sabedoria milenar que herdamos de nossas ancestrais se traduz na concepção do Bem Viver, que funda e constituí as novas concepções de gestão do coletivo e do individual; da natureza, política e da cultura, que estabelecem sentido e valor à nossa existência, calcados na utópica de viver e construir o mundo de todas(os) e para todas(os).

Na condição de protagonistas oferecemos ao Estado e a Sociedade brasileiros nossas experiências como forma de construirmos coletivamente uma outra dinâmica de vida e ação política, que só é possível por meio da superação do racismo, do sexismo e de todas as formas de discriminação, responsáveis pela negação da humanidade de mulheres e homens negros.

Declaramos que a construção desse processo se inicia aqui e agora.

Por tudo isso, nós Mulheres Negras estamos em Marcha para exigir o fim do racismo e da violência que se manifestam no genocídio dos jovens negros; na saúde, onde a mortalidade materna entre mulheres negras está relacionada à dificuldade do acesso a esses serviços, à baixa qualidade do atendimento aliada à falta de ações e de capacitação de profissionais de saúde voltadas especificamente para os riscos a que as mulheres negras estão expostas; da segurança pública cujos operadores e operadoras decidem quem deve viver e quem deve morrer mediante a omissão do Estado e da sociedade para com as nossas vidas negras.

Marchamos pelo direito à vida, pelo direito à humanidade, pelo direito a ter direitos e pelo reconhecimento e valorização das diferenças. Marchamos por justiça, equidade, solidariedade e bem-estar que são valores inegociáveis, diante da pluralidade de vozes que coabitam o planeta e reivindicam o Bem Viver.

Convocamos a sociedade brasileira para a construção deste novo pacto civilizatório, para uma sociedade onde todas e todos possam viver plenamente a igualdade de direitos e oportunidades.

A Marcha mobilizou mulheres negras em todo o Brasil, do campo e da cidade. Nesse período, muitos grupos, redes e articulações surgiram com o objetivo de organizar atividades de viabilização do evento e para garantir a presença das mulheres negras de todos os cantos do país em Brasília. A Marcha deixa como legado o chamado de aquilombamento para participar da luta de defesa dos direitos das mulheres negras, no enfrentamento do racismo, do sexismo, da lesbofobia, da transfobia, das desigualdades de classe, integrando o calendário anual de ativismo de mulheres negras no Brasil.

A luta das mulheres negras brasileiras tem a diáspora negra como experiência coletiva de resistência e insurgência, marcando a constância de experiências e constituindo um *continuum* histórico. A característica multifacetada das opressões e violências que vitimam mulheres negras exige o desenvolvimento de diferentes frentes e estratégias de organização. Em função disso, as lutas tomam distintas formas, uma vez que são dirigidas a enfrentar as iniquidades provocadas pelas formas específicas de exclusão e discriminação. Muitos espaços foram abertos e conquistados e muitos outros ainda precisam ser efetivados. A história do movimento de mulheres negras no Brasil é parte da história de negros e negras brasileiros, é parte da história do país.

Comentário bibliográfico

Lélia Gonzalez: o feminismo negro no palco da história

http://www.projetomemoria.art.br/leliaGonzalez/index.jsp

Lélia Gonzalez, ativista intelectual negra brasileira, foi uma das homenageadas pelo *Projeto Memória*, realizado pela Fundação Banco do Brasil em parceria com Brasilcap e Rede de Desenvolvimento Humano (REDEH), que tem por objetivo resgatar, difundir e preservar a memória cultural brasileira por meio de personalidades que contribuíram para a transformação social e a construção da cultura brasileira. O projeto tem ainda o objetivo de servir de suporte a professoras(es) e estudantes, colocando à disposição material multidisciplinar que pode ser explorado em sala de aula e baixado via download para ser abordado e analisado como fonte histórica.

Nessa obra, a trajetória de Lélia Gonzalez é apresentada através de linha do tempo inserida em marcos da história política do Brasil, evidenciando sua importância não só para a formação e trajetória política dos movimentos negro e de mulheres negras no país, ocultada pela história oficial, mas para a história da política brasileira. Suas principais ideias traduzem a formação do pensamento de mulheres negras brasileiras, com destaque para o racismo, sexismo e desigualdades de classe.

Como sugestão de atividade didática: Apresentação de Lélia Gonzalez para as(os) alunas(os) a partir de documentos e textos escritos pela própria autora. Organize um trabalho sobre o Movimento Negro Unificado (MNU), movimento do qual Lélia Gonzalez foi uma das fundadoras, destaque ano de fundação, contexto político da época. Consulte a "aba Contribuições de Lélia Gonzalez" e destaque as principais ideias legadas ao pensamento de mulheres negras. Por exemplo, destaque a definição de resistência negra; a crítica que faz aos estereótipos raciais, em especial Mãe Preta e Pai João.

Perfis Femininos - Luiza Bairros, em Biblioteca Virtual Consuelo Pondé, Salvador/BA http://www.bvconsueloponde.ba.gov.br/modules/conteudo/conteudo.php?conteudo=262

Luiza Helena de Bairros, ativista negra, nasceu em 1953, em Porto Alegre, e mudou para Salvador nos anos 1970, onde construiu sua trajetória política e intelectual. Ela é uma das grandes intelectuais dos movimentos negro e de mulheres negras na luta contra o racismo no Brasil. Integrante do Movimento Negro

Unificado (MNU), formou em 1981, juntamente com outras mulheres negras, o Grupo de Mulheres do MNU-BA. Foi candidata a deputada estadual em 1986, Consultora do Programa de Combate ao Racismo Institucional (PCRI) do Ministério do Governo Britânico para o Desenvolvimento Internacional (DFID) e do Programa das Nações Unidas para o Desenvolvimento (PNUD) da Organização das Nações Unidas (ONU) nas prefeituras das cidades de Recife (PE) e Salvador (BA) e no Ministério Público de Pernambuco entre 2003 e 2007. Foi Secretária da Secretaria de Promoção da Igualdade Social da Bahia (SEPROMI) de 2008 a 2010. O protagonismo da atuação política e importância para a luta contra o racismo a levaram a ser nomeada ministra-chefe da Secretaria de Políticas de Promoção da Igualdade Racial do Brasil (SEPPIR) entre 2011 e 2014.

O legado de Luiza Bairros para o feminismo brasileiro, em especial o feminismo negro, e para a luta de negras e negros no país é incomensurável. A ativista negra faleceu em 2016 e foi homenageada pela Biblioteca Virtual Consuelo Pondé (Salvador/BA) através de exposição virtual que pode ser visitada e consultada para trabalhos didáticos em sala de aula. A exposição é composta por textos escritos pela intelectual, fotografias, reportagens de jornais, material produzido pelo movimento negro e vídeos de entrevistas e participação em eventos. Todo o material exposto se constitui em fonte histórica sobre a trajetória e produção de Luiza Bairros e dos movimentos negros e de mulheres negras, pois a história da vida da ativista se confunde com a história de luta dos movimentos. São muitos os momentos destacados, desde seu ativismo no movimento estudantil até a atuação como ministra de estado.

Como sugestão de atividade didática: Apresentação de Luiza Bairros para as(os) alunas(os), destacando momentos da história do país e dos movimentos negros e de mulheres negras. Para abordar a organização do movimento de mulheres negras brasileiras assista o vídeo *Festival Latinidades de 2016*, onde a ativista fala sobre as lutas e estratégias das mulheres negras por equidade. E para mostrar as conquistas do movimento negro através da sua atuação como ministra da Secretaria de Políticas de Promoção para a Igualdade Racial/Seppir, assista o vídeo *Lei de Cotas e Plano Juventude Viva.* Nele, Luiza Bairros fala sobre a importância da lei de cotas nas universidades e das políticas da secretaria para comunidades tradicionais quilombolas e povos ciganos.

Proposta didática:

Objetivo: consolidar e ampliar informações sobre a história das mulheres negras no Brasil com o intuito de difundir e ampliar o acesso a um conhecimento que auxilie na compreensão da história de mobilização e organização política das mulheres negras brasileiras na contemporaneidade, evidenciando as estratégias e os elementos acionados coletivamente para confrontar hierarquias, discriminações e exclusões promovidas pelo racismo e sexismo vigentes na sociedade.

1. Trabalho com fontes: Apresente o texto escrito por Lélia Gonzalez, publicado no jornal *Mulherio em 1981, e a Carta das Mulheres Negras,* entregue à ex-presidenta da República Dilma Roussef em 2015, por ocasião da Marcha das Mulheres Negras. Sugerimos que

estabeleça relações entre os dados apresentados nos dois documentos com vista a exemplificar a agenda política do movimento de mulheres negras. Propomos que leve materiais complementares que contribuam para o estudo e aprendizado dos conceitos referentes ao tema. Como exemplos de conquista do movimento de mulheres negras, apresente e discuta a importância da Lei 10.639/2003 para a disseminação da história de negros e negras no Brasil e em África e da Lei de Cotas 12711/2012 para o acesso ao ensino superior.

Endereços on-line das fontes:

Texto no jornal *Mulherio,* Mulher Negra, ano I, n. 3, p.8-9, set./out. 1981. https://www.fcc.org.br/conteudosespeciais/mulherio/arquivo/I_3_1981menor.pdf.

Observação: Na parte final desse texto há duas imagens do jornal *Mulherio,* Mulher Negra (1981) para a realização da atividade.

Carta das Mulheres Negras, 2015: https://www.geledes.org.br/carta-das-mulheres-negras-2015/.

1. Sugerimos pesquisa e acesso prévio de endereços na internet que abrigam informações confiáveis sobre mulheres negras, como os sites elaborados pelas próprias organizações de mulheres negras. Utilize alguns dos endereços informados abaixo para iniciar a atividade e amplie a pesquisa a partir das organizações citadas no texto para elaborar um guia com sites das organizações. Após a pesquisa, apresente os sites às/aos alunas/os

para que tenham uma base segura para consulta de informações. Destaque ano de fundação, integrantes e projetos desenvolvidos, entre outros dados relevantes sobre as organizações. Comente as informações obtidas, principalmente os projetos desenvolvidos, para mostrar as diferentes dimensões da agenda das organizações.

Sites de organizações:

Articulação de Mulheres Negras Brasileiras – AMNB
https://amnb.org.br/

Criola
https://criola.org.br/

Geledes – Instituto da Mulher Negra
https://www.geledes.org.br/

Odara – Instituto da Mulher Negra
https://institutoodara.org.br/

Blogueiras Negras
http://blogueirasnegras.org/

2. Apresente ativistas do movimento de mulheres negras para as/os alunas/os. Utilize para isso o *Calendário Negro,* que homenageia mulheres negras, idealizado por Zelinda Barros, e o livro *Vozes Insurgentes de Mulheres Negras,* organizado por Bianca Santana, material disponibilizado

abaixo. Distribua os perfis entre as/os alunas/os e posteriormente prepare as apresentações, destacando aspectos dos perfis importantes para o protagonismo da luta política das mulheres negras no Brasil.

Endereços online:

Calendário Negro nas Redes Sociais:
https://drive.google.com/file/d/1cSU2KoZSE4j5cwpT63JQrdmtHMpLV2GG/view?fbclid=IwAR0gnUDfNpBk2tzpRv82Hg_BUELUCfSjO0MWF8i0gNDTk6nf5MakHGp4m 5c

Facebook: www.facebook.com/calendarionegro

Livro *Vozes Insurgentes de Mulheres Negras:* do Século XVIII à primeira década do Século XXI.
https://rosalux.org.br/wp-content/uploads/2019/08/web_Vozes_Insurgentes-1.pdf

3. Organize uma pesquisa sobre movimento de mulheres negras em sua localidade. Sugerimos fazer levantamento prévio sobre a existência de organizações, coletivos, grupos e ativistas. Elabore um roteiro de perguntas conjuntamente com a turma para escrever a história local do movimento. Convide ativistas integrantes do movimento de sua localidade para falar em sala de aula sobre o trabalho realizado e responder as perguntas das/os alunas/os. Divulgar em um mural escolar com as informações levantadas.

Seguem duas imagens do jornal *Mulherio,* Mulher Negra (1981).

Fonte: *Mulherio*, Mulher Negra, a. I, n. 3, p.8-9, set./out. 1981.

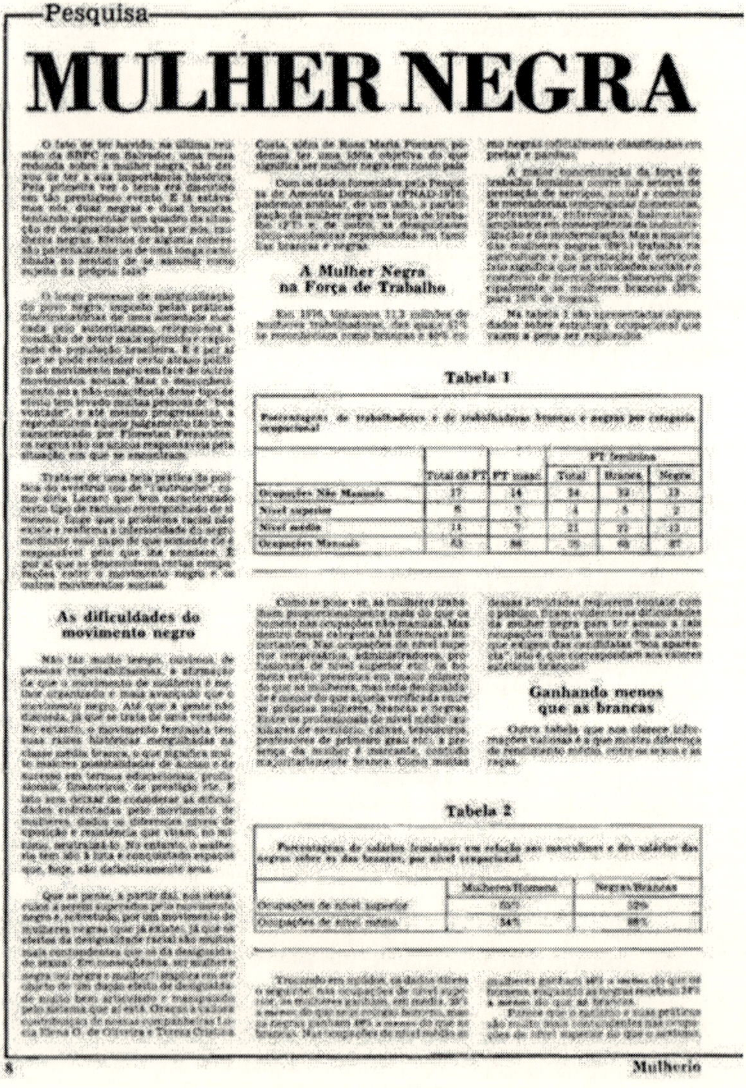

Neste artigo, a antropóloga Lélia Gonzalez, do Rio, militante ativa dos movimentos negro e feminista, faz uma análise abrangente da situação do negro no trabalho e na família, mostrando a dupla opressão que ela sofre, por ser mulher e por ser negra. E revela dados alarmantes, como este: nas ocupações de nível superior, as mulheres ganham, em média, 35% a menos que seus colegas homens, mas as negras ganham 48% a menos que as brancas.

uma vez que as desigualdades salariais entre homens e mulheres são menores do que as observadas entre brancas e negras. Já nas ocupações de nível médio, o fato de ser mulher implica maior desigualdade, embora o fator racial acentue a discriminação.

No caso das ocupações manuais, persistem as desigualdades entre negras e brancas. Quase a metade da força de trabalho feminina e mais da metade das mulheres negras estão empregadas no setor de serviço ou são trabalhadoras autônomas ou trabalhadoras familiares não remuneradas na agropecuária. No setor de serviços, encontramos o "lugar natural" da mulher negra que trabalha nas cidades: o emprego doméstico. Já os efeitos máximos do sexismo são encontrados nas atividades agropecuárias, onde as mulheres ganham, em média, 14% do que ganham os homens. Quase sempre elas trabalham na agricultura ajudando o marido, sem receber qualquer remuneração.

Outro aspecto importante é o do registro em carteira — um instrumentro de defesa dos direitos do trabalhador. Cerca de 62% dos trabalhadores homens possuem carteira assinada, em comparação a apenas 52% das mulheres. Mas veja a diferença: só 40% das trabalhadoras negras contam com essa garantia trabalhista, em comparação a 60% das brancas.

Família, casamento e desigualdade racial

Um primeiro dado a nos chamar atenção é aquele que indica que cerca de 80% das famílias brasileiras brancas possuem um rendimento familiar de três salários mínimos; contra 81% das famílias pretas e 71% das pardas. O diferencial de rendimentos, nesse caso, é de cerca de 20% entre famílias brancas e negras (pretas e pardas). Entre as famílias cujo rendimento médio atinge mais de três salários mínimos, as negras, apesar do maior número de pessoas ocupadas, também ganham menos do que as famílias brancas.

É da maior importância ressaltar o fenômeno estudado por Carmen Barroso a respeito da mulher chefe de família. De acordo com sua análise, tal fenômeno articula-se com a pobreza, sobretudo nas áreas urbanas. Entre as famílias brancas, 13% são chefiadas por mulheres; entre as famílias pretas, 20% são chefiadas por mulheres; e entre as pardas, 17% têm chefes mulheres. Além disso, as chefes de família pretas ganham 34% e as pardas 44% do que ganham as brancas na mesma situação.

Em termos de taxa de atividade, as diferenças também são expressivas, quando se trata de brancos e negros. As cifras indicam que o trabalho do menor é de grande importância para as famílias negras, assim como o fato de que a mulher negra tem uma taxa de atividade maior que a mulher branca.

É importante lembrar que a questão da homogamia racial também contribui para a reprodução das desigualdades. A tendência dominante na sociedade brasileira é de casamentos intraraciais, isto é, entre pessoas da mesma raça. Veja os dados: 85% das esposas dos homens brancos são brancas, 12% são pardas e apenas 2% são pretas. No caso de homens negros, 55% de suas esposas são negras, 17% são brancas e 26% são pardas. E, no caso de chefes de família pardos, 76% de suas mulheres são pardas, 38% são brancas e 5% são negras. Quando se articula rendimento mensal com anos de escolaridade do chefe, constata-se que a homogamia racial é muito mais acentuada entre os brancos (3/4 dos chefes brancos que ganham até um salário mínimo e têm menos de um ano de instrução, e cerca de 93% dos que ganham mais de cinco salários mínimos e têm mais de 11 anos de instrução casam-se com mulheres brancas). É interessante notar que muitos negros se casam com mulheres brancas, à medida que aumenta seu nível de rendimento e seu nível educacional (37% dos negros que têm de 8 a 10 anos de estudo e 43% dos que estudaram 11 anos ou mais, têm esposas brancas). Já os homens brancos agem de maneira diferente: apenas 9% dos que têm de 8 a 10 anos de estudo e 5% dos que têm mais de 11 anos de estudo casam-se com negras.

Como se vê, esse papo de democracia racial, atingida mediante a miscigenação, não passa de um mito muito bem bolado. Quanto à situação da mulher negra, só fica demonstrado o que dissemos no início. Todavia, graças a ela, os valores que apontam para a nossa ancestralidade e a nossa identidade foram mantidos. Mas isso é papo para o próximo artigo.

Lélia Gonzalez

Mulherio

Fonte Disponível em: https://www.fcc.org.br/conteudosespeciais/mulherio/arquivo/I_3_1981menor.pdf

As autoras

Cláudia Pons Cardoso: Professora Titular de História da UNEB, ativista do movimento de mulheres negras.

Daniele Santos de Souza: graduada, mestra e doutora em História pela Universidade Federal da Bahia, professora efetiva do Instituto Federal de Educação, Ciência e Tecnologia da Bahia (IFBA).

Elizabeth Viana: funcionária pública da CMRJ, Socióloga, especialista em Sociologia Urbana/UERJ e mestre em História Comparada/UFRJ.

Iamara da Silva Viana: Professora da UERJ, da PUC-Rio e do PPGHC/UFRJ; Coordenadora do Núcleo de Pesquisas Educação, Corpos, Histórias e Memórias Negras/NECOHM/UERJ; Coordenadora da Residência Pedagógica de História PUC- Rio/CAPES; Coordenadora da Pós-Graduação em África e Cultura Afrodescendente PUC-Rio.

Iraneide Soares da Silva: Professora da Universidade Estadual do Piauí, Presidente da Associação Brasileira de Pesquisadores(as) Negros(as).

Joceneide Cunha dos Santos: Doutora em história pela Universidade Federal da Bahia; Professora do departamento de história da UNEB.

Juçara da Silva Barbosa de Mello: Professora do Departamento de história da PUC-Rio. Coordenadora do LEEhPAC/PUC-Rio. Coordenadora do PET/História PUC-Rio.

Karine Teixeira Damasceno: Pós-doutoranda em História pela PUC-Rio e Doutora em História pela Universidade Federal da Bahia.

Lenira Lima da Costa: Licenciada em História pela Universidade Federal Rural de Pernambuco, Mestra em História, Professora de História da rede pública estadual de Pernambuco.

Lorena Telles: Pós-doutoranda em História da Unicamp, graduada, mestre e doutora em História Social pela Universidade de São Paulo. Suas pesquisas e publicações abordam a história das mulheres negras, africanas e descendentes, maternidade e medicina na escravidão e trabalho doméstico no período pós-abolição. É autora dos livros *Teresa Benguela e Felipa Crioula estavam grávidas: maternidade e escravidão no Rio de Janeiro, 1830-1888* (Ed. Unifesp, 2022) e *Libertas entre sobrados: mulheres negras e trabalho doméstico em São Paulo 1880-1920* (Ed. Alameda, 2013).

Lucimar Felisberto dos Santos: Pós-doutora pela UFRJ; Doutora em História pela UFBA; Professora das redes públicas municipais de Educação de Duque de Caxias e Magé; Pesquisadora do grupo de Estudos de História da Educação Local (Ehelo) da FEBF; e Comunicadora Social da Plataforma Afrodiálogos.

Maria da Vitória Barbosa de Lima: Professora do Departamento de História da Universidade Estadual do Piauí (UESPI). Doutora em História pela Universidade Federal de Pernambuco.

Solange Pereira da Rocha: Professora Associada do Departamento e do Programa de Pós-Graduação em História/ UFPB. Integrante do Núcleo de Estudos e Pesquisas Afro-brasileiros e Indígenas/NEABI na mesma instituição.

Valéria Gomes Costa: Professora Adjunta do Departamento e do Programa de Pós-Graduação em História da Universidade Federal de Pernambuco. Integrante do Núcleo de Estudos Mundo Atlântico (Nemat) na mesma instituição. É autora de Òmínira: mulheres e homens libertos da Costa d'Áfica no *Recife (c. 1846 – c.1890),* publicado pela editora Alameda em 2021, e É do dendê! Histórias e *memórias urbanas da nação Xambá no Recife (1950-1992),* lançado pela Annablume em 2009.

Esta obra foi composta em Arno pro light 13 e impressa para
a Editora Malê, pela gráfica Trio em São Paulo,
em julho de 2023..